西南政法大学新兴交叉学科系列教材

监察证据法学

Supervisory Evidence Law

主　编 | 潘金贵

撰稿人 | 潘金贵　王　彪　陈　实
以撰写章节先后为序 | 王剑虹　冯俊伟　阳　平
李冉毅　宋志军　谢登科
刘静坤　张　栋　杨尚东

法律出版社
——北　京——
始创于1954年

图书在版编目（CIP）数据

监察证据法学 / 潘金贵主编. -- 北京 : 法律出版社, 2025. -- ISBN 978 - 7 - 5244 - 0605 - 1

Ⅰ. D262.6

中国国家版本馆 CIP 数据核字第 2025VT5234 号

监察证据法学
JIANCHA ZHENGJU FAXUE

潘金贵 主编

责任编辑 胡佳文
装帧设计 鲍龙卉

出版发行 法律出版社
编辑统筹 法律教育出版分社
责任校对 晁明慧
责任印制 刘晓伟
经　　销 新华书店

开本 720 毫米×960 毫米 1/16
印张 17.5 **字数** 278 千
版本 2025 年 8 月第 1 版
印次 2025 年 8 月第 1 次印刷
印刷 河北晔盛亚印刷有限公司

地址:北京市丰台区莲花池西里 7 号(100073)
网址:www.lawpress.com.cn
投稿邮箱:info@lawpress.com.cn
举报盗版邮箱:jbwq@lawpress.com.cn

销售电话:010 - 83938349
客服电话:010 - 83938350
咨询电话:010 - 63939796

书号:ISBN 978 - 7 - 5244 - 0605 - 1　　**定价**:42.00 元

凡购买本社图书,如有印装错误,我社负责退换。电话:010 - 83938349

作 者 简 介

潘金贵 西南政法大学法学院教授、博士生导师,法学博士。

王　彪 西南政法大学法学院副教授、硕士生导师,法学博士。

陈　实 中南财经政法大学法学院教授、博士生导师,法学博士。

王剑虹 西南政法大学法学院副教授、硕士生导师,法学博士。

冯俊伟 山东大学法学院教授、博士生导师,法学博士。

阳　平 中国纪检监察学院副研究员,法学博士。

李冉毅 西南政法大学法学院讲师、硕士生导师,法学博士。

宋志军 西北政法大学刑事法学院教授、博士生导师,法学博士。

谢登科 吉林大学法学院教授、博士生导师,法学博士。

刘静坤 中国政法大学全面依法治国研究院教授、博士生导师,法学博士。

张　栋 华东政法大学刑事法学院教授、博士生导师,法学博士。

杨尚东 西南政法大学纪检监察学院副教授、硕士生导师,法学博士。

前　言

深化国家监察体制改革，制定《监察法》，是我国法治建设的重大成果，体现了全面深化改革、全面依法治国、全面从严治党的有机统一，对以法治思维和法治方式惩治腐败意义重大、影响深远。随着《监察法》的颁布和修正以及《监察法实施条例》等相关法规的施行，具有监察调查工作特色的证据规则体系正在逐步形成。证据是认定案件事实的基础，是实现司法公正的基石。监察调查工作的核心是证据收集。在监察调查工作中，如何严格遵循证据规则，有效规范调查取证活动，不断强化监察人员的证据运用能力，持续提高监察机关的办案质量，从而确保监察调查工作在法治的轨道运行，值得深入研究。因此，构建科学化、规范化、体系化的监察证据制度，形成较为完善的监察证据法学知识体系，对于丰富监察法学理论和证据法学理论、推动监察调查工作的高质量发展、提升反腐败工作的质效具有重大的理论价值和实践意义。

为了适应监察调查工作的实践需要，更好地推动监察调查工作的发展，近年来，部分高校已经陆续开始加强纪检监察专业的本科生、研究生教育培养体系的建设，纪检监察学科已经成为“一级学科”。一些高校设立了专门的纪检监察学院或者纪检监察研究机构，有关纪检监察学科的教材、专著也在陆续出版，但是，目前尚无针对监察调查方面的证据问题进行系统讲授和论述的教材。故此，为了使法科学生对监察证据的相关知识能够较为系统地学习和了解，我们特编写了本教材。

本教材以阐述监察调查工作涉及的证据问题为主，结合《监察法》、《监察法实施条例》、《刑法》、《刑事诉讼法》及相关司法解释、规范性文件中有关证据的规定，对监察证据法进行了较为系统的详细阐释，同时对涉及的证据法原理、规则以及域外证据法的相关知识作了适当介绍，以开阔视野。对于纪检工作涉及的与相关知识点有关的证据问题，也适当地作了介绍。本教材力求理论与实践相结合，既注意阐述监察证据法学的基础理论和基本知识，也适当介绍调查实践中运用证据的基本情况，并通过每章附录的“典型案例评析”和“拓展阅读文献”来增强实践操作及理论研习的指导性。本教材以大学本科纪检监察专业、法学专业学生为主要对象，亦可作为研究生和调查人员及其他法律实务工作者学习研究的参考书。

本教材由主编潘金贵教授统一审定。作者具体分工如下（以撰写章节先后为序）：

潘金贵：第一章；
王 彪：第二章；
陈 实：第三章；
王剑虹：第四章第一至三节；
冯俊伟：第四章第四至七节；
阳 平：第五章；
李冉毅：第六章；
宋志军：第七章；
谢登科：第八章；
刘静坤：第九章；
张 栋：第十章；
杨尚东：第十一章。

本教材虽经多次讨论、统稿，但难免存在不足之处，诚望赐教指正。

西南政法大学证据法学研究中心主任 潘金贵
2025 年 1 月

目　　录

第一章　监察证据法学概述

第一节　监察证据法的概念和特征

一、监察证据法的概念

证据法是法学体系中重要的部门法，在现代法治国家，证据法具有非常重要的地位。证据法涵盖了刑事证据、民事证据、行政证据、监察证据以及非诉讼证据等广泛领域的证据规则体系，因此，监察证据法是证据法的分支学科之一。正确界定监察证据法的概念，需要先对相关概念予以厘清。

（一）证据的概念

证据的概念问题是证据法学的基本理论问题。从语言学上讲，"证"在《说文解字》中的解释为"證，告也"，其现代基本词义是"凭据"，即帮助断定事理的东西；《说文解字》对"据"的解释是"據，杖持也"，其现代基本含义为"可以用作证明的事物"。"证据"一词在很大程度上属于专门的法律术语，但"证据"作为法律概念却复杂多义。

在我国的证据法学理论中，总的来说，有关证据概念的学术观点主要有如下几种：(1)"事实说"。这种学说将证据界定为"证实、澄清或查明争议事实或争议之点的事实"。多年以来，证据概念的"事实说"一直在我国学术界占统领地位，并深深地影响着司法实践。我国1979年《刑事诉讼法》第31条、1996年《刑事诉讼法》第42条均规定"证明案件真实情况的一切事实，都是证据"就是"事实说"在立法上的反映。(2)原因说。这种学说认为，证据是法官确信某一事实存在或不存在的原因，即"证据是法官形成心证的原因"。(3)结果说。这种学说认为，诉讼证据是对待证事实举证与调查的结果。(4)方法(手段)说。这种学说认为，证据是认定某一争议事实的方法与手段，故这一学说又被称为手段说。(5)信息说。

这种学说认为，对于诉讼证据，既不能称之为存在，也不能称之为意识，而是关于案情的信息。(6)统一说。这种学说认为，证据是证据的内容（事实材料）与证据的形式（证明手段）的统一。(7)材料说。这种学说将证据界定为证明案件事实的材料。[1]

目前，学界主流的观点是"材料说"。2012年《刑事诉讼法》第50条规定，"可以用于证明案件事实的材料，都是证据"，这就是"材料说"在立法上的反映。由于《民事诉讼法》《行政诉讼法》均未对证据的概念作出界定，因此，《刑事诉讼法》第50条的表述一般被学界认为是对证据概念的法律界定，甚至被称为证据的法定概念。所以，从现行立法的角度来看，证据的概念可以界定为：证据是可以用于证明案件事实的材料。理解证据的概念应当正确把握以下几点：(1)证据只是用来证明案件事实的材料，不能将证据简单等同于事实本身。从哲学意义上讲，事实是指在特定时空条件下发生的某一事件；从法学意义上讲，证据是证明该事件真伪的依据。因此，证据是用来证明待证事实的材料，证据所载明的案件有关情况与案件发生的事实本身不能简单地等同。(2)证据作为一种材料，存在虚假的可能，应当加强对证据的审查和判断。证据作为证明事实的一种材料，可能与待证事实的真实情况相一致，也有可能与待证事实的真实情况有出入甚至截然相反。从司法实践来看，由于各种原因，将虚假的材料作为证据运用到诉讼中以谋求实现诉讼利益，是客观存在的。因此，不能认为诉讼中的证据都是真实的，虚假的材料也有可能被运用于诉讼，调查人员、侦查人员、检察人员和审判人员需要做的是加强对材料的审查和判断，防止因为错误地采信虚假的证据而作出错误的案件处理决定。这也是立法者删除了"事实说"中"真实情况"的表述的动因所在。(3)证据所证明的案件事实是法律意义上的事实。"案件事实"是一个法律术语，是基于案件而形成的事实，因此其与前述哲学意义上的事实可能会存在差异。从证据法学理论来看，案件事实是用证据来证明的对象，即待证事实。在诉讼中，双方当事人运用证据证明其主张的案件事实，而裁判者则综合审查判断证据以对案件事实作出认定。因此，案件事实是一种运用证据构建的法律事实，诉讼终结时最终认定的案件事实与客观意义上的事实可能一致，也可能不一致。当然，诉讼的应然目标是运用证据尽最大可能地查明案件事实真相。

---

〔1〕　潘金贵主编：《证据法学》，法律出版社2022年版，第67～70页。

纪检监察机关陆续制定的相关法律、法规、文件中对于证据概念的界定，与《刑事诉讼法》中对于证据的界定的发展脉络是一致的。1991 年中央纪委制定印发的《关于查处党员违纪案件中收集、鉴别、使用证据的具体规定》和 1994 年中央纪委印发的《中国共产党纪律检查机关案件检查工作条例》中就明确规定，证明案件真实情况的一切事实，都是证据。这和 1979 年《刑事诉讼法》中对于证据的概念的表述是一致的。在 2012 年《刑事诉讼法》将证据的概念修改之后，2021 年公布的《监察法实施条例》第 59 条也采用了《刑事诉讼法》的表述，即规定"可以用于证明案件事实的材料都是证据"。因此，可以说监察证据法中的证据概念和其他法律法规中的证据概念是相同的。

（二）证据法的概念

对于如何界定证据法的概念，学理上存在争议。综合各国证据立法来看，证据法可以分为狭义的证据法和广义的证据法。

狭义的证据法，是指国家制定或认可的关于在诉讼过程中收集、运用、审查、判断证据以认定案件事实的专门法律规范。从各国证据立法来看，狭义的证据法主要表现为两种形式：（1）英美法系国家的成文证据法典。例如，美国的《联邦证据规则》《加利福尼亚州证据法典》；英国的《1984 年警察与刑事证据法》等。（2）我国制定的有关诉讼证据的专门司法解释。在我国除了法典之外，司法解释是最为重要的法律规范，因此，我国专门针对诉讼证据有关问题制定的司法解释，属于狭义证据法的范畴。例如，2017 年最高人民法院、最高人民检察院、公安部、国家安全部、司法部联合颁布的《关于办理刑事案件严格排除非法证据若干问题的规定》（以下简称《严格排除非法证据规定》）等。

一般而言，狭义的证据法是证据法学研究的主要内容，是诉讼过程中办理案件、处理证据问题时主要的法律依据。广义的证据法，是指国家制定或认可的涉及收集、运用、审查、判断证据以认定案件事实的所有法律规范。广义的证据法首先涵盖了狭义的证据法，其次还表现为以下形式：（1）大陆法系国家诉讼法典中关于证据的规定。大陆法系国家一般没有制定专门的证据法典，涉及诉讼证据的问题通常在诉讼法典中加以规定。我国证据立法也主要规定在诉讼法典中，同时围绕诉讼法典颁布的司法解释中也有不少关于证据的规定。（2）各国实体法典中涉及证据的规定。从各国立法来看，在实体法中有不少涉及证据的法律规范。例如，我国《刑法》第 395 条第 1 款规定"国家工作人员的财产、支出明显超过合法收入,差额巨大的,可以责令该国家工作人员说明来源,不能说明来源的,差额部分以非法所得论",该条规定了巨额财产来源不明罪中被告人的证明责任。(3)非诉讼领域涉及证据的法律规范。在我国的一些不属于诉讼范畴的法律领域如监察调查、行政执法、仲裁、公证、审计等领域,也有不少涉及证据的法律规范。例如,2025年国家监委公布的《监察法实施条例》中涉及证据的相关规定等。广义的证据法是证据法学研究的全部内容,相关规定也是办理案件过程中处理证据问题时重要的法律依据。

(三)监察证据法的概念

监察机关在职务违法和职务犯罪调查工作中,必然会涉及证据的运用问题。如《监察法》第四章、第五章中有部分条文规定了证据的收集、使用、要求和标准以及非法证据排除等相关内容;《监察法实施条例》第四章第二节则专门对"证据"作出了较为详细的规定。因此,我国监察工作中需要遵循的基本证据规则体系已经基本形成。

结合监察调查工作的特点和前述证据法相关概念的内涵,监察证据法的概念可以界定为:国家制定或认可的在监察调查中涉及收集、运用、审查、判断证据以认定案件事实的所有法律规范。这一概念包括以下内涵:(1)监察证据法必须是国家制定或认可的法律规范。此处的"国家制定或认可"应当作广义上的理解,既包括国家立法机关制定的基本法律中涉及监察证据的规范,也包括国家相关部门制定的法规、规章、解释等涉及监察证据的规范。(2)监察证据法的主要内容是监察调查中涉及证据收集、运用、审查、判断的法律规范。监察调查工作的核心是收集证据,但也涉及证据的运用以及证据的审查判断等内容,不能将证据的运用、审查、判断理解为只是检察人员、审判人员的职责。此外,根据现有规定,监察证据法的内容包括调查职务违法的证据和调查职务犯罪的证据,但以职务犯罪的证据为主。(3)监察证据法的立法目的是正确认定案件事实。制定监察证据法的目的就是要规范监察机关的调查活动,依法收集,运用证据,在查办职务违法和职务犯罪案件时,确保正确认定案件事实,不枉不纵。需要指出的是,认定案件事实不能理解为只是裁判者的职责,在调查终结时、审查起诉终结时以及审判终结时,都需要相应地作出事实认定的结论,并作出相应处理决定,只不过有的事实认定具有"阶段性",如监察机关认为被调查人的行为已经涉嫌职务犯罪决定移送检察机关审查起诉,这只是监察机关对于调查阶段的事实认定的结论。有的事实认定则具有“终局性”，例如，监察机关调查终结，认为被调查人没有职务犯罪事实，作出了违纪处理；检察机关经过审查，对职务犯罪案件事实作出认定，作出了不起诉决定；人民法院经过审判，对职务犯罪案件事实作出认定，作出了判决；等等。

二、监察证据法的特征

监察证据法作为证据法的分支学科，主要具有以下几个方面的特征。

（一）以证据法的基本原理和规则为基础

虽然监察证据法相较于涵盖了所有诉讼、非诉讼领域的证据法学有其特殊之处，但是总体而言，监察证据法的一些原理、规则等都是以证据法的基本原理和规则为基础的，尤其与刑事证据法的基本原理和规则紧密相关。例如，《监察法实施条例》关于证据概念的界定源于《刑事诉讼法》的条文；证据法的一些基本原理如证据的属性、证据的种类划分、证据的学理分类、各种证据审查判断的基本原理、证明对象的基本原理、证明责任的基本原理、证明标准的基本原理等，都同样适用于监察证据法，在《监察法》《监察法实施条例》等法律法规中都有所体现。

（二）适用案件范围有相对的特定性

《监察法》规定了监察机关的主要职责是调查职务违法和职务犯罪，《监察法实施条例》第29条至第34条规定了监察机关具体管辖的职务犯罪案件范围。因此，相较于刑事证据法、民事证据法、行政证据法以及整体意义上的证据法，监察证据法的适用范围具有相对的特定性，范围相对有限，只适用于办理职务违法和职务犯罪案件。而从诉讼角度来看，整体意义上的证据法适用于刑事诉讼、民事诉讼、行政诉讼领域，与监察证据法联系最为紧密的刑事证据法适用于所有刑事案件，民事证据法、行政证据法分别适用于所有民事、行政诉讼案件，相较于监察证据法的适用范围都更为宽泛。

（三）证据规则体系有一定的特殊性

职务违法和职务犯罪案件较其他案件，具有一些不同的特点，例如不少职务犯罪是高智商犯罪，其具有隐蔽性强、证据收集难度大、证明难度大、打击难度大等特点，这也是促使国家通过制定《监察法》，设立专门的监察机关来加大廉政建设和反腐败工作力度的重要原因之一。正因如此，监察证据法形成的证据规则体系相较于其他证据法的证据规则体系也体现出了一定的特殊性。与普通刑事案件相比，监察机关办理的职务违法犯罪案件，在证据来源、证据结构和证据链条等方面均存在特殊之处。概括来讲,监察案件的证据特点主要包括:由人到事的取证模式、对合型言词证据结构、职权链条和资金链条等。鉴于此,为适应监察机关的办案需要,有必要在一般性的证据规则基础上,探究适应监察案件特点的证据规则。[2] 简言之,虽然监察证据规则以一般证据规则为基础,但监察案件的特殊性决定了监察证据规则具有一定的特殊性。

第二节　监察证据法的法律渊源

监察证据法的法律渊源是监察证据法律规范的存在形式。任何国家的某一法律的渊源都与其法律体系存在密切关系。监察证据法的法律渊源是一个多层次的法律规范体系,可以划分为以下层面。

一、宪法

宪法是国家的根本大法,具有最高的法律效力,是制定一切法律的根据。我国《宪法》虽然没有直接表述证据问题的条文,但是《宪法》中的一些条文都与证据存在一定的关联,是其他法律作出相应证据规定的基础。例如,我国《宪法》第13条第1款规定:“公民的合法的私有财产不受侵犯。”第33条第3款规定:“国家尊重和保障人权。”第37条规定:“中华人民共和国公民的人身自由不受侵犯。任何公民,非经人民检察院批准或者决定或者人民法院决定,并由公安机关执行,不受逮捕。禁止非法拘禁和以其他方法非法剥夺或者限制公民的人身自由,禁止非法搜查公民的身体。”第39条规定:“中华人民共和国公民的住宅不受侵犯。禁止非法搜查或者非法侵入公民的住宅。”这些规定为《监察法》制定有关证据收集的法律规范奠定了基础。例如,《监察法》第1条规定:“为了深入开展廉政建设和反腐败工作,加强对所有行使公权力的公职人员的监督,实现国家监察全面覆盖,持续深化国家监察体制改革,推进国家治理体系和治理能力现代化,根据宪法,制定本法”,就已经明确了《宪法》是《监察法》的法律渊源,而《监察法》的若干涉及证据的条文就体现了《宪法》的基本理念和精神。例如,查封、扣押、冻结等措施也是

---

〔2〕 刘静坤等:《监察证据原理与方法精要》,中国方正出版社2024年版,第1页。

证据固定措施，而《监察法》第 26 条第 2 款规定："冻结的财产经查明与案件无关的，应当在查明后三日内解除冻结，予以退还"；第 28 条第 3 款规定："查封、扣押的财物、文件经查明与案件无关的，应当在查明后三日内解除查封、扣押，予以退还"就是对《宪法》第 13 条第 1 款精神的体现。

二、监察法

《监察法》是规范监察调查工作的基本法律，是监察证据法最主要的法律渊源。《监察法》的不少条文都涉及证据的收集、运用等问题。《监察法》第 18 条规定，"监察机关行使监督、调查职权，有权依法向有关单位和个人了解情况，收集、调取证据。有关单位和个人应当如实提供……任何单位和个人不得伪造、隐匿或者毁灭证据"；第 20 条第 2 款规定，"对涉嫌贪污贿赂、失职渎职等职务犯罪的被调查人，监察机关可以进行讯问，要求其如实供述涉嫌犯罪的情况"；第 22 条规定，"在调查过程中，监察机关可以询问证人等人员"；第 27 条第 1 款规定，"监察机关可以对涉嫌职务犯罪的被调查人以及可能隐藏被调查人或者犯罪证据的人的身体、物品、住处和其他有关地方进行搜查。在搜查时，应当出示搜查证，并有被搜查人或者其家属等见证人在场"；第 30 条规定，"监察机关在调查过程中，对于案件中的专门性问题，可以指派、聘请有专门知识的人进行鉴定。鉴定人进行鉴定后，应当出具鉴定意见，并且签名"；第 36 条规定，"监察机关依照本法规定收集的物证、书证、证人证言、被调查人供述和辩解、视听资料、电子数据等证据材料，在刑事诉讼中可以作为证据使用。监察机关在收集、固定、审查、运用证据时，应当与刑事审判关于证据的要求和标准相一致。以非法方法收集的证据应当依法予以排除，不得作为案件处置的依据"；第 43 条第 1 款、第 2 款规定，"监察机关对职务违法和职务犯罪案件，应当进行调查，收集被调查人有无违法犯罪以及情节轻重的证据，查明违法犯罪事实，形成相互印证、完整稳定的证据链。调查人员应当依法文明规范开展调查工作。严禁以暴力、威胁、引诱、欺骗及其他非法方式收集证据，严禁侮辱、打骂、虐待、体罚或者变相体罚被调查人和涉案人员"；等等。《监察法》的这些规定成为监察证据法建构证据规则体系的基本法律依据。

三、刑事诉讼法

《监察法》与《刑事诉讼法》具有内在的紧密联系。监察机关调查终结后，认为被调查人的行为已经涉嫌职务犯罪的，将移送刑事司法机关进行处理，进入刑事诉讼程序。因此，《刑事诉讼法》关于刑事证据制度的规定就成为了处理职务犯罪案件证据问题的重要法律规范，成为了监察证据法的重要法律渊源。例如，监察证据法中证据的概念源于《刑事诉讼法》对证据的界定；《监察法实施条例》中"证据"一节规定的很多条文源于《刑事诉讼法》中的类似条文；等等。

四、其他法律

全国人民代表大会及其常务委员会制定的与监察调查活动有关的其他法律中涉及证据问题的条款也是监察证据法的渊源之一。例如，《刑法》第395条规定了巨额财产来源不明罪，"国家工作人员的财产、支出明显超过合法收入，差额巨大的，可以责令该国家工作人员说明来源，不能说明来源的，差额部分以非法所得论"。该罪属于典型的职务犯罪之一，由监察机关进行调查，而该条的罪状表述就涉及此罪的证明责任分配的问题。再如，《数据安全法》第32条第1款规定："任何组织、个人收集数据，应当采取合法、正当的方式，不得窃取或者以其他非法方式获取数据。"该条对于规范监察机关在办理职务违法和职务犯罪案件中的数据收集工作同样具有意义。可见，其他相关法律涉及证据的规定也属于监察证据法的法律渊源。

五、法律解释

在我国，全国人大常委会和最高人民法院、最高人民检察院单独或者联合其他部门颁布的一些立法解释和司法解释中与职务犯罪案件办理有关的证据规则，也是监察证据法的主要渊源之一。例如，全国人大常委会制定的《关于司法鉴定管理问题的决定》（以下简称《司法鉴定管理决定》），监察机关办理职务犯罪案件时同样应当遵循；最高人民检察院制定的《人民检察院刑事诉讼规则》、最高人民法院制定的《关于适用〈中华人民共和国刑事诉讼法〉的解释》（以下简称《刑事诉讼法解释》）等司法解释中关于证据的有关规定，监察机关调查活动中应当参考，在进入刑事诉讼后职务犯罪案件的办理则应当遵循。

此外，国家监察委员会制定的关于《监察法》的解释性法律文件《监察法实施条例》中对于证据的相关规定是监察证据法的重要渊源。《监察法实施条例》第四章"监察权限"对《监察法》中的原有规定作了细化解释，并增加了大量规定，其中很多条文涉及监察证据制度，尤其是第二节"证据"就监察证据的有关问题作出了较为详细具体的规定，这些规定在很大程度上奠定了监察证据法的基础。

六、国际条约

我国已经签署并批准的与监察证据法有关的国际公约主要有《联合国禁止酷刑公约》《联合国反腐败公约》等。这些条约中有不少与监察证据有关的规定，也属于监察证据法的渊源之一。例如，《联合国反腐败公约》第28条规定："根据本公约确立的犯罪所需具备的明知、故意或者目的等要素，可以根据客观实际情况予以推定。"第32条第1款规定："各缔约国均应当根据本国法律制度并在其力所能及的范围内采取适当的措施，为就根据本公约确立的犯罪作证的证人和鉴定人并酌情为其亲属及其他与其关系密切者提供有效的保护，使其免遭可能的报复或者恐吓。"我国已经缔结的条约是我国法律的渊源之一，我国应当履行。

第三节　监察证据法学的研究对象和研究方法

一、监察证据法学的研究对象

综合来看，监察证据法学的研究对象主要包括监察证据法律规范、监察证据基础理论和监察证据运用实践三个方面。

（一）监察证据法律规范

法学研究对象首先不能脱离法律规范本身。监察证据法学首先要研究与监察证据有关的法律规范，要准确解读涉及监察证据的法条条文的字义、词义及其内容含义，同时还要研究监察证据法律规范的结构，把握监察证据法律规范之间以及其与其他法律规范之间的关系，这是对监察证据法律规范本身进行研究的基础。另外，要准确了解监察证据法律规范，不能仅局限于对监察证据法律规范的外在形式进行研究，还必须对其内在的精神进行研究，包括立法的背景、立法的指导思想及其所反映的法律价值选择等，研究重点之一是探讨从立法上如何健全和完善监察证据法，形成科学的监察证据制度。

（二）监察证据基础理论

理论是开启智慧的钥匙，是指导实践的指南。只有加强对监察证据法学基础理论的研究,才能制定和不断完善科学的监察证据法律规范,才能不断科学地解决司法实践中与监察证据运用和监察证据法实施有关的疑难问题。加强对监察证据基础理论的探讨,揭示监察证据理论发展的规律,创新监察证据理论体系,是监察证据法学研究的重要内容。总体而言,我国监察证据法学基础理论研究还比较薄弱,还需要充分学习借鉴证据法学的相关理论,拓宽研究视野,从而进一步丰富我国监察证据法学的基础理论。

(三)监察证据运用实践

司法实践是检验法律是否合理、是否完善的标准。监察证据法学作为一门实践性很强的应用型学科,必然要将与监察证据运用和监察证据法实施有关的司法实践作为研究对象,即研究监察证据法律规范在调查实践及司法实践中适用和实施的具体情况,从中总结经验,发现和解决具体实施过程中存在的问题。通过研究与监察证据运用和监察证据法实施有关的调查实际及司法实践,提出改进立法、司法的建议和意见。同时,要加强对调查实践和司法实践中不断出现的新问题、新课题的研究,如在信息网络技术条件下,如何对"科技证据"在调查实践及司法实践中的广泛应用进行规范等,加强对调查实践和司法实践的指导,推动监察证据法学针对调查实践和司法实践的需要不断探索如何进一步健全监察证据法律制度的路径。

二、监察证据法学的研究方法

掌握正确、科学的研究方法对促进研究工作的有效开展非常重要。从根本上说,监察证据法学研究必须坚持马克思主义的唯物辩证法的研究方法,具体而言,主要应当掌握系统研究、比较研究、实证研究、交叉研究的方法。

(一)系统研究的方法

系统研究的方法,是指将监察证据法学作为一个整体的知识体系来进行研究,而不是孤立地研究某项具体的证据原则、制度和程序。采取系统研究的方法是监察证据法学所具有的学科特征的必然要求。这就要求监察证据法学研究必须具有开阔的学术视野,将所有相关知识都纳入监察证据法学的范畴来加以研究。

(二)比较研究的方法

比较研究的方法,是指在不同证据法制度之间进行比较,从中探寻监察证据法学的发展规律。监察证据法学中的比较研究,既包括纵向比较,也包括横向比较。纵向比较主要是进行不同时期的监察证据制度的比较,予以扬弃、继承和吸收。横向比较主要是进行同一时期的监察证据制度的比较,主要包括两个方面:(1)监察证据制度和理论与刑事、民事、行政诉讼中证据制度和理论的比较。通过比较,找出共性和差异,并分析其原因,从而总结证据制度和理论的一般规律和原理,促进证据制度和理论的完善。(2)中外证据制度和理论的比较。比较的目的是通过借鉴外国的有益经验,促进我国监察证据制度的完善和监察证据法学研究的繁荣。

(三)实证研究的方法

实证研究的方法,是指通过实践调查,然后对客观实践情况进行具体分析,最后得出认识结论的一种研究方法。与单纯的理论研究相比,实证研究往往更有说服力,更有助于解决实践问题。具体来说,在监察证据法学研究领域,实证研究的具体方法主要包括:(1)个案分析,即对实践中典型职务违法和职务犯罪案例的证据问题进行深入研究。(2)统计分析,即运用统计学的方法对一定范围内的案件进行数据分析,得出更具有广泛性的结论。(3)问卷调查,即由调研人员先设计出系列问题,然后让一定数量的相关人员回答,最后就回答结果进行统计分析并得出结论的研究方法。(4)座谈访谈,即通过与调查人员和司法人员的交流和座谈,以了解和掌握调查实践和司法实践中证据运用的相关情况。(5)推动试点,即将精心设计的证据制度、证据规则在一定范围内的监察机关试用,根据试用效果不断修正、总结,以此探索出适合我国国情的监察证据制度。

(四)交叉研究的方法

交叉研究的方法,是指利用其他交叉学科的研究成果来探讨监察证据法学中的相关问题,如借鉴心理学的研究成果研究被调查人的供述心理、证人的作证心理。采取交叉研究的方法研究学科的相互渗透、融合问题,是推动监察证据法学进一步发展的客观要求。

典型案例评析

案例 1-1　王某受贿罪、滥用职权罪案[3] ｜ 以证据为依据，依法公正裁判

公诉机关指控，2012 年 8 月至 2021 年 7 月，被告人王某利用其担任 C 市 S 区供销合作社（以下简称区供销社）党委书记、主任以及 C 市 S 区新沙贸易有限公司（以下简称新沙公司）董事长等职务上的便利，为他人谋取利益，非法收受他人贿赂共计 65.4 万元；滥用职权，致使国家利益遭受经济损失 159 万元，为证实上述指控，公诉机关举示了证人证言、被告人供述及书证等相关证据。

被告人王某对受贿罪的事实和罪名均无异议，对滥用职权罪的基本事实无异议，对于是否构成滥用职权罪提请法院依法裁判。

王某的辩护人对公诉机关指控被告人王某犯受贿罪的事实及罪名无异议，对指控的滥用职权罪提出：被告人不构成滥用职权罪，构成国有事业单位人员滥用职权罪等辩护意见。

该案涉及的主要证据包括：S 区委、区政府、人事局文件，区供销社章程、通知，会议纪要、会议记录，控股公司明细、股东出资情况，M 公司等公司基本情况，股东会决议、董事会决议，商务咨询合同、软件开发协议等合同，费用报销单、发票、银行交易明细，民事调解书、判决书，邓某等证人证言，扣押清单及被告人王某的供述与辩解等证据。

S 区法院经审理认为：区供销社是区政府所属事业单位，不是国家机关，被告人王某不属于国家机关工作人员。同时，本案中，区供销社对社有资产的管理职权，不是法律法规规定的行政管理职权，被告人王某不能被视为在依照法律、法规规定行使行政管理职权的组织中从事公务的人员；区供销社对社有资产的保值增值进行监管是其具体职责，不是受国家机关即区政府委托代表区政府行使职权，被告人王某不能被视为在受国家机关委托代表国家机关行使职权的组织中从事公务的人员，被告人王某也不能被视为虽未列入国家机关人员编制但在国家机关从事公务的人员。因此，被告人王某不符合滥用职权罪的主体要件，不构成滥用职权罪。其作为国有事业单位人员在管理 H 公司的经营过程中滥用职权，致使国

[3]　重庆市沙坪坝区人民法院（2023）渝 0106 刑初 1381 号刑事判决书。

家利益遭受重大损失，其行为构成国有事业单位人员滥用职权罪。故作出判决：被告人王某犯受贿罪，判处有期徒刑3年4个月，并处罚金40万元；犯国有事业单位人员滥用职权罪，判处有期徒刑2年6个月，决定执行有期徒刑5年6个月，并处罚金40万元。

｜评　析｜

该案中，对于王某构成受贿罪，案件事实清楚，证据确实充分，被告人认罪认罚，控辩双方没有争议，说明辩方对事实和证据是充分尊重的，法院依法判决受贿罪成立，量刑也较为适当。该案分歧的焦点在于公诉机关指控王某涉嫌滥用职权罪，辩方认为不构成滥用职权罪，而是构成国有事业单位人员滥用职权罪。从现有证据来看，被告人王某实施了滥用职权行为的证据是确实充分的，行为性质可以确定，其核心在于其主体身份是国家机关工作人员还是国有事业单位人员，进而方可确定适用的罪名。

该案的典型意义在于涉及"供销社"这一计划经济时代的产物在现代市场经济活动中的功能和定位。根据现有的关于供销社职能的文件的规定，供销社具有双重职能和双重属性，即供销社具有一部分行政机关的行政管理职能，还具有一部分企事业单位（供销社通常会下设一些"社属企业"进行生产经营活动）的经营管理职能，前者如审批农用物资购销份额等，后者如管理供销社下设企业的生产经营活动等。因此，对于类似该案的供销社负责人涉及刑事犯罪的主体身份如何界定，关键在于厘清被告人在所涉案件中履行的是行政管理职能还是企业经营管理职能：如果是前者，则其主体身份应当被界定为国家机关工作人员，构成滥用职权罪；如果是后者，则其主体身份应当被界定为国有事业单位人员，构成国有事业单位人员滥用职权罪。该案中，从现有证据来看，公诉机关举示的证据大致可以分为两个部分：一是证明主体身份的证据，包括S区委、区政府、人事局文件，区供销社章程、通知等证据，这部分证据载明的基本内容证明区供销社是国有事业单位（但是不能以此否定其具有的部分行政管理职能）；二是证明其实施了滥用职权行为的证据，包括会议纪要、会议记录，控股公司明细、股东出资情况，M公司等公司基本情况，股东会决议、董事会决议，商务咨询合同、软件开发协议等合同，费用报销单、发票、银行交易明细，民事调解书、判决书，邓某等证人证言，扣押清单及被告人王某的供述与辩解等证据。从这部分证据来看，王某的滥用职权行为事实是清楚的，证据是确实充分的，但其行为发生在供销社下属的新沙公司与民营企业M公司合资经营共同新设的H公司的出资入股过程中，王某是以新沙公司董事长的身份来参与H公司的生产经营管理，并处理诸如出资等生产经营活动的，其履行的是企事业单位的经营管理职能而不是行政机关的行政管理职能。因此，最终法院依据在案证据和事实，判决其行为构成国有事业单位人员滥用职权罪是正确的。

该案在调查终结后，监察机关以王某涉嫌受贿罪、滥用职权罪移送审查起诉，辩护人对王某涉嫌受贿罪没有异议，但提出其涉嫌滥用职权罪不能成立，应当涉嫌国有事业单位人员滥用职权罪，检察机关仍以王某涉嫌受贿罪和滥用职权罪提起公诉。在审判中，王某及其辩护人对受贿罪无异议，体现了对案件事实、证据的尊重，对滥用职权罪提出异议，最终法院采纳了辩护意见，认定王某构成国有事业单位人员滥用职权罪，体现了法院以证据为依据，尊重事实，依法公正裁判的理念和精神。

拓展阅读文献

1. 潘金贵主编：《证据法学》，法律出版社2022年版。
2. 潘金贵主编：《证据运用实务教程》，法律出版社2023年版。
3. 潘金贵主编：《证据法学案例进阶：理解与适用》，法律出版社2025年版。
4. 何家弘、刘品新：《证据法学》（第7版），法律出版社2022年版。
5. 刘静坤等：《监察证据原理与方法精要》，中国方正出版社2024年版。

第二章　监察证据法的理论基础

第一节　认　识　论

运用证据认定案件事实是一个认识过程，监察案件的办理亦不例外。在我国，运用证据认定案件事实需要接受辩证唯物主义认识论的指导，将认识论的基本原理与诉讼证据运用的特殊规律结合起来，形成诉讼认识论，作为证据法的基础理论。

一、辩证唯物主义认识论

（一）物质论

辩证唯物主义认为，世界是物质的，物质是运动的。这种物质论对证据法的最大指导作用在于，它表明任何案件都应该是客观存在的、真实发生过的。这种客观存在不依赖于人们的感觉而存在，但又能为人们的感觉所反映。

案件发生后，会留下证据材料，这些证据材料就像一些碎片，通过对这些碎片的整理能够“复原”案件的事实真相。这些碎片被有的学者称为“自然证据”，即伴随犯罪行为产生的、原初状态的证据载体。[1] 犯罪事实信息蕴含在这些证据载体之中，并且通常处于潜藏状态。具体来说，证据材料有两种。

一种是各种类型的物质和痕迹，如案发现场遗留的血迹、指纹、拖痕等。从物质论的角度来说，要确保办案人员收集的各种证据材料，确实就是案件发生过程中所产生的物质或痕迹。对此，法律或者司法解释有明确规定。例如，《刑事诉讼法解释》第 86 条第 1 款规定：“在勘验、检查、搜查过程中提取、扣押的物证、书证，

---

〔1〕 刘静坤：《证据审查规则与分析方法：原理 · 规范 · 实例》（第 2 版），法律出版社 2022 年版，第 3 页。

未附笔录或者清单,不能证明物证、书证来源的,不得作为定案的根据。”从物质论的角度来看,该规定就是为了确保办案人员所收集的证据材料,就是办案人员所声称的从案发现场发现的证据材料,就是案件发生过程中产生的物质或痕迹。

另一种是在人的脑海中留下的印象。案件发生过程中总会有人的参与,否则便是意外事件,不能称之为案件。一般来说,案件发生后,除非与案件有关的人全部死亡,否则,与案件相关的信息总会在相关人员的脑海中留下一定的印象。这些相关人员就与特定案件有关的印象进行陈述,从而形成犯罪嫌疑人、被告人供述和辩解、被害人陈述以及证人证言等言词证据。从物质论的角度来看,为了确保相关人员作出的言词证据确实是与案件有关的,法律或者司法解释对言词证据的获取和使用有严格的限制。例如,对言词证据的获取从取证主体、取证方法、取证程序以及书面言词证据的格式要求等方面均有明确而严格的规定,违反相关规定所获取的言词证据可能属于瑕疵证据,需要补正或者合理解释后才能作为定案的根据,也可能属于非法证据,此时应当直接予以排除,而不能作为证据使用。

就监察证据来说,除具有上述特征外,其还具有一定的特殊性。监察机关负责调查的职务违法和职务犯罪案件,可以分为两种情况:一种情况是,根据实物证据,基本就能认定案件事实,主要包括贪污、挪用资金等案件。这类案件一旦发生,所产生的实物证据会比较充分,且该类案件的实物证据还具有较强的证明力。另一种情况是,实物证据与案件的关系不明确,主要依赖言词证据定案,主要包括受贿、行贿等案件。这类案件发生后,虽然也会留下大量实物证据,但由于这些案件中的实物证据往往属于种类物,如人民币,不具有特定性,很难将这些证据与特定的人、特定的案件联系起来,在这种情况下,言词证据的作用就非常重要。当然,在这类案件中,也不是不需要重视实物证据,而是要将实物证据与言词证据组合使用。例如,行贿人在供述行贿事实后,办案人员应当及时收集相关物证,如银行存款和取款情况。在有些情况下,银行存款和取款情况还很重要,在存款和取款后的一段时间内,银行的电子系统会保存人民币的冠字号,这就能将种类物变成特定物,作为物证的人民币的证明力将会大大增强。

(二)反映论

辩证唯物主义认为,物质运动的结果必然呈现一定的形态。物质运动形态具有特定性、稳定性与反映性。其中,反映性表明,任何案件的特征都能在其特征反映体中得到良好的反映,且能够为人们所认识。[2] 反映论表明,各种证据就是案件的反映。案件发生后,会留下各种类型的物质或者痕迹,这些物质或者痕迹就是案件的反映。通过对这些物质或者痕迹的认识,人们可以发现案件的事实真相。

需要注意的是,证据对案件事实的反映,并不是机械的反映,诉讼参与人对证据的认识具有一定的能动性。诉讼参与人对证据的认识过程,既可能完整地反映案件的事实真相,也可能仅反映案件的某一片段,还可能因为各种原因而未能反映案件的事实真相。正是因为诉讼参与人对证据的认识过程存在这种复杂性,法律或者司法解释在承认诉讼参与人可以通过证据认定案件事实的同时,也从程序和证据规则方面对诉讼参与人运用证据的过程进行规制。

就监察案件来说,监察取证过程中,涉及不同认识主体的认识互动,包括监察机关的调查人员、审理人员、上级决策者、被调查人以及证人等。此外,监察证据形成的程序环境与刑事诉讼证据也有所不同。[3] 由于监察机关的权力运行严格执行请示报告制度,监察机关收集证据的过程呈现出明显的"组织化"特征,监察阶段的案件事实认定并非由个别的取证主体对客体的个别化认识,而是参与案件办理的调查人员、审理人员与上级决策者三方互动、消除分歧后对案件形成的集体性共识,体现着监察机关的组织意志。这种"组织化"认识结构在发现真相方面利弊共存,其有助于避免个别调查人员滥用权力、徇私枉法等不法行为的发生,但如果民主不足、集中有余,且上级自身能力不足、存在腐败,则"科层式"权力结构下的事实认定容易被"长官意志"影响,以至于真相可以被定义。[4] 在监察案件的办理过程中,应当对这种"组织化"认知结构有清醒的认识,尽可能发挥这种认知结构的优点并防止弊端的发生。

(三)可知论

辩证唯物主义认为,人的思维是至上的,能够认识现存世界的一切事物和现象,即坚持可知论。在这一点上,中外皆如此。就英美法系而言,其证据法学有理

---

〔2〕 何家弘、刘品新:《证据法学》,法律出版社2013年版,第43页。

〔3〕 冯俊伟:《〈监察法〉实施中的证据衔接问题》,载《行政法学研究》2019年第6期。

〔4〕 阳平:《监察取证原理与规则》,法律出版社2023年版,第60页。

性主义传统，这一传统有一基本假设，即认为有关过去发生事件的认知是可能的。[5] 只有坚持可知论，通过证据认定案件事实才具有正当性基础。我国传统观点认为，“司法人员只要依法正确收集和审查判断证据，完全有可能对案件事实做出符合客观实际的认定”[6]。这一观点可以说是我国理论界与实务界坚持的主流观点。

根据辩证唯物主义可知论，诉讼参与人通过发挥主观能动性，运用经验（包括一般经验和科学知识）、常识和逻辑，能够对证据材料进行有效的审查判断，能够通过证据材料认定案件的事实真相。案件发生后，总会留下各种各样的物质或者痕迹，诉讼参与人通过对这些物质和痕迹的收集与分析，结合经验、常识和逻辑，是能够发现案件的事实真相的。若否认这一点，裁判便缺乏正当性基础。英美法系证据法学理性主义传统还有一个基本假设，裁判的准确是通过对法律的正确适用和待证事实的准确判断来实现的。[7] 可以说，无论古今中外，主流观点均坚持事实真相是可以被发现的，均认为准确的事实认定是准确裁判的前提条件之一。

需要注意的是，辩证唯物主义所主张的可知论是相对的，即在承认人类对无限发展着的物质世界的认识能力是无限的同时，也承认人对客观世界的认识能力的有限性。从证据法的角度来说，承认辩证唯物主义可知论的相对性，意味着有些案件的事实真相在短期内无法查清，有些案件甚至永远无法查清到底发生了什么。对于事实真相无法查清的问题，诉讼法通过规定证明责任制度、评议制度和再审制度等予以回应。例如，证明责任制度不仅是对举证责任的分配，还对事实无法查清（在法律上表现为举证达不到法定的证明标准）时如何分配不利后果进行了规定。这就意味着，证明责任制度是以有些案件事实无法查清作为假设前提的。由于对诉讼的认识具有主观性，面对相同的证据材料，不同的人在对这些材料进行分析后可能会得出不同的结论。为解决这一问题，诉讼法规定了评议制度，通过评议规则确保法庭作出外人看起来“一致”的事实认定。再审制度的存在，也意味着法律认同有些案件的事实认定可能存在错误，需要通过再审制度予以纠正。

---

[5] ［英］威廉·特文宁：《反思证据：开拓性论著》（第2版），中国人民大学出版社2015年版，第91页。

[6] 陈一云主编：《证据学》，中国人民大学出版社2010年版，第70页。

[7] ［英］威廉·特文宁：《反思证据：开拓性论著》（第2版），中国人民大学出版社2015年版，第91页。

总体上来说,监察案件比较隐蔽,且往往无直接的被害人,属于隐蔽型犯罪,对监察案件的查处存在较多困难,监察证据的收集存在诸多障碍。[8] 通常来说,监察案件的证据类型以言词证据为主,要获取真实可靠的言词证据可能面临一些挑战。但职务违法和职务犯罪行为一旦发生,总会留下相应的"痕迹",这些"痕迹"可以表现为各种证据材料。只要办案人员调动主观能动性,积极查证,合理运用调查谋略,最终是能够获取有效的证据材料,进而发现案件的事实真相的。当然,有些案件,即使调查人员发挥了主观能动性,也可能无法发现案件的事实真相。此时,只能按照相应的程序进行处理。

二、监察认识论

从普通法律的角度来说,证据法学意义上的认识是一种诉讼认识。但从《监察法》的视角来看,监察机关通过证据认识案件事实的活动是监察认识。监察认识是一种特殊的认识活动,监察认识是一种为解决公职人员是否违法、是否犯罪而展开的发现案件事实真相的认识活动,监察认识也需要在法律规制下发现案件的事实真相。具体来说,监察认识具有以下特殊性。

(一)监察认识是对历史事实的认识

监察认识是对过去发生的案件事实的认识,这种过去发生的案件事实本质上属于历史事实。具体来说,为查明案件事实真相而展开的活动本质上属于对历史事实的认识,具有历史认识的一般特点:裁判者的处境与历史学家非常相似,即裁判者和历史学家都只能通过证据认定过去发生的事实;认知方式的间接性,即无法直接感知,而只能借助于证据和逻辑推理才能获得对过去事实的认识;认识目的是确证某一表述具体历史事实的单称命题,而非探寻普遍命题或规律,即均是对过去发生的特定事实的认识;认识结果上的或然性,即由于证据的稀缺性、证据运用中可能出现的错误等因素,借助证据进行回溯性推论在结果上必然包含着一定程度的或然性。[9] 监察认识是对历史事实的认识,这一论断提醒我们注意监察认识过程中可能出现错误的环节,以便尽可能减少错误发生的可能性。

---

〔8〕 监察案件存在案件"发现"难点和案件"证明"难点,参见刘静坤等:《监察证据原理与方法精要》,中国方正出版社 2024 年版,第 6 ~ 8 页。

〔9〕 吴宏耀:《诉讼认识论纲——以司法裁判中的事实认定为中心》,北京大学出版社 2008 年版,第 18 ~ 21 页。

（二）监察认识受制于法律的各种限制

监察认识虽然在本质上属于对历史事实的认识，但与历史认识不同的是，监察认识受制于法律规范的各种限制，具有自身的特点。

1. 监察认识与案件利益

监察认识虽然与历史认识一样，都是面向过去已经发生的事实，但监察认识与历史认识不同的是，监察认识还对当下和将来的案件利益的分配有重要的影响。一般来说，对历史事实的认识不会涉及当下的利益分配。而监察认识则不同，监察案件的产生源于职务违法和职务犯罪，而职务违法和职务犯罪一旦认定，对被调查人（国家工作人员）以及其他人（包括被调查人的家属、案件相关人员，甚至被调查人单位的领导和同事）将会产生诸多影响，例如，被调查人可能被免职，还可能被定罪量刑。监察认识不仅涉及案件事实的发现问题，还涉及重大的案件利益。

由于监察认识与案件利益之间关系密切，案件参与人的相关行为将直接影响包括被调查人在内的诸多人员的各种利益。由此，案件参与人可能会因为案件利益的影响而不能客观地参与监察认识活动。对此问题，相关司法解释确立了一系列提示性规定，例如，根据《刑事诉讼法解释》第 143 条第 2 项的规定，与被告人有亲属关系或者其他密切关系的证人所作的有利于被告人的证言，或者与被告人有利害冲突的证人所作的不利于被告人的证言，应当慎重使用，有其他证据印证的，可以采信。根据《监察法》第 36 条第 2 款的规定，《刑事诉讼法解释》第 143 条第 2 项的规定对起诉到法院的监察案件也适用。

2. 监察认识与办案期限

对历史事实的认识没有时间限制，一些重大历史事实的认识，可能需要几代人持续不断地努力。甚至还可以说，任何历史学知识都属于“暂时性的”主张，需要根据新发现的证据进行修正。[10] 监察认识则不同，由于监察认识涉及被调查人行为性质的认定，涉及如何对待被调查人，因此，监察认识有严格的期限限制。例如，《监察法》第 48 条第 1 款对留置的期限予以规定，即“留置时间不得超过三个月。在特殊情况下，可以延长一次，延长时间不得超过三个月”。《监察法实施条例》对冻结财产、限制出境措施等期限予以规定。监察案件如果移送到检察院

---

〔10〕 张保生：《证据法的理念》，法律出版社 2021 年版，第 91 页。

和法院,根据《刑事诉讼法》的规定,审查起诉和审判均有严格的期限限制。例如,法院必须在审限内作出相应的裁判。此时,即使案件证据还达不到法律的要求,裁判者也应当根据证明责任制度作出事实认定,进而作出相应的裁判。

3. 监察认识与程序法

监察认识与历史认识一样,都注重证据的运用。但两者在认识方法方面存在重大差异,历史认识可以采取几乎所有合适的有助于真相发现的方法,但监察认识只能按照《监察法》和《刑事诉讼法》的规定获取证据。例如,《监察法》对监察机关的取证手段有严格的限制,监察机关不得采取刑讯逼供等非法方法获取证据。再如,《刑事诉讼法》对取证主体、取证程序有明确的规定。

法律不仅对监察认识可以采取的方法进行了限制,还规定了违反法律规定的不利后果,即相关证据可能被排除。例如,根据《监察法》第 36 条第 3 款的规定,以非法方法收集的证据应当依法予以排除,不得作为案件处置的依据。根据《刑事诉讼法》第 56 条第 1 款的规定,采用刑讯逼供等非法方法收集的犯罪嫌疑人、被告人供述和采用暴力、威胁等非法方法收集的证人证言、被害人陈述,应当予以排除。再如,根据取证主体合法性理论,[11]取证主体限于法定的办案机关及其工作人员,其他机关或个人均不具有取证的主体资格,其所获证据不具有证据能力,不得直接作为证据在刑事诉讼中使用。

4. 监察认识与实体法

监察认识与历史认识一样,都追求案件事实真相的还原,但与历史认识不同的是,监察认识不追求案件事实的完全还原。一方面,受案件办理资源、办理期限等限制,监察认识无法完全还原案件的事实真相;另一方面,监察认识的目的是妥善解决监察机关办理的案件,监察认识只需要以实体法为指引和依据,发现有实体法意义的案件事实。例如,监察机关办理职务犯罪案件时,只需要发现与犯罪构成要件密切相关的案件事实,对与犯罪构成要件关系不大的案件细节不需要有准确的认识。因此,监察认识是以实体法为指引的认识,作为诉讼认识只需还原与实体法有关的案件事实。需要注意的是,根据《监察法》第 3 条、第 4 条的规定,监察机关"调查职务违法和职务犯罪","办理职务违法和职务犯罪案件"。因此,监察机关在办理案件时,需要遵循的实体法是《中国共产党纪律处分条例》《公职

〔11〕 万毅:《取证主体合法性理论批判》,载《江苏行政学院学报》2010 年第 5 期。

人员政务处分暂行规定》《刑法》等。

第二节　价　值　论

在现代社会，人们普遍认识到运用证据认定案件事实不仅是一个认识过程，还涉及不同价值之间的选择问题。就刑事诉讼而言，一般认为，在诉讼认识过程中，应当兼顾事实真相发现之外的价值，那种为了认识案件事实真相可以不择手段的观点已经不为人们所认同。[12] 根据美国学者拉里·劳丹(Larry Laudan)的观点，刑事司法的第一个核心目标是发现犯罪真相，避免错误判决。第二个目标是建立在这个认识之上的：不管我们怎么努力地避免错误，错误总是在所难免，需要在错判无罪和错判有罪之间进行选择。第三个目标是非认识论的政策价值。[13] 其中，第一个目标涉及典型的认识论问题，即如何发现案件的事实真相。第二个目标既涉及认识论的问题，也涉及价值论的问题，即在错误判决不可避免的情况下，选择哪一种错误判决的价值选择问题。[14] 第三个目标则是典型的价值论问题，即事实发现之外的一系列价值选择，包括人权保障、程序公正、特定社会关系或者国家利益的维护和诉讼效率等。监察证据的收集具有一定的特殊性，但也涉及不同价值之间的选择问题。监察证据既可以作为纪律责任的依据，也可以作为追究刑事责任的材料。纪律责任和刑事责任的认定过程中，均会涉及不同价值之间的选择，但又有所不同。

一、人权保障

我国《宪法》第二章规定了公民的基本权利。《监察法》第5条规定了“尊重和保障人权，在适用法律上一律平等，保障监察对象及相关人员的合法权益”。公民的基本权利与监察案件的办理密切相关。一方面，公民的基本权利受国家工作

---

〔12〕［德］托马斯·魏根特：《德国刑事诉讼程序》，岳礼玲、温小洁译，中国政法大学出版社2004年版，第187页。

〔13〕［美］拉里·劳丹：《错案的哲学：刑事诉讼认识论》，李昌盛译，北京大学出版社2015年版，第1～2页。

〔14〕［美］罗纳德·J.艾伦：《艾伦教授论证据法》(上)，张保生、王进喜等译，中国人民大学出版社2014年版，第5页。

人员侵害的,可以向监察机关寻求救济;另一方面,公民的基本权利在监察案件办理过程中也可能会受到侵害,如监察机关在取证过程中侵害被调查人、证人等相关人员的基本权利。在后一种情形下,就面临基本人权的保障和不同价值之间的选择的问题。

就刑事案件而言,在现代社会,人们普遍认识到,在诉讼过程中应当保障相关诉讼参与人员的司法人权,不能为了发现案件事实真相而不择手段。以刑事诉讼为例,《宪法》第 37 条规定了公民的人身自由权,第 38 条规定了公民的人格尊严不受侵犯的权利,第 39 条规定了公民的住宅不受侵犯的权利,第 40 条规定了公民的通信自由和通信秘密权,在案件办理过程中,这些权利可能会被办案机关非法干预。在这种情况下,如果仅考虑认识论因素,即案件事实真相的发现,那么办案机关通过侵犯犯罪嫌疑人、被告人上述宪法权利的方式获取的证据仍然可以作为证据使用。但考虑到司法人权保障的价值需要,立法明确规定部分通过侵犯犯罪嫌疑人、被告人宪法权利的方式(如刑讯逼供)获取的证据应当予以排除。就监察案件而言,也是如此。《监察法》第 36 条第 3 款明确规定,"以非法方法收集的证据应当依法予以排除,不得作为案件处置的依据"。《监察法实施条例》第 72 条对此予以了细化,即对不同类型的证据,确立不同的排除方式。

二、程序公正

就刑事案件而言,一般认为,诉讼公正可以分为实体公正与程序公正。所谓实体公正,是指在准确发现案件事实真相的基础上给予当事人应得的对待。所谓程序公正,是指不取决于案件实体结果,法律程序本身所体现出的价值。[15] 实体公正与程序公正之间的关系可以表现为以下几种形态:一是实体公正与程序公正皆可实现;二是实体公正与程序公正皆不可实现;三是实体公正可以实现,但程序公正无法实现;四是实体公正无法实现,但程序公正可以实现。理想的状态是,实体公正与程序公正皆可实现,例如,通过正当的法律程序查明案件的事实真相,并在此基础上准确地适用实体法作出相应的裁判。

实体公正的实现与认识论关系密切,即如何通过证据有效地发现案件的事实真相。程序公正的实现则与价值论关系密切,即在发现案件事实真相的同时,如

---

〔15〕 陈瑞华:《刑事审判原理论》(第 3 版),法律出版社 2020 年版,第 72 页。

何确保程序公正的价值得以实现。如前所述，理想的状态是实体公正与程序公正均得以实现，但由于各种现实条件的制约，实体公正与程序公正往往难以兼顾，例如，严格遵守法定程序取证，程序公正得以维护，但可能难以取得有效的能够证明案件事实的证据材料，导致实体公正难以实现。[16] 相反，违反法定程序获取的证据可能有效地证明案件事实，但违背了程序公正。

上述关于实体公正与程序公正的冲突及相关价值选择的问题，对于监察案件来说也是适用的。事实上，监察机关办理案件时，也要遵守程序公正的要求。例如，《监察法》第43条规定，“严禁以暴力、威胁、引诱、欺骗及其他非法方式收集证据，严禁侮辱、打骂、虐待、体罚或者变相体罚被调查人和涉案人员”。此外，《监察法》对讯问和搜查、查封、扣押等重要取证工作的全程录音录像予以规定，还要求监察机关保障被留置人员的饮食、休息和安全，提供医疗服务。

三、社会关系或者国家利益

除实体公正和程序公正外，有些案件的办理还要考虑特定社会关系或者国家利益的维护，这在证据法中的特免权制度中体现得最为典型。

就刑事诉讼而言，为了准确认定案件事实，法庭需要得到尽可能全面的证据，所有了解案件情况的人都有作证的义务。因此，从原则上讲，任何案件知情人都有出庭作证的义务和责任。但法律实际上并不要求所有案件知情人都要出庭作证，法律赋予了某些人免于作证的特权。法律之所以这样规定是因为在各种社会利益中有比有助于法庭认定案件事实更为重要的利益。[17] 在英美法系，特免权包括婚姻家庭关系特免权、律师—委托人交流秘密特免权、其他职业特免权（包括医生—患者特免权、神职人员交流特免权、记者特免权）以及公共特免权（包括政府信息特免权、线人特免权）等。[18] 之所以有这些特免权，就是为了维护家庭关系、律师职业以及其他职业的发展等社会关系或者国家利益。

在我国，可能被视为确立的特免权有配偶、父母子女特免权和律师—委托人

---

〔16〕 美国哈佛大学教师德肖维茨总结了司法斗争的13条规则，其中第3条是：用违反宪法的手段去认定有罪的被告，比在宪法允许范围内通过审判认定要容易；在某些情况下，不违反宪法就根本无法认定有罪的被告。参见［美］艾伦·德肖维茨：《最好的辩护》，唐交东译，法律出版社2014年版，第8页。

〔17〕 马跃：《美国证据法》，中国政法大学出版社2012年版，第146～147页。

〔18〕 吴丹红：《特免权制度研究》，北京大学出版社2008年版，第89～218页。

交流秘密特免权。《刑事诉讼法》第193条第1款规定,"经人民法院通知,证人没有正当理由不出庭作证的,人民法院可以强制其到庭,但是被告人的配偶、父母、子女除外"。对于该规定,有学者认为可以作善意解释,即我国确立了配偶、父母子女特免权。[19] 但全国人大的立法人士认为,这一规定并非免除"部分近亲属"的作证义务,只不过是这些近亲属可以"不出庭作证"而已。[20] 这表明,对于这一规定的理解有一定的争议。[21] 从实践中的情况来看,近亲属仍需向公安机关、检察机关和监察机关作证,只不过可以"不被强迫出庭作证"而已。《刑事诉讼法》第48条规定:"辩护律师对在执业活动中知悉的委托人的有关情况和信息,有权予以保密。但是,辩护律师在执业活动中知悉委托人或者其他人,准备或者正在实施危害国家安全、公共安全以及严重危害他人人身安全的犯罪的,应当及时告知司法机关。"《律师法》第38条规定:"律师应当保守在执业活动中知悉的国家秘密、商业秘密,不得泄露当事人的隐私。律师对在执业活动中知悉的委托人和其他人不愿泄露的有关情况和信息,应当予以保密。但是,委托人或者其他人准备或者正在实施危害国家安全、公共安全以及严重危害他人人身安全的犯罪事实和信息除外。"据此,虽然这两部法律的相关用语有所不同,但主流观点认为我国立法初步确立了律师—委托人交流秘密特免权。[22] 律师—委托人交流秘密特免权的确立,可能在具体个案中不利于案件事实真相的发现,但从长远来看,却有利于维护律师与委托人之间的信任关系,进而维护律师行业的发展。而律师行业的发展,对于法治社会的建设和完善有重要作用。

监察机关办理的职务犯罪案件,如果进入刑事诉讼程序,也应当遵守上述规定。监察机关办理职务违法案件时,不受上述规定约束。由于监察调查阶段律师不能介入,在监察调查阶段,律师—委托人交流秘密特免权也不存在。此外,监察机关办理的案件,均是国家工作人员涉嫌职务违法或者职务犯罪的案件,我国是否需要确立政府信息特免权,也值得考虑。

---

〔19〕 易延友:《证据法学:原则 规则 案例》,法律出版社2017年版,第379页。
〔20〕 李寿伟主编:《中华人民共和国刑事诉讼法解读》,中国法制出版社2018年版,第480页。
〔21〕 李奋飞:《"作证却免于强制出庭"抑或"免于强制作证"?——〈刑事诉讼法〉第188条第1款的法教义学分析》,载《中外法学》2015年第2期。
〔22〕 张保生主编:《证据法学》,中国政法大学出版社2018年版,第219页。

四、诉讼效率

就刑事诉讼而言,由于特定时期的司法资源是有限的,对案件事实真相的探究、对程序公正的维护要受制于特定时期司法资源的限制。从证据法的角度来看,由于司法资源的有限性,可能无法也没有必要收集所有与案件有关的证据材料。《美国联邦证据规则》规定,“如果相关证据的证明价值为以下一个或者多个危险所严重超过,则法院可以排除该证据:不公平损害、混淆争点或者误导陪审团、不当拖延、浪费时间或者不必要地出示重复证据”。所谓“不当拖延、浪费时间或者不必要地出示重复证据”,就是基于诉讼效率的考虑。我国虽然没有类似于《美国联邦证据规则》的规定,但一些涉及证据的规定中也有基于诉讼效率的考虑作出的规定。例如,最高人民法院、最高人民检察院、公安部、国家安全部、司法部《办理刑事案件庭前会议规程》第14条第3款规定:“……公诉人提供的相关证据材料确实、充分,能够排除非法取证情形,且没有新的线索或者材料表明可能存在非法取证的,庭审调查举证、质证可以简化。”根据其第16条的规定:被告人及其辩护人申请收集、调取证据材料,人民法院认为有关证据材料与案件无关或者明显重复、没有必要的,可以不予准许。司法实践中,公安司法机关在处理个案时,有时会出于诉讼效率的考虑而不收集或者拒绝采纳与案件相关的证据材料,这也是考虑效率的体现。此外,在诉讼中适当地追求诉讼效率,还可以推进证据的及时收集与案件事实真相的查明,〔23〕从而有助于实体公正的实现。

就监察案件的办理而言,也存在办案效率的问题,效率也是监察案件办理的要求之一。如果监察机关调查取证的效率低下、案件久拖不决,会使职务违法犯罪行为得不到及时查处、纠正,给国家和人民带来更大损害,也会影响监察机关的公信力。从被调查人的角度来看,监察调查效率低下,会使被调查人处于不安定状态,不利于其安排工作、生活;对于涉嫌职务犯罪被留置的被调查人而言,监察调查时间过长相当于侵害了被调查人及时受审的权利,增加了被调查人的审前羁押时间,变相增加了对被调查人人身自由权侵害的程度。〔24〕《监察法》关于留置、技术调查、搜查、冻结等措施的适用期限的要求和认罪认罚从宽制度的规定均体现了监察取证的效率要求。需要注意的是,监察机关在办理案件时,对诉讼效率

---

〔23〕 陈光中主编:《证据法学》(第4版),法律出版社2019年版,第105页。

〔24〕 阳平:《监察取证原理与规则》,法律出版社2023年版,第70页。

价值的追求不是绝对的,要受制于实体公正、程序公正等。

典型案例评析

案例 2－1　A 受贿案[25]｜既要收集有罪证据又要收集无罪证据

某县纪委监委按程序依法对该县粮食局副局长 A 涉嫌严重违纪违法问题立案审查调查。A 交代称,2006 年至 2017 年,其先后多次收受 B 所送钱款,二人关系非常密切、送钱模式比较固定,每年春节、五一、国庆期间 B 都会来家中拜访看望,每次 B 都送给 A 5 万元现金,1 年 15 万元、12 年共计 180 万元;此外,还有几次是 A 去香港前 B 送给 A 5 万港元、去美国前 B 送给 A 2 万美元,A 的女儿结婚时 B 送给 A 10 万元和名牌手表等。上述问题 B 也做了相应交代,双方交代内容吻合,收送钱时间、数额一致,且在 A 家中经依法搜查确实发现了数百万元现金和相关贵重物品。

据此,调查组拟认定该问题并按程序移送案件审理部门进行审理。审理人员认真阅卷后发现,A 的女儿在交代其他问题时曾提到,她在北京读书时,2008 年国庆期间 A 均在北京陪她游玩,因此审理人员认为 A 2008 年国庆期间收受 B 现金的时间条件可能存在疑问,故提出由调查组进行补充调查。

调查组核查有关航班信息后发现,2008 年国庆期间 A 确实不在该县而在北京,不具备收受 B 现金的时间条件,但其他时间的春节、五一、国庆期间,A 确实均在该县并收受了 B 每次 5 万元现金。对此情况,A 解释说他确实收受了 B 200 余万元现金和相关贵重物品,此前在交代问题时内心忐忑、情绪紧张,所以忘了 2008 年曾去北京的情况,现在经组织提醒后才想起该情况;B 解释说他确实送给了 A 200 余万元现金和相关贵重物品,之前他认为组织已经掌握了全部问题,他印象中确实是每年都送了 3 次现金,但 2008 年国庆这次具体是在什么场景下送的,他记忆模糊了,以组织调查为准。

后案件审理部门严格按照证据标准认定该问题,A 收受 B 185 万元现金和 5 万港元、2 万美元,对存在疑议的 2008 年国庆这笔 5 万元现金未予认定,连同调查

---

〔25〕《〈中华人民共和国监察法〉案例解读》,中国方正出版社 2018 年版,第 348～349 页。

认定的A其他违纪违法问题，一并按程序提请审议后，依纪依法作出了定性和处理。

｜评　析｜

《监察法》第43条第1款规定："监察机关对职务违法和职务犯罪案件，应当进行调查，收集被调查人有无违法犯罪以及情节轻重的证据，查明违法犯罪事实，形成相互印证、完整稳定的证据链。"这一规定，既是对监察机关调查取证的工作要求，也是查明案件事实真相的基本要求。监察机关对职务违法和职务犯罪案件进行调查，目的不是单纯"惩罚"被调查人，而是在发现案件事实真相的基础上对被调查人作出合适的处理。要准确发现案件事实真相，在调查工作中就应当依法、全面收集证据材料，不仅应当收集不利于被调查人的证据材料，对于有利于被调查人的证据材料也应当收集。从理论上来讲，全面客观地收集证据材料，体现了认识论的基本要求，有助于监察机关在准确认定案件事实的基础上依法对被调查人作出适当的处理。

从总体上来说，证据信息越完整，就越有利于发现事实真相。〔26〕但在特定情况下，更多的证据信息可能导致部分案件事实无法认定，该案即如此。在该案中，监察人员根据A的女儿的陈述，调取了2008年国庆期间A来往北京的航班信息，这些信息表明，A 2008年国庆期间在北京陪女儿游玩，这与行贿人B的说法存在矛盾。根据常识，A如果2008年国庆期间在北京，就不可能在这一期间于"某县"收受B的贿赂。这一新增的信息导致A在2008年国庆期间是否收受B的贿赂存在疑问。最终，监察机关按照存疑有利于被调查人的原则，未认定A在2008年国庆期间收受B 5万元。在证据存疑的情况下，能够作出的选择有三个：一是存疑"从有"，即认定案件事实成立；二是存疑"从无"，即认定案件事实不成立；三是存疑"从挂"，即将案件"悬挂"，暂时不做决定。由于案件办理的时限性要求，办案人员不可能无限期将案件"从挂"。因此，办案人员要么存疑"从有"，要么存疑"从无"，无论作出哪一种选择，本质上都是一种价值选择。选择存疑"从有"，就意味着在不放纵违法犯罪的同时，可能会冤枉无辜的人；选择存疑"从无"，就意味着在不冤枉无辜之人的同时，可能会放纵犯罪。〔27〕在现代社会，已基本达

---

〔26〕纵博：《证据完整性规则的法律价值及其构建》，载《政法论坛》2024年第5期。

〔27〕［美］罗纳德·J. 艾伦：《艾伦教授论证据法》（上），张保生、王进喜等译，中国人民大学出版社2014年版，第155页。

成这样的共识——宁可错放有罪之人,也不能冤枉无辜之人。

拓展阅读文献

1. 吴宏耀:《诉讼认识论纲——以司法裁判中的事实认定为中心》,北京大学出版社 2008 年版。

2. 吕卫华:《诉讼认识、证明与真实——以刑事诉讼为主要研究对象》,中国人民公安大学出版社 2009 年版。

3. [美]罗纳德·J. 艾伦:《理性　认知　证据》,栗峥、王佳译,法律出版社 2013 年版。

4. [美]拉里·劳丹:《错案的哲学:刑事诉讼认识论》,李昌盛译,北京大学出版社 2015 年版。

第三章　监察证据法的基本原则

监察证据法的基本原则，是指制定与监察证据有关的法律规定时应当确立的原则以及在监察调查、监察处置等监察工作实践中运用证据证明监察案件事实时应当遵守的原则。监察证据法的基本原则在监察证据法律规范和监察证据法学中具有重要的基础地位，是整个监察证据运行机制的指导思想。对监察证据法基本原则的研究，不但直接影响到监察证据法学的繁荣发展，而且对监察证据立法、监察证据运用、实践也有重要和深远的影响。

虽然我国目前的《监察法》和《监察法实施条例》都没有对监察证据法的基本原则作出明确规定，但是监察证据法的基本原则是监察证据法学的基础性和前提性问题，要想更好地研究监察证据法学，首先要确立监察证据法的基本原则。概言之，我国监察证据法学，既要明确反映证明活动一般规律的基本原则，如证据裁判原则；还要明确反映法律价值取向的基本原则，如遵守法制原则、权利保障原则。

第一节　证据裁判原则

一、证据裁判原则的含义

在诉讼中，证据裁判原则，也被称为“证据裁判主义”，是指认定案件事实必须以证据为依据。[1] 这一原则包含两方面的含义：第一，案件事实应当依据证据认定；第二，如果没有证据，则不能认定有关的案件事实。在我国诉讼体系中，都强调证据裁判原则，相较于民事诉讼和行政诉讼，刑事诉讼更为强调证据裁判原则，

---

〔1〕 陈光中主编：《证据法学》（第4版），法律出版社2019年版，第112页。

因为刑事诉讼涉及公民的财产、自由乃至生命的权利,涉及社会公共安全与社会秩序的稳定,因此对于发现案件的真相更为关注,对于证据裁判的需求更为强烈。

在监察证据法中,证据裁判原则是指监察机关认定监察案件事实必须以监察证据为依据,没有相应的监察证据,不得认定监察案件事实。我国《监察法实施条例》第 67 条规定,“监察机关认定案件事实应当以证据为根据,全面、客观地收集、固定被调查人有无违法犯罪以及情节轻重的各种证据,形成相互印证、完整稳定的证据链”。可见,监察机关在办理案件时,必须严格遵循证据裁判原则,根据监察调查所获证据认定案件事实,对于没有证据支持的案件事实不得认定。

二、证据裁判原则的意义

(一)强化与刑事司法证明的衔接性

监察调查的重要目的是查清案件事实,追究被调查人的法律责任,而对于涉嫌职务犯罪的被调查人,通过刑事诉讼程序追究其刑事责任是必不可少的,因此需要强化监察调查与刑事诉讼的衔接。《监察法》第 36 条第 2 款规定,“监察机关在收集、固定、审查、运用证据时,应当与刑事审判关于证据的要求和标准相一致”,可见,监察证据的收集、固定、审查、运用要与刑事诉讼证据的要求和标准相一致,即监察证据需要与刑事诉讼证据有效衔接。证据裁判原则也是刑事司法证明的重要原则,是监察调查衔接刑事司法证明活动的重要桥梁。基于证据裁判原则的要求,监察机关在调查取证过程中应当严格遵循取证主体、取证权限以及取证程序的法律要求,保证监察证据的合法性,确保监察证据的证据资格。此外,监察机关在审理过程中,应当对证据进行查证核实,提高证据的真实性和可靠性,有利于监察证据顺利进入刑事诉讼程序。最后,在职务犯罪案件的证明标准上,监察调查证明标准应与刑事诉讼证明标准保持一致,从而强化与刑事司法证明的衔接性。

(二)保障发现监察案件的真实性

监察调查的基本目的是发现监察案件的真实。基于证据裁判原则,认定监察案件事实必须以证据为根据,并且对于认定事实的证据资格、证明方式以及证明标准等方面有严格的要求,这为发现案件的真实最大限度地提供了保障。(1)认定事实应当依据证据。在监察工作中,无论是监察认定还是监察处置,都必须以证据为基础,而不能仅凭推测或假设。监察人员必须依靠客观存在的证据材料进行逻辑推理与事实认定,从而保障事实认定的准确性。(2)证据需要具备证据资格。《监察法》第36条第3款规定,“以非法方法收集的证据应当依法予以排除,不得作为案件处置的依据”。对于不具有证据资格的非法证据进行排除,有利于防范冤假错案。(3)证据之间可以相互印证。《监察法实施条例》第67条规定,监察机关认定案件事实需要形成相互印证、完整稳定的证据链,即不同来源的证据要能够相互支持,形成完整的证据链条,这有利于提高证据的真实性和可靠性,从而有助于发现监察案件的真实性。(4)认定案件事实需要符合法定证明标准。法定证明标准强调的是证据必须达到足以使理性的人相信被调查人确实实施了职务违法或者犯罪行为,而不仅是存在某种可能性。由此可以最大限度地减少监察认定和监察处置错误的风险。

(三)避免监察处置的恣意性

监察人员对案件进行处置应当依其根据监察调查和案件审理的结果所形成的内心确信。内心确信的形成不应当是任意的,而应当是有所约束的,从而防止监察人员恣意擅断。证据裁判原则就是对监察人员恣意擅断进行有效约束的最佳机制。证据裁判原则的核心在于强调监察人员在认定案件事实时必须严格依据证据,而不能基于个人的主观臆断或偏见。这一原则不仅要求案件事实认定都必须有相应的证据支持,还对证据的采纳设定了严格的条件,限制了监察人员的自由心证。监察人员必须依证据认定事实,任何没有证据支持的判断都是不被允许的。

对于某些证据,限制监察人员进行自由心证。例如,非法获取的证据、与案件无关的证据或虚假的证据均不得作为监察处置的依据。未经监察审理的证据也不得作为监察处置的依据。此外,与事理有违或不符的证据即使具备证据能力,但因其内容明显违背常识或逻辑,也不得作为监察处置的依据。最后,对于科学证据,应当由具备相应资质的专业人士进行鉴定,并提供详细的鉴定报告。监察人员采纳这类证据时,应综合考虑专家意见的一致性以及鉴定方法的可靠性,而不是简单地根据个人理解来判断。可见,监察人员对于证据的评价和事实的认定受到严格约束,内心确信的形成被限定在特定范围内。所以说,证据裁判原则减少了监察人员在监察处置时的主观随意性,避免了监察处置时的恣意性。

(四)增强监察处置的确定性

证据裁判原则要求作出监察处置应以证据为根据,避免了以主观臆断或者以其他不具有证据资格的证据材料作为认定案件事实的依据的问题,增强了监察处置的确定性。在历史上曾经出现过“水审”“火审”“神兽审”等审判方式,这些方式都不是以证据为根据认定案件事实的,审理出来的结果不具有可预测性,自然也是不确定的。根据证据裁判规则,监察人员以证据为根据认定案件事实,排除了“水审”“火审”等非理性的认定方式,增强了监察处置的合理性和确定性。

证据裁判原则要求认定监察案件事实的证据需要具备证据资格,明确了监察处置可以依据的证据,确定了认定案件事实的证据基础,增强了监察案件认定和监察处置的确定性。证据裁判原则还限制了监察人员的自由心证,避免了监察人员的主观臆断,监察人员需要依据证据进行符合证据裁判要求的自由心证,使得监察处置结果是合乎理性和逻辑的,且具有可预测性,从而增强监察处置的确定性。

三、证据裁判原则在监察证据法中的确立

(一)认定案件事实只能以证据为根据

证据是监察人员认定案件事实的唯一根据。《监察法实施条例》第 67 条规定,监察机关认定案件事实应当以证据为根据。换言之,监察人员认定案件事实,只能以证据为根据,不能依靠无根据的猜测或者推理。从积极层面而言,在监察案件事实认定过程中,只有得到证据证明的事实,才能被视为真实地存在。从消极层面而言,在监察案件事实认定过程中,凡是没有证据加以证明的事实,则一律应当被视为不存在或者从未发生过。监察人员不得单纯通过日常经验法则和逻辑推理认定案件事实,哪怕推理过程和最终判断非常合理,只要没有证据证明,就不能认定案件事实成立。对于监察人员而言,不存在任何可以离开证据而存在的案件事实,监察案件事实的认定只能依据监察证据。

(二)认定案件事实只能以具备证据资格的证据为依据

认定监察案件事实的证据应当具备证据资格。证据资格,是指证据的法律资格,又被称为证据的合法性或者证据能力,是法律对证据转化为监察处置依据或者定案依据所提出的法律要求。〔2〕 证据固然是认定案件事实的唯一根据,但是并非任何证据都可以用来证明案件事实,否则通过不合法、不人道等方式获得的

〔2〕 陈瑞华:《刑事证据法》(第 3 版),北京大学出版社 2018 年版,第 52 页。

证据,如监察人员暴力取证的证据也都可以认定案件事实,这显然不符合监察调查的价值追求和证据裁判原则的内在要求。《监察法实施条例》第 72 条第 1 款规定:“对于调查人员采用暴力、威胁以及非法限制人身自由等非法方法收集的被调查人供述、证人证言、被害人陈述,应当依法予以排除。”由此可见,监察人员认定案件事实的证据必须具备法律上的资格,否则应当依法予以排除,不能作为监察处置的依据。

在监察证据法中,主要从调查取证主体的合法性、调查取证手段的合法性以及取证程序的合法性等方面规范证据的法律资格。从积极层面而言,监察人员认定案件事实,只能以具备证据资格的证据为依据。换言之,在监察调查和案件审理过程中,不仅要注重证据的证明力审查,还要注重证据资格的审查,例如审查调查取证主体的合法性,是否为调查人员,调查人员的人数是否符合法律规定;审查取证手段是否合法,是否存在非法的取证手段;审查物证和书证的收集是否符合法定程序。从消极层面来看,证据裁判原则强调的那些不具有证据资格的证据,既包括在调查取证主体、调查取证手段等方面出现问题的证据,也包括在调查核实过程中和案件审理过程中出现问题的证据,监察机关都不能将其作为认定监察案件事实的证据以及监察处置的依据。

(三)证据必须经法定程序查证属实后才能作为定案的依据

证据只有经过法定程序查证属实才能成为认定监察案件事实的依据。从动态上看,任何监察证据都必须经过法定程序,即经过监察机关的调查核实、审理,并最终查证属实,才能转换为定案依据。如《监察法实施条例》第 68 条第 1 句规定:“证据必须经过查证属实,才能作为定案的根据。”一方面,监察机关在调查过程中就应当对收集到的证据进行相应的核实,以保证证据的真实性和可靠性。另一方面,《监察法实施条例》第 222 条规定了专门的案件审理程序,其要求审理组对案件事实证据进行全面审理,查证监察调查获得的证据是否属实,不能查证属实的证据不得作为后续监察处置的依据。

针对职务犯罪的证据,除通过监察机关的调查核实以及审理程序查证是否属实外,还需要通过检察机关的审查起诉程序以及法庭调查程序查证是否属实,尤其是要经法庭调查程序查证属实。职务犯罪证据必须在法庭上经受出示、辨认、宣读等举证环节,并且要接受控辩双方的询问、盘问、辩驳等质证环节,给予控辩双方当庭质疑其证明力的机会,法院才能查证其是否属实,最终对证据进行认证后才能作为定案的依据。

（四）全案证据只有达到法定证明标准的程度才能证明案件事实

证据只有达到法定证明标准的程度，才能证明监察案件事实。在监察调查中，如果案件事实不清、证据不足则不能认定职务违法犯罪事实。《监察法实施条例》第226条规定，审理组经审理认为主要违法犯罪事实不清、证据不足的，需要退回重新调查或者补充调查。由此可见，案件事实不清、证据不足不能认定案件事实，需要继续调查。在证据不足的情况下，被调查人的职务违法犯罪事实处于不确定的状态，自然不能认定案件事实，证据只有达到法定证明标准的程度，才能证明监察案件事实。

《监察法实施条例》第69条规定，监察机关调查终结的职务违法案件，应当事实清楚、证据确凿，证据确凿的条件之一是综合全案证据，所认定的事实清晰且令人信服。其中的"事实清晰且令人信服"就是职务违法案件的证明标准。"清晰且令人信服"是指调查人员通过具有客观性、关联性、合法性的各种证据进行逻辑推理和经验法则的判断，在对全案证据进行综合考量后，认为根据这些证据所获知的事实有非常高的确定性，符合认识规律及理性判断，已经可以达到确信的程度，这种主观确信程度虽然不必达到"排除合理怀疑"的标准，但已然达到了一种很大程度的可能性，即足以令人信服。

针对职务犯罪案件，《监察法实施条例》第70条规定的证明标准是"综合全案证据，对所认定事实已排除合理怀疑"，即"排除合理怀疑"的证明标准，与我国刑事诉讼证明标准是一致的，体现了职务犯罪监察调查程序与刑事司法程序衔接的证据规则要求。如果无法对被调查人的职务犯罪事实达到内心确信的程度，无法排除合理怀疑，则应当作疑罪从无处理，不能认定被调查人有罪，不得移送检察机关审查起诉。虽然职务违法和职务犯罪案件的证明标准不一，且职务违法的证明标准相对较低，但是监察证据都必须达到法定证明标准才能证明监察案件事实。

第二节　遵守法制原则

一、遵守法制原则的含义

遵守法制原则，从法理解读来说，是指个人、组织、机关乃至整个社会都应当依照法律的规定行事，尊重并执行法律制度，强调对法律规范的严格遵守。从监察证据法的角度解读，则是指监察人员在监察调查过程中，必须严格遵守法律的规定收集、固定、审查、运用监察证据，查明监察案件事实的原则。遵守法制原则是依法监察的基础，也是建设法治国家的基本要求。监察活动是为维护国家法制服务的，其本身必须严格遵守法律规定。如果监察人员用非法的手段进行调查取证，则既有害于国家法制，也有悖于监察调查宗旨。《监察法》第3条和《监察法实施条例》第4条均强调，监察机关应当依法对公职人员进行监察，应当依法履行监督、调查、处置职责。因此，监察机关应当严格依法收集、固定、审查以及运用监察证据。

二、遵守法制原则的意义

（一）防止监察权力滥用

遵守法制原则可以约束监察人员，防止监察人员滥用监察权力，因此遵守法制原则最主要的适用对象是监察调查过程中的监察人员。一方面，遵守法制原则可以明确监察权力边界。监察权力的行使必须在法律明确规定的范围内进行，不得超越法律的界限。《监察法》第四章“监察权限”中明确规定了监察机关在调查过程中的各项权限，通过法律规范明确监察机关的调查职责、权限和程序，确保监察机关在行使权力时有法可依、有章可循。另一方面，遵守法制原则可以规范监察权力的行使。监察权力的行使必须遵循法定的程序和要求，确保监察活动的合法性和公正性。通过建立严格的监察程序和监督机制，对监察人员的行为进行规范和约束，防止监察权力的滥用。监察人员在监察调查过程中必须严格遵守法律的有关规定，才能树立良好的监察形象，确保监察调查的规范性。此外，遵守法制原则可以培养监察人员尊重法律、遵守法律、维护法律的法制意识，自觉做到依法行使监察权力。

（二）实现监察程序正义

遵守法制原则可以推动监察人员遵循正当程序，实现程序正义。在监察调查中，遵守法制原则明确了监察人员在调查取证时需要遵循的正当程序。例如，《监察法》第44条就规定了讯问被调查人的程序要求，即应当出示证件，出具书面通知，由二人以上进行，形成笔录、报告等书面材料，并由相关人员签名、盖章，应当对讯问全过程进行录音录像。这一规定明确了监察人员讯问被调查人的正当程序。在明确正当程序的基础上,遵守法制原则要求监察人员严格遵循正当程序,即监察人员在调查案件时,必须遵循法定的正当调查程序,不得采取非法手段获取证据,维护法定的正当程序,进而有助于监察人员形成强烈的程序意识,在监察调查中更为注重程序的公正性和透明度,遵循和维护正当程序,最终实现监察程序正义。

(三)保障监察案件质量

遵守法制原则可以规范监察调查取证,保障监察案件质量。遵守法制原则明确了监察调查的程序、要求以及标准,使监察人员能够更加规范地进行监察调查,减少监察调查中的随意性和不确定性。规范化的监察调查有助于提升监察调查的效率和质量,保障案件得到公正、公平的处置。此外,遵守法制原则要求监察人员必须严格遵守法律规范,不得滥用监察权力。通过遵守法制原则,监察人员的调查取证行为可以得到有效的规范,从而减少因个人调查取证行为不当而导致的案件质量问题。最后,证明活动本身是监察调查活动的重要环节,监察人员只有在证据的收集、运用、审查、判断等过程中严格遵守法律的相关规定,严格依法调查,才能保证发现监察案件的真相,确保监察案件的质量。

三、遵守法制原则在监察证据法中的确立

(一)严格遵守法律规范

首先,《宪法》的基本权利条款是监察调查必须遵循的。《宪法》第 33 条第 3 款规定"国家尊重和保障人权",并且在第 37 条第 1 款进一步规定了"中华人民共和国公民的人身自由不受侵犯",这些条款必须在监察调查取证过程中严格遵守,例如,在通过留置措施获取被调查人的供述时,必须严格限制留置措施的适用,在监察取证过程中要充分保障被调查人的人身自由等。

其次,《监察法》及《监察法实施条例》是应当遵守的法律规范,也是和监察调查联系最为密切的法律法规。《监察法》第四章和第五章分别规定了"监察权限"和"监察程序",规定了谈话、讯问、询问、扣押、查封、搜查以及留置等调查取证措施的适用权限和适用程序,这些都应当在监察调查取证中得到严格执行。在监察调查取证过程中,应当严格遵守《监察法》以及《监察法实施条例》的规定。

最后,《刑事诉讼法》及相关司法解释也是监察调查取证中应当遵守的法律规范。《监察法》第 36 条第 2 款规定:"监察机关在收集、固定、审查、运用证据时,应

当与刑事审判关于证据的要求和标准相一致。”该条规定强调监察机关在收集、固定、审查、运用证据时需要与刑事审判的证据要求和标准相一致，以确保监察机关收集的证据材料能够在刑事诉讼中作为证据使用。刑事审判的证据要求和标准自然是由《刑事诉讼法》规定的，所以监察调查取证需要遵守《刑事诉讼法》的规定。此外，刑事审判关于证据的要求和标准除了由《刑事诉讼法》规定外，还包括由最高人民检察院和最高人民法院制定的有关刑事诉讼证据标准和要求的司法解释，这些司法解释由检察机关和审判机关制定并认可，在审查起诉和刑事审判中适用。监察机关调查的职务犯罪案件进入刑事诉讼后，就必须经过审查起诉和刑事审判环节，因此监察调查取证还需要遵守最高人民检察院和最高人民法院制定认可的和刑事诉讼证据相关的司法解释。

(二)规范监察调查取证

监察调查取证是一种自主性很强的行为，经常表现为权力与权利的冲突，很容易出现权力滥用、违法乱纪以及侵犯人权的情况。因此，依法调查取证是遵守法制原则的关键所在，需要重点规范监察调查取证行为。

首先，监察人员应当在法定权限内通过监察调查措施取证。我国《监察法》规定了 12 种基本调查措施，包括谈话、讯问、询问、查询、冻结、调取、查封、扣押、搜查、勘验检查、鉴定、留置等，还有技术调查、通缉、限制出境等措施。监察机关可以通过这些调查措施充分取证，但是这些措施不能够随意采用，必须遵守法定的权限。例如，留置的适用权限就规定得较为严格，需要已经掌握部分违法犯罪证据和事实，而不是监察机关为了取证就可以随意采用。讯问、询问、调取、查封、扣押等常用的调查取证措施的采用也需要符合法定的条件和权限，监察机关不得随意采用。

其次，监察人员通过监察调查措施取证时应当严格遵守法律程序。调查措施的采用不仅有严格的法定权限，还有严格的法定程序，监察机关通过调查措施取证时不得违反法定程序。例如，根据《监察法》第 44 条的规定，讯问被调查人时，应当依照规定出示证件，出具书面通知，由两名以上监察人员进行，形成笔录、报告等书面材料，并由相关人员签名、盖章，应当对讯问全过程进行录音录像。此外，《监察法》第 43 条第 2 款还强调，严禁以威胁、引诱、欺骗及其他非法方式收集证据，严禁侮辱、打骂、虐待、体罚或者变相体罚被调查人。这些都是讯问程序的要求，在讯问被调查人获取口供时必须严格遵守。对于谈话、扣押、调取、查封以及留置等调查取证措施,《监察法》均提出了严格的程序要求,以防止监察机关滥用调查措施取证,规范监察机关的调查取证行为。

最后,对于违反法定调查权限和调查程序获得的证据,监察机关需要严格把握这些证据的证据资格,对于非法证据应当严格予以排除,不得在监察案件中适用,应严格遵守法律规定。

(三)完善监察证据制度

有法可依是遵守法制的基础和前提,如果不先确立规则,遵守规则也就无从谈起,监察证据制度的完善是遵守法制的重要前提。我国应当通过立法活动,不断地健全、完善监察证据制度,使监察人员在监察调查、监察认定以及监察处置过程中处理证据问题时有法可依,于法有据。

首先,强化监察取证程序中的口供补强规则。职务犯罪案件的证据具有隐蔽性强、言词证据多、实物证据少等特点,这导致监察人员对言词证据的依赖性较大,监察人员的调查取证工作也紧紧围绕被调查人的供述展开,很容易忽视实物证据的收集和固定,这种调查取证方式往往伴随案件质量隐患。一方面,盲目轻信被调查人供述而不去进一步调查核实,一旦被告人在庭审过程中翻供,职务犯罪案件的办理就会陷入被动,甚至可能产生冤假错案。另一方面,被调查人可能会为了隐瞒重大犯罪而承认较轻微的罪行,甚至可能出现顶罪的情况。因此,有必要在监察调查取证中规定口供补强规则。目前,《监察法实施条例》第67条第2款已初步确立被调查人陈述或者供述的补强规则,但相较于刑事诉讼的口供补强规则而言仍较为笼统。参照刑事诉讼的口供补强规则,可以进一步明确监察机关应当重视被调查人供述以外的其他证据,特别是实物证据的收集和固定,以及注重核实被调查人供述、指认中涉及的隐蔽性物证、书证,确保证据之间能够形成相互印证、完整合理的证据链条。

其次,保障被调查人重复性供述时的意志自由。重复性供述,是指被调查人的初次有罪供述,是采用刑讯逼供等非法手段获取的,但其后在合法的讯问程序下,再次做出的一份或多份本质相同的供述。[3] 针对重复性供述,《严格排除非法证据规定》第5条确立了专门的排除规则,其明确规定对于采用刑讯逼供方法使被调查人作出供述后,被调查人因受该刑讯逼供行为影响而作出的重复性供

---

〔3〕 闵春雷:《非法证据排除规则适用问题研究》,载《吉林大学社会科学学报》2014年第2期。

述，应一并予以排除。但是存在两种例外情形，其中之一是办案机关更换了调查人员。对此，《监察法实施条例》第 73 条第 2 款第 2 句规定，“认定调查人员非法取证的，应当依法处理，另行指派调查人员重新调查取证”，该规定仅指出“调查人员非法取证的”，需“另行指派调查人员重新调查取证”，但是未明确重新取证的程序要求。监察法有必要参照刑事诉讼的规定，明确再次讯问时应当告知被调查人相关权利以及认罪的法律后果等程序事项，保证其重复供述的自愿性和供述内容的可靠性。

最后，强化监察证据与刑事诉讼证据的衔接。监察法虽然规定了监察证据可以在刑事诉讼中适用，但是依然存在衔接不畅的环节，需要通过立法进一步明确，以强化监察证据与刑事诉讼证据的衔接。例如，实际上，“被调查人供述和辩解”并不是刑事诉讼的法定证据种类，直接进入刑事诉讼存有争议。对于监察机关在初步核实阶段获取的证据是否具有刑事诉讼证据资格则争议更多。对此，立法应当以刑事诉讼证据为标准，明确不同类型、不同性质的监察证据进入刑事诉讼的资格，确立具体明确的转化规则，以畅通监察证据与刑事诉讼证据的衔接。

第三节　权利保障原则

一、权利保障原则的含义

权利保障，也可以被称为人权保障，是指保证人能够享有权利并不被国家和他人侵犯。[4] 2004 年《宪法》修正案专门增设了人权保障条款，人权保障成为宪法的一项基本原则，成为国家机关、组织和公民的行为准则。在监察证据法中，权利保障原则是指监察机关在监察调查中应当对相关人员的合法权利进行充分保护和尊重，尤其是应当充分保障被调查人的合法权利。权利保障原则的确立是现代法治的必然要求，对被调查人的权利保障是法治国家的构成要素和基本目标。虽然监察调查的重要目标是查清职务违法犯罪行为，但是监察机关的调查取证必须符合法治的基本要求，必须保障被调查人的基本权利不受监察机关的非法侵犯。

---

〔4〕 马怀德主编：《监察法学》，人民出版社 2019 年版，第 117 页。

相较于普遍意义上的权利保障,监察调查中的权利保障原则有其特殊性。首先,监察调查具有强烈的政治属性;其次,监察体制改革的目标是构建集中统一、权威高效的国家监察体系,并且监察的对象为公职人员,加之国家的反腐败任务严峻,亟须强化职务违法犯罪的调查。因此,在监察调查中需要对反腐败任务和人权保障进行价值衡量,需要平衡当下反腐败任务与人权保障的需要。所以监察调查中对于被调查人的权利有所限制,比如一定程度上限制了被调查人的辩护权,以保障监察调查的顺利进行。但是在监察调查中,监察机关也非常重视保障被调查人的合法权利,并且随着反腐败工作的深入,监察机关越来越重视被调查人的合法权利。《监察法》第5条新增了"尊重和保障人权"的内容,要求保障监察对象及相关人员的合法权益,并且新增了责令候查措施等具体规定以落实人权保障条款。从长远来看,监察调查中的权利保障水平会不断提高。

二、权利保障原则的意义

(一)强化监察调查的人权保障

基于权利保障原则,《监察法》第5条规定了"尊重和保障人权"的内容,这是对《宪法》中人权保障精神的深入贯彻落实,强化监察调查中的人权保障。现代法治原则要求尊重和保障人权,《监察法》新增人权保障条款正是对这一原则的践行。随着中国法治化进程的加快,社会各界对于法律的公正性提出了更高的要求。《监察法》通过明确保障人权的条款,体现了国家致力于强化人权保障事业的决心,这一条款的意义深远。此外,《监察法》不仅规定了概括性的人权保障条款,还通过具体条例落实和强化监察调查中的人权保障。例如,《监察法》第23条规定了责令候查措施,这类似于刑事诉讼中的取保候审措施,可以充分保障被调查人的人身自由和生命健康;要求保障企业经营者的合法财产权益,强化企业经营者的财产权保护;进一步规范留置措施的适用,重视保障被调查人的人身自由。

(二)增强监察认定的严谨性

首先,保障被调查人的合法权利,有利于促进调查过程的合法性和正当性,提升监察机关的调查能力和水平,防止监察案件认定错误,增强监察案件认定的严谨性。保障被调查人的合法权利有利于保障调查过程的合法性和正当性。在监察调查中,被调查人作为案件的关键当事人,其陈述和辩解对于案件的认定具有重要影响。如果监察机关在调查过程中侵犯了被调查人的合法权利,如采取非法手段获取证据、剥夺被调查人的申辩权等，那么被调查人的陈述和辩解就可能受到压制或歪曲，从而导致案件事实的认定出现偏差，可能就会产生冤假错案。因此，保障被调查人的合法权利，确保调查过程的合法性和正当性，是防止监察案件认定错误的重要前提。其次，保障被调查人的合法权利有助于提升监察机关的调查能力和水平。当被调查人的合法权利得到充分尊重和保障时，他们更愿意配合监察机关的调查工作，提供真实、准确的陈述和证据。这有助于监察机关更全面地了解案件事实，提高监察调查效率和准确性，增强监察案件认定的严谨性。相反，如果被调查人的合法权利受到侵犯，他们可能会产生抵触情绪，拒绝配合监察调查，甚至提供虚假陈述，从而可能会增加监察案件认定的难度和复杂性。

（三）保障监察处置的公正性

明确和全面保障被调查人的各项权利，可以保障监察机关在监察调查时受到有效的监督和制约，从而保障监察处置的公平公正。例如，根据《监察法实施条例》第 217 条和第 241 条的规定，允许被调查人在调查过程中提出申辩意见，对调查结论不服的，有权依法申请复审或复核，可以对监察权力起到外部监督作用，从而保障监察处置的公正性。此外，明确和全面保障被调查人的各项权利，还可以促进监察活动的透明度和公信力，使监察处置更加公平公正。《监察法》第 42 条、第 44 条以及第 50 条等规定充分保障了被调查人的知情权和参与权，增加被调查人及相关人员的程序参与感，可以增强监察调查的透明度和公信力，使得监察处置更加公平公正。权利保障原则要求强化监察人员的责任追究。对于监察人员在调查取证过程中出现的滥用职权、玩忽职守、徇私舞弊等行为，将依法追究其法律责任，防止监察权力滥用，从而保障监察处置的公平公正。

三、权利保障原则在监察证据法中的确立

（一）监察调查取证过程必须充分尊重和保障被调查人的基本权利

第一，监察调查取证过程中必须充分尊重被调查人的生命健康权。《监察法》第 43 条规定“严禁侮辱、打骂、虐待、体罚或者变相体罚被调查人”；第 50 条规定监察机关应当保障被留置人员的饮食、休息和安全，提供医疗服务；《监察法实施条例》第 71 条也规定“监察机关应当保障被强制到案人员、被管护人员、被留置人员以及被禁闭人员的合法权益，尊重其人格和民族习俗，保障饮食、休息和安全，提供医疗服务”。可见监察机关在对被调查人取证时不得侵犯其生命健康，而应

当提供合理条件以充分保障被调查人的生命健康权。此外,《监察法》第 23 条规定了责令候查措施,对于患有严重疾病、生活不能自理的,怀孕或者正在哺乳自己婴儿的妇女,或者系生活不能自理的人的唯一扶养人的被调查人可以适用责令候查措施,这既体现了人道主义的关怀,也是对被调查人生命健康的保障。

第二,监察调查取证过程中必须充分尊重被调查人的人身自由权。《监察法》第 24 条、第 47 条至第 50 条以及《监察法实施条例》第四章第九节具体规定了留置措施的适用条件、审批权限、期限、执行和解除程序。为了保障被调查人的人身自由权不受非法侵害,监察法规定留置措施的适用必须符合严格的适用条件,经过严格的审批程序,需要监察机关内部多级审核,并报请上级监察机关批准。这有助于防止滥用留置措施以获取被调查人的口供,保障被调查人的人身自由权。《监察法》第 23 条规定了责令候查措施,这是一种非限制人身自由的监察措施。责令候查的目的是通过附条件的释放被调查人候查,保障监察调查顺利进行,体现了监察调查中对被调查人的人身自由权的保障。《监察法》第 46 条对监察机关采取管护、强制到案等调查取证措施的时长进行了明确限制,禁止以连续强制到案的方式变相拘禁被调查人,同样体现了对被调查人人身自由权的保障。

第三,监察调查取证过程中必须充分尊重和保护被调查人的隐私权。《监察法》第 18 条强调监察人员对调查取证过程中知悉的个人隐私应当严格保密,尊重和保障被调查人的隐私权。《监察法实施条例》第 169 条也明确强调,在调查取证过程中,监察机关有义务保护被调查人的隐私和个人信息,避免不当公开或泄露导致名誉受损。《监察法实施条例》第 187 条还规定,监察人员对采取技术调查措施过程中知悉的个人隐私,应当严格保密。随着信息技术的发展,技术调查过程中个人隐私保障显得尤为重要。

第四,监察调查取证过程中必须充分尊重和保护被调查人的财产权。《监察法》第 26 条、第 28 条和《监察法实施条例》第 141 条、第 155 条都明确规定,监察机关在调查取证过程中不得无故查封、扣押、冻结被调查人的财物,与案件无关的财物应当及时解除查封、扣押以及冻结的调查措施,立即予以退还,尊重和保障被调查人的合法财产。《监察法》第 43 条第 3 款特别规定了对企业经营者合法财产权益的保护,明确规定监察机关在调查取证过程中应当尽量减少对企业正常经营活动的影响,确保企业的合法权益不受侵害。

第五,监察调查取证过程中必须充分尊重和保护被调查人的知情权。《监察法》第 42 条第 3 款明确规定监察机关的立案调查决定应当向被调查人宣布，第 50 条规定：对被调查人采取留置措施后，应当在 24 小时以内，通知被留置人员所在单位和家属。《监察法实施条例》第 81 条、第 90 条、第 126 条等规定了被调查人及其相关人员对首次被采取监察调查措施时的权利义务的知情权以及对录音录像的知情权。《监察法实施条例》第 141 条规定了冻结财产以及解除冻结应当告知权利人或者法定代理人、委托代理人。《监察法实施条例》第 225 条规定被调查人对审理阶段的权利义务享有知情权等。

此外，除了以上监察法律规定的权利外，被调查人还应当拥有辩护权这一项重要权利。早在《监察法》立法之初，社会各界就对被调查人的辩护权有所探讨，但是基于监察调查的特殊性，立法并没有明确被调查人的辩护权。随着人权保障条款在监察调查中确立，辩护权这项重要的人权应当被确立，这也是衔接刑事诉讼的重要途径。立法应当明确被调查人在监察调查过程中的辩护权，允许其聘请律师提供法律帮助：首先，应当明确律师何时可以介入，对此可以参照刑事诉讼法从被第一次讯问或者采取留置措施之日起的规定。其次，应当明确律师有哪些权利，例如《刑事诉讼法》规定的会见权，阅卷权，通信权以及代理申诉控告、申请变更解除留置措施等权利，不过基于监察调查的特殊性，可以对律师的权利有所限制。最后，应当明确侵犯被调查人的辩护权的救济权利和救济途径。此外，还应当保障被调查人有效参与监察调查取证工作，如允许被调查人查阅证据材料、发表意见以及要求监察机关予以说明解释等。

（二）充分保障被调查人的救济权

第一，充分保障被调查人的申辩权。《监察法实施条例》第 217 条进一步细化了被调查人陈述和申辩的具体程序，该条规定，被调查人有权在调查取证过程中进行申辩，表达对于证据和案件的意见和看法。

第二，充分保障被调查人申请复审、复核的权利。《监察法》第 56 条和《监察法实施条例》第 241 条赋予了被调查人申请复审和复核的权利，被调查人如果对监察调查结果不满，可以向作出决定的监察机关申请复审，如果被调查人对复审决定仍不服，还可以向上一级监察机关申请复核，相关监察机关应当在法定期限内及时回复，以充分保障被调查人申请复审和复核的权利。

第三，充分保障被调查人申诉权。《监察法》第 69 条和《监察法实施条例》第 308 条明确规定，在调查取证过程中，被调查人如果认为自己的合法权益受到了侵害，比如被不当留置、财产被不当扣押、受到暴力胁迫等，都可以向监察机关案件监督管理部门提出申诉，相关部门应当对申诉人提出的申诉作出处理并反馈。被调查人对处理决定不服的，可以在收到处理决定之日起1个月内向上一级监察机关申请复查，这充分保障了被调查人的申诉权。

第四，充分保障被调查人申请国家赔偿的权利。《监察法》第76条和《监察法实施条例》第320条、第321条为被调查人提供了申请国家赔偿的途径，明确了造成被调查人损害的监察机关为赔偿义务机关。被调查人如果因监察机关的调查取证行为而遭受损失，可以向赔偿义务机关提出赔偿申请，由该机关负责复审、复核工作的部门受理，对被调查人损失及时予以弥补。例如当监察机关通过刑讯逼供获取被调查人口供时，被调查人受到了非法侵害，有权申请国家赔偿。

第五，充分保障申请变更管护、留置措施的权利。《监察法》第50条规定了被调查人申请变更管护、留置措施的权利，这意味着被调查人可以在特定情况下要求监察机关变更或者解除对其人身自由的限制性措施。当被调查人不应当被采取留置措施时，监察机关不得因为想要进一步取证而继续留置被调查人，被调查人有权申请变更或者解除留置措施。

（三）强化侵权行为的法律制裁

第一，强化对侵权行为的程序性制裁。对于监察机关在调查取证中采用侵害被调查人合法权利的非法方式而获得的证据应当予以否定性评价，拒绝采纳为监察证据，这是权利保障原则的重要目标，否则无论监察法如何强调权利保障的重要性，监察机关依然会为调查案件而非法取证。《监察法》第36条第3款明确规定，“以非法方法收集的证据应当依法予以排除，不得作为案件处置的依据”；《监察法实施条例》第72条也明确规定，“对于调查人员采用暴力、威胁以及非法限制人身自由等非法方法收集的被调查人供述、证人证言、被害人陈述，应当依法予以排除”，并且明确了何为“暴力、威胁”，这些规定确立了对侵权被调查人合法权利的非法取证行为的程序性制裁，即非法证据排除规则，否定非法证据的证据资格。这会对监察人员产生威慑，有利于防止非法取证行为的发生，保障被调查人的合法权益。

第二，强化对侵权行为的实体性制裁。非法证据排除规则这种程序性制裁是针对非法证据本身的制裁，除了需要对获取的非法证据进行制裁，还需要对通过侵害被调查人合法权利进行取证的监察人员进行实体性制裁，即通过追究实施非法取证行为的监察人员的法律责任,从而形成威慑以遏制监察人员对被调查人合法权利的侵害,充分保障被调查人的合法权利。《监察法》第74条和第75条规定,对于监察人员在调查取证过程中存在逼供、诱供,或者侮辱、打骂、虐待、体罚或者变相体罚,非法处置查封、扣押、冻结的财物以及非法采取留置措施等行为的,应当依法予以处理,构成犯罪的依法追究刑事责任。《监察法实施条例》第319条明确规定,对于违法调查取证的监察人员,情节严重的可以给予政务处分,构成犯罪的,依法追究其刑事责任。这些实体性制裁措施,不仅能够对违法犯罪的监察人员起到警示作用,还能够有效遏制潜在的侵权行为,充分保障被调查人的合法权利。

典型案例评析

案例3－1　江西王某某行贿案[5] ｜“零口供”行贿案件的证据体系构建

被告人王某某,男,1962年10月出生,汉族,河北丰宁金某钼业有限公司(以下简称金某钼业)法定代表人、股东。江西省监察委员会在查办江西稀有金属某某集团公司(以下简称江某公司)原总经理钟某某受贿案过程中,发现王某某涉嫌行贿犯罪数额巨大、性质恶劣、后果严重,必须严肃查处。2020年10月,应江西省监察委员会商请,江西省人民检察院派员提前介入钟某某受贿一案,经监检研商,一致认为王某某为谋取不正当利益,向钟某某行贿500万元,情节特别严重,给国家利益造成特别重大损失,其行为涉嫌行贿犯罪,应当依法追究其刑事责任。鉴于王某某一直未交代其涉嫌行贿犯罪的事实,监察机关与检察机关加强配合,进一步分析钟某某受贿案案情,对钟某某收受王某某500万元的犯罪事实提出了补充完善证据的意见。在此基础上,江西省监察委员会召集案件论证会,统筹王某某行贿、钟某某受贿案办理进度,协调证据收集、调取工作,形成了依法处理的共识。同年12月31日,经江西省、抚州市监察机关逐级指定管辖,金溪县监察委员会对王某某涉嫌行贿一案立案调查。

---

〔5〕《国家监察委员会、最高人民检察院关于印发行贿犯罪典型案例的通知》,载中央纪委国家监委网,https://www.ccdi.gov.cn/toutiaon/202204/t20220419_187305.html。

经调查,2007年8月,为使金某钼业能被江某公司高价收购,王某某向江某公司总经理钟某某(已判决)请托,并承诺给予好处费。后钟某某违规决定江某公司以人民币2.6亿元的高价收购金某钼业50%的股份。为感谢钟某某,9月6日,王某某安排妻子闫某某向钟某某指定的妻弟罗某的银行账户转账500万元。经鉴定,王某某通过行贿非法获利共计2.15亿元。

2021年2月4日,江西省金溪县监察委员会将案件移送金溪县人民检察院起诉。3月19日,金溪县人民检察院以王某某涉嫌行贿罪向金溪县人民法院提起公诉。11月16日,金溪县人民法院以王某某犯行贿罪,判处其有期徒刑10年6个月,追缴王某某违法所得2.15亿元,返还被害单位江某公司。王某某不服,提出上诉,同年12月14日,抚州市中级人民法院裁定驳回上诉,维持原判。

| 评 析 |

对于"零口供"行贿犯罪的嫌疑人,监察机关调查时要注重收集证人证言、书证、物证、视听资料和电子证据等,夯实证据基础,检察机关要充分运用各种证据,形成完善的指控证据体系,依法追究刑事责任。针对职务犯罪案件,监察机关与检察机关要加强协作配合,统筹推进行贿受贿犯罪案件查处。

该案中,在缺少被告人口供的情况下,监察机关不断完善王某某涉嫌行贿犯罪的证据链条。经监察调查收集的行贿证据有:王某某的妻子闫某某的证言,证明了行贿款来源以及其受王某某指使通过银行汇款转账的过程,企业账目、闫某某汇款转账的银行流水等书证能佐证;钟某某妻弟罗某的证言,证明他按照钟某某指使通过自己银行账户接受闫某某汇款并告诉姐夫钟某某、姐姐罗某甲的事实,罗某银行账户流水等书证能佐证。罗某的证言还证明了按照钟某某指使动用一部分贿金帮助钟某某和罗某夫妇购买股票理财的事实,股票投资过程的有关书证也进一步印证。罗某证言都能印证事实。谋取不正当利益的证据有:江某公司收购金某钼业的股权转让协议、会议记录,江某公司参与决策、收购的有关证人证言等证据。钟某某受贿案的一审生效判决书等证据与钟某某的有罪供述,与上述两方面证据均相互印证。检察机关经审查并充分运用证据,认为该案虽为"零口供",但在案证人证言、企业账目、银行流水、股票、生效判决书等证据,足以形成完整的证据链条,证实王某某为谋取不正当利益,向钟某某行贿500万元的事实,证据达到确实、充分的证明标准,可以依法提起公诉。虽然王某某一直拒绝交代其犯罪事实,但是监察机关严格遵守证据裁判原则,坚持以证据作为认定事实的基础,通过多层次调取收集各类证据,综合运用证据规则,在保证证据合法性、充分性、关联性、客观性、全面性的基础上构建了完整的证据体系,最终严厉惩治了王某某的行贿犯罪行为。

监察法规定,监察机关收集的证据必须具备客观性、关联性和合法性三个基本属性,这要求监察机关在收集证据的过程中必须做到全面、客观,不能有意疏忽或遗漏对被调查人有利或不利的证据。同时监察机关在收集、固定、审查、运用证据时,应当与刑事审判关于证据的要求和标准相一致,且以非法方法收集的证据应当依法予以排除,不得作为案件处置的依据。在调查过程中,监察机关需要收集被调查人有无违法犯罪以及情节轻重的证据,形成相互印证、完整稳定的证据链。相关规定充分体现了证据裁判原则在监察调查过程中的重要性和"以证据说话"的司法理念。

实践中,为逃避法律追究,监察被调查人拒不供认犯罪事实的情况时有发生,对此类"零口供"的犯罪案件,应坚持证据裁判原则,注重被调查人共犯的有罪供述、特定关系人或者与案件有紧密联系的证人证言,特别是转账的书证等证据,以证明被调查人犯罪事实,形成完整的证据链条。案件经审查达到事实清楚,证据确实、充分的程度,才能依法提起公诉,追究被调查人的刑事责任。

案例 3-2　彭某峰受贿,贾某语受贿、洗钱违法所得没收案[6] ｜ 扣押不当的财物依法予以返还

犯罪嫌疑人彭某峰,男,某市基础建设投资集团有限公司原党委书记,曾任某市住房和城乡建设委员会副主任、轨道交通集团有限公司党委书记、董事长。

犯罪嫌疑人贾某语,女,自由职业,彭某峰妻子。

利害关系人贾某,贾某语亲属。

利害关系人蔡某,贾某语亲属。

利害关系人邱某某,北京某国际投资咨询有限公司实际经营者。

另案被告人彭某一,彭某峰弟弟,已被判刑。

〔6〕 该案例源于最高人民检察院发布的第32批指导性案例(检例第128号),载中华人民共和国最高人民检察院网,https://www.spp.gov.cn/spp/jczdal/202112/t20211209_538468.shtml。

2010年至2017年,彭某峰利用其担任某市住房和城乡建设委员会副主任、轨道交通集团有限公司党委书记、董事长等职务上的便利,为有关单位或个人在承揽工程、承租土地及设备采购等事项上谋取利益,单独或者伙同贾某语及彭某一等人非法收受上述单位或个人给予的财物共计折合人民币2.3亿余元和12万美元。其中,彭某峰伙同贾某语非法收受他人给予的财物共计折合人民币31万余元、2万美元。2015年至2017年,彭某峰安排彭某一使用两人共同受贿所得人民币2085万余元,在长沙市购买7套房产。案发后,彭某一出售该7套房产,并向办案机关退缴房款人民币2574万余元。2015年9月至2016年11月,彭某峰安排彭某一将两人共同受贿所得人民币4500万元借给邱某某;2016年11月,彭某峰和彭某一收受他人所送对邱某某的人民币3000万元的债权,并收取了315万元利息。上述7500万元债权,邱某某以北京某国际投资咨询有限公司在某商业有限公司的40%股权设定抵押担保。案发后,办案机关冻结了上述股份,并将上述315万元利息予以扣押。2010年至2015年,彭某峰、贾某语将收受有关单位或个人所送黄金制品,分别存放于彭某峰家中和贾某、蔡某家中。办案机关提取并扣押了上述黄金制品。

2017年4月1日,湖南省岳阳市人民检察院以涉嫌受贿罪对彭某峰立案侦查,查明彭某峰已于同年3月24日逃匿境外。同年4月25日,湖南省人民检察院对彭某峰决定逮捕,同年5月10日,国际刑警组织对彭某峰发布红色通报。2017年4月21日,岳阳市人民检察院以涉嫌受贿罪、洗钱罪对贾某语立案侦查,查明贾某语已于同年3月10日逃匿境外。同年4月25日,湖南省人民检察院对贾某语决定逮捕,同年5月10日,国际刑警组织对贾某语发布红色通报。2018年9月5日,岳阳市人民检察院将该案移交岳阳市监察委员会办理。岳阳市监察委员会对彭某峰、贾某语涉嫌职务犯罪案件立案调查,并向岳阳市人民检察院移送没收违法所得意见书。2019年6月22日,岳阳市人民检察院向岳阳市中级人民法院提出没收违法所得申请。利害关系人贾某、蔡某、邱某某在法院公告期间申请参加诉讼。其中贾某、蔡某对在案扣押的38万元提出异议,认为在案证据不能证明该38万元属于违法所得,同时提出彭某峰、贾某语未成年儿子在国内由其夫妇抚养,请求法庭从没收财产中为其预留生活、教育费用;邱某某对检察机关没收违法所得申请无异议,建议司法机关在执行时将冻结的某商业有限公司的40%股份变卖后,扣除7500万元违法所得,剩余部分返还给其公司。2020年1月3日,岳阳市中级人民法院作出违法所得没收裁定，依法没收彭某峰实施受贿犯罪、贾某语实施受贿、洗钱犯罪的境内违法所得共计人民币1亿余元、黄金制品以及境外违法所得共计5处房产、250万欧元国债及孳息、50余万美元及孳息。同时对贾某、蔡某提出异议的38万元解除扣押，予以返还；对邱某某所提意见予以支持，在执行程序中依法处置。

｜评 析｜

《监察法》第69条明确规定，监察机关及其工作人员有下列行为之一的，被调查人及其近亲属有权向该机关申诉：(1)留置法定期限届满，不予以解除的；(2)查封、扣押、冻结与案件无关的财物的；(3)应当解除查封、扣押、冻结措施而不解除的；(4)贪污、挪用、私分、调换以及违反规定使用查封、扣押、冻结的财物的；(5)其他违反法律法规、侵害被调查人合法权益的行为。受理申诉的监察机关应当在受理申诉之日起1个月内作出处理决定。申诉人对处理决定不服的，可以在收到处理决定之日起1个月内向上一级监察机关申请复查，上一级监察机关应当在收到复查申请之日起2个月内作出处理决定，情况属实的，及时予以纠正。以上对监察工作中申诉制度的规定，保护了被调查人的合法权益，是人权保障原则指导监察法实施的具体体现，同时强化了对监察机关及其工作人员的监督管理。监察机关依法保障被调查人及其近亲属的申诉权及其他合法权益是依法治国、依规治党的应有之义和人权保障原则的基本要求。监察机关应当充分认识到人权保障原则的重要性，在开展监察工作的过程中做到依法依规、程序合法，确保公民合法权益获得了保障，监察工作经得起监督。

监察机关在调查取证过程中，势必采取各种各样的强制性措施。财产方面有查封、冻结、扣押等措施，人身方面有留置以及《监察法》规定的强制到案、管护、责令候查等措施，这些措施是监察机关获取证据、查明真相的重要"武器"，但同时需要认识到，强制措施对公民人身和财产权益可能造成无法挽回的影响，需要监察机关审慎使用。基于此，法律授予监察机关行使强制措施的公权力的同时，也赋予了被调查人及其近亲属提出异议的权利，二者之间是辩证统一、相互协调、相互制约的关系。这要求监察机关在人权保障原则的指导下，始终坚持以事实为依据、以法律为准绳，认真对待被调查人及其近亲属提出的每一条异议，应当严格依法处理，让每一个人民群众都能感受到公平正义。该案中，监察机关在面对犯罪嫌疑人近亲属提出的申诉时，体现出了认真负责的工作态度和细致严谨的工作方法，对于确是申诉人合法财产的，敢于承认错误，及时解除扣押并返还财物，尽可能保证公民的合法权益。总而言之，监察调查的目的是查清事实、查明情况、正确处理，争取实现惩前毖后、治病救人的效果。在监察调查过程中贯彻人权保障原则对于惩治腐败、加强监督，推进全面从严治党也具有重要意义。《监察法》规定了"尊重和保障人权""保障监察对象及相关人员的合法权益"的相关内容，着重强调了人权保障在监察调查过程中的重要地位。

拓展阅读文献

1. 马怀德主编:《监察法学》,人民出版社 2019 年版。
2. 姜明安:《监察法研究》,法律出版社 2023 年版。
3. 江国华:《中国监察法学》,中国政法大学出版社 2018 年版。
4. 秦前红主编:《〈中华人民共和国监察法实施条例〉解读与适用》,法律出版社 2021 年版。

第四章　监察证据法的基本规则

第一节　关联性规则

一、关联性规则概述

关联性规则，又称相关性规则，是指只有与案件事实有关联性的事实材料才能作为证据使用。没有关联性的证据，因其无法为案件提供实际的证据价值，无法对案件事实的认定产生作用，因此不具备可采性。关联性规则是英美法系的一项根本性的证据规则，也被称为规范证据可采性的“黄金规则”。

美国著名证据法学家塞耶（James Thayer）将相关性规则概括为两条基本要求：一是消极原则，即不具有相关性，该证据不可采纳；二是积极原则，即一切具有相关性的证据都可采，除非按照可采性规则而被排除。[1] 塞耶的概括充分体现了相关性与可采性的关系：没有相关性的证据必然不具有可采性，而具有了相关性的证据，也不一定都可以被采纳。

证据材料是否具有关联性，通常由法官进行判断。判断证据的相关性是法官在审理案件时的一项重要职能。在这一过程中，法官可通过“审中之审”或“预先审查”程序对证据的相关性进行评估。值得注意的是，法官并无主动排除不相关证据的义务，只有当事人提出异议，法官才会介入并作出相应的判断。因此，证据是否具有相关性，往往依赖于当事人的提示与法官的独立裁量。一般认为，法官在判断证据的相关性时，主要考虑两个方面的问题，即证据对于待证事实的实质性和证明性。实质性是指证据所用来证明的事项是否属于该案中的争议事实，亦即该证据是否涉及该案中具有法律意义的核心问题。实质性判断主要是一个法

---

〔1〕 William Twining & Alex Stein, *Evidence and Proof: Basic Concepts of the Law of Evidence*, New York University Press, 1922, p. 552.

律问题，依据的是实体法的相关规定。法官需要根据案件的具体背景与争议点来判定该证据是否指向了案件中的核心问题。而证明性则是指证据对待证事实的影响力，即该证据是否能使某一待证事实的存在比未有该证据时更有可能或更无可能。证明性判断依据的是事物间内在的逻辑关系、经验法则，而非直接的法律条文。证明性分析不仅要求法官具备对案件事实的充分理解，还需运用经验与常识来评估证据对案件结论的推动作用。

法官在对证据的相关性进行判断时，主要靠常识、经验及逻辑法则。为了防止法官在审查证据时的主观性和恣意性，《美国联邦证据规则》还对特定证据的相关性作出了一些规定：(1)品格证据原则上不具有相关性，但也有例外，如当品格问题本身就是争议事实之一时；(2)类似事件或类似行为通常也被视为与争议的案件事实不具有相关性，但可用以证明动机、机会、预备等其他目的；(3)一些特定的诉讼行为，如作不愿辩解又不承认有罪的答辩，也被视为缺少相关性，不得作为不利于被告的证据，但上述行为用于证明被告作伪证时，或者与其同时产生的其他陈述已被提交法庭时，可以被采纳为证据；(4)一些特定的事实，如事件发生后某人实施补救措施的事实，一般情况下也被认为缺少关联性，但符合法定例外情形的除外；(5)在一些性犯罪案件中，被害人过去的行为，如有关受害人过去性行为方面的名声或评价方面的证据材料，不予采纳。

在我国，证据必须具有相关性虽然已是理论界和实务界的共识，证据的相关性也是实践中司法机关审查判断证据的不言自明的重要标准，但是，我国在诉讼法和司法解释中并没有对证据的相关性作出明确规定，更没有如英美法系国家那样系统性地规定不相关证据的排除规则，而是仅在个别法条和司法解释中有相关性规则的零星体现。例如，《刑事诉讼法》第 120 条从犯罪嫌疑人权利的角度强调了犯罪嫌疑人、被告人供述和辩解的相关性，即犯罪嫌疑人“对与本案无关的问题，有拒绝回答的权利”。第 141 条又在规定查封扣押程序时强调了物证、书证的相关性，并把相关性作为查封、扣押物证、书证的重要标准，即“在侦查活动中发现的可用以证明犯罪嫌疑人有罪或者无罪的各种财物、文件，应当查封、扣押；与案件无关的财物、文件，不得查封、扣押”。《刑事诉讼法解释》第 139 条第 2 款规定：“对证据的证明力，应当根据具体情况，从证据与案件事实的关联程度、证据之间的联系等方面进行审查判断。”该司法解释第 82 条、第 97 条、第 108 条等又特别强调，在审查物证、书证、鉴定意见及视听资料时，证据与案件事实有无关联应当是着重审查的内容。此外,该司法解释又从质证程序的角度对“相关性”提出了要求。根据其第 247 条、第 261 条、第 262 条等的规定,质证主体对证人、鉴定人、被告人、被害人、附带民事诉讼原告人和被告人发问的内容应当与案件的事实相关,对于无关的问题,对方可以提出异议,审判长应在判明情况的基础上予以支持或驳回,对方未提出异议的,审判长也可以根据情况予以制止。控辩双方要求向法庭出示物证、书证、视听资料等证据时,对方提出异议,认为与案件无关的,审判长可以不予准许。其他司法解释中也存在极少量的不相关证据不能作为定案根据的规定,如《关于办理死刑案件审查判断证据若干问题的规定》第 24 条列举了鉴定意见不能作为定案根据的 9 种情形,其中第 4 种情形是“鉴定意见与证明对象没有关联的”。《刑事诉讼法解释》第 98 条也罗列了鉴定意见不得作为定案根据的 9 种情况,其中,第 8 种情况是“鉴定意见与案件事实没有关联的”。

另外,与证据关联性有关的具体规则,如品格证据规则、类似事实证据规则等,在我国法律及司法解释中虽然没有明确的规定,但部分条文则对相关规则有所提及。

对于品格证据,我国司法实践中一般不能将其作为定罪证据使用,但可以在量刑阶段作为有关联性的证据使用。如根据《刑事诉讼法》第 279 条的规定,在处理未成年犯罪嫌疑人、被告人案件时,公安机关、人民检察院、人民法院可以根据案件情况,调查未成年犯罪嫌疑人或被告人的成长经历、犯罪原因、监护教育等情况,并可以编制社会调查报告,作为办案和教育的参考。这一规定明确了品格证据的适用范围,尤其是在涉及未成年犯罪嫌疑人的案件中,可以将其成长背景、家庭环境等,作为量刑参考因素之一。此外,《人民检察院办理未成年人刑事案件的规定》第 9 条第 1 款同样指出,人民检察院在办理未成年人犯罪案件时,可以对嫌疑人的成长经历、犯罪原因、监护教育等情况进行调查,并制作社会调查报告,作为办案和教育的参考。这进一步强调了品格证据在未成年人犯罪案件中的重要性,但同样也表明,这些品格证据主要是为了帮助审查人员了解被告的背景,以便作出更合适的量刑决策,而不是用于直接定罪。《人民检察院办理认罪认罚案件开展量刑建议工作的指导意见》第 8 条规定也指出,检察院应当根据案件的具体情况,对犯罪嫌疑人的犯罪手段、犯罪动机、主观恶性等方面进行审查,并结合犯罪嫌疑人的家庭状况、成长环境、心理健康等情况,综合判断量刑情节。在这个过程中,尽管个人品格证据(如嫌疑人的犯罪动机、成长经历等)不应作为定罪的依据,但可以作为酌定量刑情节的重要参考因素。

类似事实证据在我国司法实践中的特定情境下具有一定的证明作用。有多个规范性文件明确规定了类似行为证据的使用,特别是当被告人有过类似行为时,可以用来证明其主观“明知”的状态或定罪情节。例如,用类似事实证据证明“明知”,根据2002年颁布的《关于办理走私刑事案件适用法律若干问题的意见》第5条第6项的规定,曾因同一种走私行为受到过刑事或行政处罚的被告人,可以认定其在当前案件中具备“明知”故意,除非有证据证明其确实是被蒙骗的。同样的规定在2016年最高人民法院、最高人民检察院、公安部《关于办理电信网络诈骗等刑事案件适用法律若干问题的意见》以及2019年最高人民法院、最高人民检察院、公安部、司法部《关于办理“套路贷”刑事案件若干问题的意见》中也得到了延续。这两个文件明确提出,在认定“明知他人实施犯罪”时,必须综合分析被告人的认知能力、既往经历、犯罪手段、行为次数及是否曾因类似犯罪受到过处罚等因素。另外,在定罪情节的认定中,类似事实证据也有其特殊作用。例如,《关于办理盗窃刑事案件适用法律若干问题的解释》第2条明确规定:若一年内曾因盗窃受过行政处罚或曾因盗窃受过刑事处罚,便可作为认定“数额较大”标准的依据,具体标准为第1条规定的50%。此外,《关于办理抢夺刑事案件适用法律若干问题的解释》第2条也规定,曾因抢劫、抢夺或聚众哄抢受过处罚,或者1年内有3次以上抢夺行为的,数额较大的标准可依此进行调整。同时,在追诉标准的认定中,类似事实证据也能发挥作用。例如,最高人民检察院、公安部《关于公安机关管辖的刑事案件立案追诉标准的规定(二)》第52条规定,逃税案件中,若纳税人5年内因逃税受过刑事处罚或被税务机关给予2次以上行政处罚,再次逃税且数额达到一定标准时,符合追诉条件。

二、关联性规则的意义

关联性规则的设立,实际上是对证据搜集、呈递及评判过程的一种规范和约束,即通过筛选出那些与案件无关或无助于案件事实认定的证据,保障诉讼的公正与效率。具体来说,关联性规则的意义主要包括以下几个方面:

第一,限定证据收集范围。相关性规则的设立最直接的意义是限定证据收集的范围,确保案件审理集中于与案件事实直接相关的证据。在诉讼中,如果没有相关性规则的约束,诉讼双方可能会向法庭提交大量与案件事实无关的证据,甚至会试图利用与案件不直接相关的证据,通过“旁敲侧击”的方式来影响裁判结果。例如,某一案件的争议焦点是是否存在职务犯罪,而控辩双方却在庭审中不断提出被告人过往的道德品质、性格缺陷等信息,这些证据虽然在一定程度上有可能揭示被告人的性格特点或个人作风,但与案件的核心事实——职务犯罪的发生并无直接关系。如果不加以限制,这些证据可能会分散法庭的注意力,导致审理过程的无效延长,甚至影响案件的最终判断。通过相关性规则的适用,法庭可以将焦点集中在与案件事实有直接关系的证据上,避免不必要的信息干扰,确保诉讼高效、公正地进行。

第二,维护案件审理的公正性。关联性规则有助于避免案件中的“不公正信息”对裁判产生不当影响。在法庭上,不相关证据往往可能误导法官或陪审团,尤其是在陪审团制的司法体系中,普通公民缺乏法律专业知识,容易受到情感、偏见或外部因素的影响。如果没有相关性规则,无关的证据可能会引导陪审团对案件的事实产生误解,进而影响最终裁决的公正性。

第三,提升诉讼效率。没有严格的相关性审查,诉讼双方可能会利用不相关证据试图影响裁判结果,或增加诉讼成本,延长诉讼周期。例如,一方当事人可能会提交大量与案件无关的证据材料,以此耗费对方的精力和时间,或者试图通过“抹黑”对方的品格来影响法庭的看法。这样的行为不仅无益于案件的事实认定,还可能导致审判资源的浪费。通过对证据进行严格的相关性审查,可以有效减少不必要的证据提交,降低诉讼成本,确保诉讼程序的高效进行。

三、关联性规则在监察案件办理中的理解与适用

在我国的监察法律规范体系中,没有专门对证据相关性作系统性阐述,但《监察法》及其实施条例已就证据的相关性问题作了一些具体规定。具体而言,《监察法实施条例》对证据的相关性问题进行了部分界定,为办案人员在实践中如何判断证据的相关性提供了指导。

《监察法实施条例》第66条明确规定:“可以用于证明案件事实的材料都是证据。”这一条文涉及监察证据的证明性问题。证据的关联性主要包括实质性和证明性两个方面。其中,证明性是指证据必须对待证事实的认定产生实际影响,即证据能够在某种程度上影响案件事实的成立,或使案件事实的成立变得更为可能或更不可能。《监察法实施条例》第59条特别强调了“可以用于证明案件事实”的

表述,这不仅明确了证据的功能定位,而且强调了证据必须具有一定的证明作用,才能作为案件处理的依据。具体来说,只有那些与案件核心问题紧密关联,并且能够在证明案件事实时起到一定作用的材料,才有资格被视为有效证据。进一步而言,证明性要求证据能够有效地支持待证事实的存在或否定待证事实存在的可能。因此,证据在案件中所发挥的证明作用,是判断其是否具有关联性的关键。此处的证明性不仅要求证据能对案件事实的认定提供支持,还要避免那些与案件实际问题无关、无法对案件结论产生影响的材料被误作为有效证据。这一规定在实际审查过程中,提醒监察调查人员要审慎区分哪些材料对案件事实认定有实际作用,确保所有被采纳为证据的材料都能在一定程度上影响案件结果。

《监察法实施条例》第 68 条规定:"证据必须经过查证属实,才能作为定案的根据。审查认定证据,应当结合案件的具体情况,从证据与待证事实的关联程度、各证据之间的联系、是否依照法定程序收集等方面进行综合判断。"这一条文为证据的审查和认定提供了具体指引,其中特别强调了监察证据关联性审查的两个核心问题:一是证据与待证事实的关联程度;二是各证据之间的相互联系。首先,证据与待证事实的关联性是判断证据能否作为定案依据的前提。办案人员首先需要判断证据是否直接指向案件的核心问题,是否能够与案件的主要争议事实建立明确的联系。具体来说,证据必须与案件事实存在直接、紧密的关联,才能对案件的定性、处理及最终结论产生实质性影响。在实际操作中,监察调查人员不仅需要明确案件的背景和争议焦点,还应结合案件的违法或犯罪构成要件及处分、量刑情节来审查证据与待证事实之间的关系。例如,在受贿案件中,证据必须紧扣与犯罪行为有关的各个要素,如行为人是否利用了职务之便,是否存在收受贿赂,是否为他人谋取不正当利益,是否有自首立功情节、退赃情节等具体行为。因此,在审查过程中,调查人员在收集、审查证据时,应全面把握案件的核心问题,确保收集的证据能够针对案件的关键事实。其次,在评估证据与待证事实的关联性时,监察调查人员不仅要独立判断每项证据与案件事实的联系,还需要综合考虑各类证据之间的相互关系。这要求在审查证据时,不能孤立地看待每一项证据,而是要将其纳入整个案件证据体系进行综合分析。具体来说,证据的关联性判断要结合案件的整体证据情况,在整体框架内评估其对案件事实认定的支持作用,所以在评估证据与待证事实的关联性时,监察调查人员不能孤立地看待每一项证据,而是要将其纳入整个案件证据体系进行综合分析,即证据的关联性审查中还应考虑附条件的关联性问题。附条件的关联性，指的是在特定条件下，某些证据可能会对案件事实的认定产生影响，但这种影响并非直接，而是依赖于其他证据或案件背景的支撑。也就是说，判断一项证据是否具有关联性，有时并不完全依赖于证据本身的性质和内容，而是该证据与案件的其他证据、案件的具体情境以及相关法律规范的关系。比如，某个受贿罪的案件中，调查人员在搜查过程中发现了被调查人的个人电脑上保存有一些出售某奢侈品牌手提包的记录。单从这些记录来看，可能难以直接证明被调查人有受贿的行为。但是，如果再结合其他证据，如证人的证言（证人曾目击公司高管向被调查人赠送大量的某奢侈品牌的手提包），那么这些交易记录就能在一定程度上支持案件的核心事实——被调查人涉嫌通过职务便利进行受贿。因此，尽管这些交易记录本身看似并不直接指向犯罪行为，但在其他证据的支撑下，它们的关联性被"激活"，成为了案件事实认定的关键证据。也就是说，在监察调查实践中，有的证据的关联性并不总是孤立存在的，而是依赖于案件中其他证据的相互作用和补充。监察调查人员必须具备系统思维，从整体证据体系的角度出发，审慎评估每项证据的潜在价值和其在案件中的作用。因此，监察调查人员在审查证据的关联性时，必须深入分析证据之间的互动关系，并确保整个证据体系在证明案件事实时能够相互印证、相辅相成。这种综合性的关联性分析，不仅能提高证据审查的全面性和准确性，还能有效避免片面或错误地排除一些有价值的证据。

对于监察机关办理的案件，《监察法实施条例》第 244 条明确了品格证据在职务犯罪案件中的适用，即对于涉嫌职务犯罪的被调查人和涉案人员，监察机关在移送案件时，可以结合其案发前的表现，违法犯罪行为的情节、后果和影响等因素，提出从轻、减轻或免除处罚的建议，并将相关证据材料一并提供给上一级监察机关审批。这一条文的规定，也表明了品格证据在职务犯罪案件中的作用主要体现在是否适用从宽处罚方面，而非直接用于行为定性。因此，品格证据不具备直接证明被调查人职务犯罪的关联性，不能单纯依赖其来认定职务犯罪行为。另外，值得注意的是，《监察法》第 11 条规定："监察委员会依照本法和有关法律规定履行监督、调查、处置职责：（一）对公职人员开展廉政教育，对其依法履职、秉公用权、廉洁从政从业以及道德操守情况进行监督检查……"从表面上来看该条赋予了监察委员会对公职人员"道德操守"的监督检查权，这意味着监察机关在调查职务违法犯罪时，不仅要审查公职人员的职务行为，还需关注其道德操守和品行表现。在我国的纪检监察办案实践中,确实会出现一些带有品格指控的职务违法犯罪通报,如指控公职人员"政治品行败坏""欺骗组织""品行恶劣""与他人通奸"等。这类品格指控通常有部分证据的支持,这些品格证据能否用于职务犯罪的定罪和量刑,关键在于它们与案件核心事实的关联性。[2] 在职务犯罪案件的办理中,证据收集的重点是被追诉人是否实施了特定的违法或犯罪行为。而品格证据通常只是描述一个人过去的道德操守或个人品行特征。品格证据并不直接揭示被调查人的具体行为,尤其是在职务犯罪案件中,犯罪行为往往是具体的、复杂的,并且受到环境、动机等多重因素的影响。而品格证据在证明特定职务犯罪行为的直接性和关联性上存在天然的缺陷。因此在办理职务犯罪案件时,监察机关应更加关注具体的犯罪行为证据,而非过多依赖品格证据。对于品格证据的使用,必须谨慎,避免它在没有充分关联的情况下对案件结果产生不当影响。

对于类似事实证据,在监察调查的特定情形中也可能具有一定的关联性,如最高人民法院、最高人民检察院《关于办理贪污贿赂刑事案件适用法律若干问题的解释》(以下简称《贪污贿赂案件解释》)第 1 条规定:"贪污或者受贿数额在三万元以上不满二十万元的,应当认定为刑法第三百八十三条第一款规定的'数额较大',依法判处三年以下有期徒刑或者拘役,并处罚金。贪污数额在一万元以上不满三万元,具有下列情形之一的,应当认定为刑法第三百八十三条第一款规定的'其他较重情节',依法判处三年以下有期徒刑或者拘役,并处罚金:……(二)曾因贪污、受贿、挪用公款受过党纪、行政处分的;(三)曾因故意犯罪受过刑事追究的……"也就是说,在贪污贿赂案件中,监察机关可能会发现被调查人在过去曾有过类似的违法或犯罪行为,这类历史行为可以作为对当前案件的定性参考,帮助界定"数额较大"或"其他较重情节"的追诉标准。

第二节 非法证据排除规则

一、非法证据排除规则概述

非法证据排除规则是指通过非法手段或程序获取的证据在司法程序中不具备可采性,不能作为法庭裁判的依据。该规则旨在维护宪法权利,抑制非法取证

---

〔2〕 张威:《论监察体制改革中证据能力适用的三个层面》,载《甘肃政法学院学报》2019 年第 2 期。

行为,确保司法公正。虽然在民事诉讼、行政诉讼等领域也存在非法证据排除的问题,但由于刑事诉讼中权力与权利、发现真实与程序正当的冲突最为集中,因此,非法证据排除规则在刑事诉讼中尤为重要。

该规则最早起源于美国。1914 年,在威克斯诉美国案(Weeks v. United States)中,美国联邦最高法院首次确立了非法证据排除规则,其强调通过非法搜查和扣押获得的证据不得在联邦法院中使用。1961 年,马普诉俄亥俄州案(Mapp v. Ohio)将该规则的适用范围扩展至各州法院。美国对非法证据排除的立场较为坚决,不仅排除非法获取的证据,还排除由此衍生的“毒树之果”。然而,排除规则并非绝对,联邦最高法院通过判例确立了一系列例外,包括“稀释原则”、“必然发现原则”、“独立来源原则”和“善意原则”等。近年来,排除规则在美国呈现出“非宪法化”的趋势,适用范围有所限缩。

在德国,《刑事诉讼法典》规定了“证据取得禁止”和“证据使用禁止”制度。证据取得禁止旨在防止侦查机关采用违法手段获取证据,特别是那些可能侵犯公民基本权利的取证行为,如非法搜查、窃听私人通信、非法拘禁等。证据使用禁止则要求法官不得将特定证据作为裁判依据。需要注意的是,违反证据取得禁止并不必然导致证据使用禁止,法官可根据具体情况进行权衡。

法国主要通过诉讼行为无效制度来规制非法取证问题。当取证行为违反刑事程序法规定时,法院可宣告该行为无效,进而排除由此获取的相关证据材料。这种方式强调程序正义,通过确保取证过程的合法性来维护被追诉者的权利。

在我国,非法证据排除规则经历了从萌芽到逐步完善的发展过程。1979 年《刑事诉讼法》明确规定,严禁刑讯逼供和以威胁、引诱、欺骗以及其他非法方法收集证据。2010 年,最高人民法院等五部门联合发布《关于办理刑事案件排除非法证据若干问题的规定》,以司法解释形式确立了非法证据排除规则。2012 年《刑事诉讼法》正式将该规则纳入立法。2017 年,五部门再次联合发布《严格排除非法证据规定》,进一步细化了非法证据的认定标准和排除程序。

我国的非法证据排除规则主要包括以下内容:

第一,界定了非法证据的范围,即包括非法言词证据和非法实物证据。非法言词证据是指采用刑讯逼供等非法方法收集的犯罪嫌疑人、被告人供述,以及采用暴力、威胁等非法方法收集的证人证言、被害人陈述。另外,《刑事诉讼法解释》第 124 条、《严格排除非法证据规定》第 5 条和《人民检察院刑事诉讼规则》第 68

条还规定要一并排除通过刑讯逼供行为获取供述之后被追诉人受该刑讯逼供行为影响而作出的与该供述相同的重复性供述。非法实物证据是指违反法定程序收集的,且可能严重影响司法公正,不能作出补正或合理解释的物证和书证。

第二,确定了排除程序的适用阶段,即明确了非法证据排除规则适用于刑事诉讼的各个阶段,包括侦查、审查起诉和审判阶段。在侦查和审查起诉阶段,发现应当排除的证据的,应当依法予以排除,不得作为逮捕和起诉的依据。在审判阶段,被告人及其辩护人有权提出排除非法证据的申请,法院应当对申请进行审查,确认证据收集是否合法,并根据审查结果决定是否排除该证据。

第三,明确了非法证据排除的具体程序。在刑事诉讼的审判阶段,非法证据排除程序的核心原则是及时申请、优先解决。根据规定,被告人及其辩护人应当在庭审开始之前提出排除非法证据的申请,并提供相关证据支持,包括涉嫌非法取证的人员、时间、地点、方式等详细信息。法院收到申请后,应当召开庭前会议进行核实,听取各方意见,必要时,人民检察院可以决定撤回涉嫌非法的证据。庭审期间,如果法院决定对证据的合法性进行调查,必须首先进行当庭调查,但为了防止庭审被过度拖延,调查可在庭审结束前完成。调查后,法院应当尽量当庭作出是否排除该证据的决定,并且在决定作出之前,不能宣读或质证相关证据。此外,证据收集合法性的证明责任由人民检察院承担,辩护人不需要证明侦查机关是否存在非法取证行为。人民检察院可以通过现有证据材料(如讯问笔录、全程录音录像、体检记录等)或提请相关侦查人员出庭作证来证明取证过程的合法性。

二、非法证据排除规则的意义

非法证据排除规则的设立,实质上通过排除那些通过非法手段或程序获取的证据,避免了不当取证行为对司法公正的侵害,确保在真实、合法的证据基础上进行事实认定,从而依法公正地处理案件。具体来说,非法证据排除规则的意义主要体现在以下几个方面:

第一,保障人权,防止公权力的滥用。非法证据排除规则的最根本意义在于有效保障公民的基本人权。在刑事诉讼中,办案机关可能会为了获取证据而采取非法手段,如刑讯逼供、非法搜查、非法拘禁等,这些行为不仅直接侵犯被追诉人的基本权利,还可能导致对案件事实的错误认定,进而产生不公正的判决。非法证据排除规则的确立,严格禁止非法证据进入诉讼程序,从源头上遏制了办案机关通过侵犯公民权利的方式收集证据。这一规则的实施,不仅防止了刑事权力的滥用,也切实保护了被追诉人免受不当侵害,从而确保了公民的基本人权不受侵犯。

第二,确保证据的真实性与可靠性,维护司法公正。非法证据排除规则在确保裁判的准确性和公正性方面发挥着至关重要的作用。通过非法手段获得的证据,尤其是在刑讯逼供等方法下的取得供述,往往缺乏真实自愿的基础。这类证据可能与案件事实严重不符,易误导审判结果。例如,通过刑讯逼供获取的供述可能是供述人在极端压力下作出的虚假供述,如错误采纳这些虚假的材料,则可能导致冤假错案。因此,排除这些非法证据是确保案件判决准确无误的前提条件。只有在排除非法证据后,法院才能依赖合法且真实的证据作出公正裁判。更为重要的是,非法证据进入诉讼程序不仅会对案件事实的判断产生干扰,还可能对合法证据的收集和审查产生连锁反应,破坏证据链的完整性,进而影响案件处理的公平性。只有严格排除非法证据,司法机关才能够确保案件审理基于合法、真实的证据,防止虚假证据主导裁判。这一规则可以有效遏制不当证据对裁判结果的负面影响,确保司法程序的公正性,进而保障整个社会的法治秩序与公平正义。

三、非法证据排除规则在监察案件办理中的理解与适用

在监察调查中,落实非法证据排除规则具有重要的意义。首先,监察调查中坚持非法证据排除规则有助于提升反腐败工作法治化水平,推动监察机关依法办案,确保调查程序的规范化与合法性。其次,通过排除非法获取的证据,能够有效保障被调查人的合法权益,防止不当取证行为侵犯公民基本权利。最后,这一规则的落实也有助于推动调查模式的转型——从依赖口供的粗放型模式向注重证据合法性、信息密集和技术密集型模式转变,提升调查工作的科学性和规范性。

我国现行《监察法》及《监察法实施条例》对监察案件办理中的非法证据排除作了相对较为完整的规定。

首先,《监察法》对非法监察证据排除作了原则规定。《监察法》第 36 条规定:"……监察机关在收集、固定、审查、运用证据时,应当与刑事审判关于证据的要求和标准相一致。以非法方法收集的证据应当依法予以排除,不得作为案件处置的依据。"这一条款明确要求监察机关在调查过程中必须遵循与刑事审判一致

的证据标准和程序。这意味着，监察机关在收集、固定、审查和运用证据时，必须严格按照《刑事诉讼法》和相关司法解释中的要求进行，确保证据的合法性和规范性。具体而言，监察机关在调查过程中必须遵循《刑事诉讼法》和相关司法解释中对证据种类、收集程序、审查标准等的详细规定。特别是通过非法手段获取的证据，《监察法》明确要求予以排除，即"经查证，不能排除存在以非法方法收集监察证据情形的，对有关监察证据应当予以排除"〔3〕。同时《监察法》第43条则明确要求严禁以非法方式获取监察证据："监察机关对职务违法和职务犯罪案件，应当进行调查，收集被调查人有无违法犯罪以及情节轻重的证据，查明违法犯罪事实，形成相互印证、完整稳定的证据链。……严禁以暴力、威胁、引诱、欺骗及其他非法方式收集证据，严禁侮辱、打骂、虐待、体罚或者变相体罚被调查人和涉案人员。"

其次，《监察法实施条例》对于非法监察证据的排除进行了进一步操作层面的细化规定。如该条例第71条规定："严禁以暴力、威胁、引诱、欺骗以及非法限制人身自由等非法方法收集证据，严禁侮辱、打骂、虐待、体罚或者变相体罚被调查人、涉案人员和证人。"与《监察法》第43条第2款相比，此条在非法取证方法的列举上有了进一步扩展，特别是增加了"非法限制人身自由"的表述，确保在监察调查过程中不会通过任何形式的胁迫、威胁或暴力手段迫使嫌疑人、证人或其他相关人员提供证据。同时，该条例第71条特别指出监察机关不得对"证人"使用非法手段收集证据。这一规定的增加，标志着监察机关对证人权益的重视，并且明确了无论是对嫌疑人、被调查人，还是对证人的取证行为，都必须遵循合法、公正的程序。这对于确保监察调查过程的合法性、规范性具有重要意义，尤其是避免了传统上可能存在的"强制性"取证行为，如威胁、恐吓，或以不当方式干扰证人陈述等。

《监察法实施条例》第72条则对非法监察证据的排除范围与程序进行了细化，设立了层次化的排除规则。〔4〕该条第1款、第2款明确规定了强制性排除规则，要求对于通过暴力、威胁或非法限制人身自由等非法手段收集的供述、证言、陈述等证据，应当依法予以排除。这里的暴力方法包括通过殴打，以及"变相肉

---

〔3〕中共中央纪律检查委员会法规室、中华人民共和国国家监察委员会法规室编写：《〈中华人民共和国监察法〉释义》，中国方正出版社2018年版，第170页。

〔4〕吉冠浩：《论职务犯罪监察调查的证据规则》，载《法治社会》2023年第2期。

刑”等间接暴力形式，造成被调查人或证人遭受难以忍受的痛苦而违背其真实意愿作出供述或证言；威胁手段则包括通过暴力或严重损害近亲属合法权益等方式，导致其产生遭受难以忍受的痛苦，进而违背真实意愿作出陈述。这些规定体现了“自白的任意性”原则，强调供述的自愿性。对于通过这些非法手段获得的证据，监察机关无自由裁量权，必须绝对排除，并且这些证据无法通过补正恢复其合法性。该条第3款规定了裁量性排除规则，适用于非法收集的物证、书证，办案人员在决定是否排除时，享有较大的自由裁量权，如证据可以补正或合理解释，仍可作为案件处理的依据。

《监察法实施条例》第73条初步设定了非法监察证据的排除程序，明确规定了监察机关在调查过程中如何核实和排除非法证据。该条规定，监察机关的监督检查、案件审理及监督管理等部门，若发现调查人员可能采用非法方法收集证据，应当依据职责进行调查核实。此外，如果被调查人控告或举报调查人员采用非法取证手段，并提供相关材料或线索，则监察机关有责任受理并审核。若现有材料无法证明证据收集的合法性，则必须进一步调查核实。也就是说，非法监察证据的排除程序有两种启动方式：一是监察机关依职权启动，二是依据被调查人控告或举报启动。无论哪种方式，若存在经调查核实确认或无法排除非法取证的情况，则相关证据应依法予以排除，不得作为案件的定性或移送审查起诉的依据。与此同时，若确认调查人员存在非法取证行为，应依法处理，并重新指派调查人员进行取证。该条还规定，监察机关在接到对下级监察机关调查人员非法取证的控告或举报后，可以自行进行调查核实，也可以交由下级监察机关处理，但下级机关需及时报告结果。这种程序设计不仅体现了监察机关主动履行调查核实义务的责任，也保障了被调查人针对非法取证行为的程序性救济权利。

第三节 传闻证据规则

一、传闻证据规则概述

传闻证据是指在审判外所作的陈述，且该陈述被用于在法庭上证明所述事项的真实性。传闻证据通常包括两种形式：(1)证人在审判前所作的书面陈述或通过他人代为记录的陈述；(2)传闻陈述，即证人在法庭上转述他人所感知的事实。

由于英美法系强制证人出庭作证的制度，第一种传闻证据在实践中较少见，需要排除的主要是传闻陈述。传闻证据具备四个要素：(1)证据应包含断定内容，形式可为口头陈述、书面陈述或肢体动作；(2)该陈述必须由陈述人作出，若由非人类因素如仪器提供的结果则不构成传闻证据；(3)陈述必须是在审判或听证会外作出的；(4)陈述用于证明其所述事项的真实性。举例来说，当被害人无法开口说话时，通过肢体动作（如指向照片）来表达对案件事实的认定，也可能构成传闻证据。

传闻证据规则最早源于英美法系，是该体系中的重要证据规则之一。根据这一规则，除非传闻证据符合特定例外情况，否则应予排除。传闻证据的排除主要是基于其对案件真实性的威胁，因其往往经历了多个信息传递环节，容易受到转述者的记忆偏差和主观影响，导致证言失真。此外，排除传闻证据还保障了控辩双方对原始证人的交叉询问的权利，并为审判者提供了亲自聆听证人证言的机会，从而确保案件事实的准确判断。

然而，完全排除传闻证据会造成案件真相难以查清或提高查明案件事实的成本，因此，传闻证据的排除并非绝对。若在特定情况下，传闻证据具有足够的可靠性，并且在法律规定的例外情形中，则该证据可以被作为有效证据。例如，《美国联邦证据规则》第 803 条和第 804 条规定了两类例外情况：第一类是陈述者能否作证无关紧要，如表达感官印象或情感发泄的陈述；第二类是陈述者无法出庭作证的情形，如临终陈述、对己不利的陈述等。这些例外在适用时通常有严格的条件，如先前证词例外地要求证词必须是在前一诉讼程序中经过宣誓或正式确认，并且原证言已经过交叉询问，并与当前诉讼程序所涉争议点一致。

我国现行的司法体系中，虽然传闻证据规则并未得到明确规定，也未建立直接言词原则，但传闻证据在我国诉讼中的适用几乎不受限制。特别是在刑事诉讼中，证人证言多以书面形式提交，且在法庭上经常不要求证人出庭作证，而是宣读其书面证言。在这种司法实践下，我国并未形成严格的传闻证据排除规则或直接言词原则，反而形成了所谓的“书面证言中心主义”。在我国刑事诉讼中，书面证言的广泛使用，使得其证明力常常被高估，甚至高于法庭证言。在现行法律框架下，证人经法院通知后如果未能出庭作证，且没有正当理由拒绝作证，则其书面证言在一定条件下仍可作为定案依据。这种情况表明，传闻证据的排除规则在我国刑事诉讼中尚未形成统一的规范，证人证言的适用更多地依据案件实际需要与司法实践中的“实事求是”精神。具体到证人证言，按现行司法解释的规定，经人民法院通知,证人没有正当理由拒绝出庭或者出庭后拒绝作证,法庭对其证言的真实性无法确认的,该证人证言不得作为定案的根据。也就是说,在我国现行的司法语境下,刑事诉讼中的证人经通知不出庭作证,并不会必然导致书面证言的排除。

二、传闻证据规则的意义

传闻证据规则在保障审判公正等方面具有较为重要的意义。

第一,传闻证据排除规则是对抗式审判制度得以实现的重要手段。在对抗式审判制度中,控辩双方享有平等的诉讼权利。特别是在刑事案件中,被告有权通过对控方证据的交叉询问,揭示证据的不足与缺陷,保障辩护的公平性。检方同样享有质询辩方证据的权利。这个过程不仅能够揭示证据本身的真实情况,还能够通过庭审中证人言词和态度的表现,进一步帮助法官判断证言的可信度。传闻证据的存在,尤其是未经双方质询和确认的陈述,很容易在信息传递过程中产生失真、歪曲和误导,从而削弱对抗式审判的公平性。传闻证据排除规则通过严格限定传闻证据的使用,确保法庭的审理过程能够真正落实控辩双方对证人的交叉询问权,使法官和陪审员有机会通过亲自接触证人,观察证人的言辞、态度、情感表现等多个方面来全面评估证言的可信度。直接面对证人作证,可以帮助法庭在案件事实的认定上更为客观和准确。

第二,传闻证据排除规则的核心价值在于其对案件裁判准确性的保障。传闻证据本身涉及第三方转述,容易因记忆模糊、语言偏差或情感色彩等因素而失真,且无法通过交叉询问验证其真实性。这些先天性缺陷限制了其证据价值,因此排除传闻证据可以确保案件裁判基于更为直接、可靠的证据。通过排除无法验证的传闻证据,法院能够提高证据的可信度,避免信息失真或误传的风险,从而保障案件裁判的准确性和公正性。此外,传闻证据的排除还确保了案件审理过程中证人证言的完整性和透明度,使法庭能够直接审查证言的真实性并接受双方质辩。总体而言,传闻证据排除规则通过提高证据的可靠性和真实性,确保案件的公正审理和裁判,防止由于不可靠证据而产生的偏差。

但传闻证据规则在长期的适用过程中也日益暴露出很多问题:众多的例外性规定增加了传闻证据规则的复杂程度,使法官和律师无所适从,而过于细密和繁杂的规则也使传闻证据规则的适用出现了教条和僵化。针对上述情况,英美法系国家在20世纪后半期开始对传闻证据规则进行一系列重大的变革。

三、传闻证据规则在监察案件办理中的理解与适用

在我国的监察法体系中，尽管并未明确设立传闻证据规则，但证人证言作为一种重要的言词证据，依然在案件办理中发挥着关键作用。当前，监察机关在调查过程中对书面证言较为依赖，这与我国刑事诉讼中普遍采用书面证言的情况有诸多相似之处，体现了“书面证言中心主义”的特点。尽管这种做法便于高效地获取案件信息，但随着我国庭审实质化改革的深入，法庭对证人证言的采信标准正在逐渐提高。尤其是在复杂案件中，法院将更为注重证人的现场陈述，要求证人出庭作证以确保证言的真实性和合法性。因此，尽管书面证言的证据资格在当前的司法实践中仍未受到限制，但未来的司法环境可能会更加重视证人的出庭作证。监察机关需要提前为这一变化做好充分准备，以确保其证人证言能够在庭审中得到充分且有效的支持。具体而言，监察机关在收集、审查证人证言时需要注意以下几个方面：

首先，监察机关应加强证人出庭作证的法律意识教育与心理建设。证人证言在监察案件的办理过程中往往具有较为重要的地位。为了确保能够提供完整、准确的证言信息，监察机关不仅要规范证言的收集流程，还需对证人进行法律意识教育，使其明确作证的重要性和法律意义。法律意识教育的核心是帮助证人树立正确的法律观念，认识到作证不仅是个人的法律责任，更是揭示案件真相的重要途径。这一教育不仅限于基础的法律知识，还应包括法庭审理程序、作证规则及作证后可能带来的法律后果等。通过这些教育，证人将更加理解作证对公正审判的重要性，增强履行作证职责的责任感与自信心。除了法律意识教育，监察机关还应加强对证人作证的心理建设。证人作证不仅是对案件事实的陈述，更是一项需要面对法庭和可能的对抗性询问的心理挑战。许多证人可能会因为对法庭程序的陌生、对作证后果的担忧或是对可能面临的对抗性询问产生焦虑，甚至恐惧，进而在庭审过程中无法清晰、准确地表达证言，甚至影响证言的真实性。为了减少这种影响，监察机关需要加强对证人的心理建设，尤其是要对可能成为案件关键证人的证人，提供心理疏导和支持。通过模拟庭审、心理辅导等方式，帮助证人提前了解庭审程序、减少心理负担，提升证人在庭审中的心理稳定性和表达能力，确保他们能够更好地应对庭审中的压力。

其次，收集证人证言时，监察机关应根据案件的实际需要，确保依法完整且详

细地记录证人陈述,同时不能忽略其他相关证据的收集。书面证言虽然是调查中常用的形式,但其最大弊端在于缺乏现场的即时性和互动性,且证人在书面证言中无法直接回应可能的质疑。此外,书面证言可能存在遗漏、误记或理解偏差的风险,尤其是在案件复杂或证人记忆不清时,书面证言的证明力可能会大打折扣。因此,监察机关应避免过度依赖书面证言为唯一证据来源。在证据收集时,监察机关应综合考虑证人的直接陈述和其他可获取的信息来源,确保案件事实通过多角度、多方式的证据支撑。此外,监察机关还应采用更为主动和多角度的方式进行证言审查。例如,试图从辩方角度对证人证言进行合理质疑,或与其他证人进行交叉核对,通过互动和反复验证,进一步确认证言的真实性和完整性。通过这种互动式的证言收集,不仅能够减少单一证言可能带来的偏差和漏洞,还能增强案件证据链条的可靠性。

最后,监察机关必须特别注重对证人证言中疑点的审慎处理,并且要与证人进行充分有效的沟通。证人证言中出现疑点较为常见,而证言的疑点更容易在庭审阶段受到对方质询和法庭的严格审查,所以监察机关必须高度关注证人证言中的疑点。这些疑点可能源于证人记忆不清、主观偏差,甚至情绪波动等因素。面对证人证言中的疑点,监察机关不能简单忽视或草率采纳,而应采取细致和严谨的调查方法,以确保证言的准确性和可靠性。当证人证言中出现不一致、矛盾或模糊之处时,监察机关应主动与证人沟通,了解证言出现问题的原因,帮助证人回忆出更多细节或澄清疑点。这一过程尤其是在证人记忆受到时间或情绪影响的情况下尤为重要。比如,证人在陈述时可能因为紧张、焦虑或情绪波动导致证言不清晰,监察机关需要敏锐地察觉到这些情绪因素,并采取温和而有针对性的提问方法,帮助证人理清思路,准确回忆和表达关键事实。此外,监察机关还应通过细致的询问,了解证人证言背后的动机、情感和认知状态,评估这些因素可能对证言的可靠性和全面性造成的影响。通过这种方式,监察机关不仅能够消除证言中的疑点,还能更好地把握证人证言的整体可信度。在这一过程中,监察机关应尽量避免对证人施加过大压力,而应通过积极引导和适当的情感支持,使证人在庭审时能够更加自信和稳定。特别是对于那些存在较多疑点的证人证言,监察机关应更加注重从证人的认知角度出发,探讨证言中的矛盾和不一致之处,并为其提供必要的解释或补充。这不仅有助于证人证言的核实,还有助于减少庭审中证人证言遭到否定的风险。总之,监察机关在处理疑点证言时,应采取细致和灵活的方法，不仅应从证言内容进行核实，还应从证人的心理、情感和认知角度深入分析，确保每一份证言都能经得起庭审的严格审查。

第四节 意见证据规则

一、意见证据规则概述

意见证据规则一般是指证人只能就其感知或知道的事实作证，而不能对案件事实发表猜测性、评论性或推断性意见。证人无论是提供当庭证言还是以书面方式提供证言都需要遵循这一基本要求。意见证据规则是专门针对普通证人或者事实证人的证据规则，对于专家证人或者鉴定人等则不受这一证据规则的限制。

《关于办理死刑案件审查判断证据若干问题的规定》第 12 条第 3 款较早确立了意见证据规则，其规定："证人的猜测性、评论性、推断性的证言，不能作为证据使用，但根据一般生活经验判断符合事实的除外。"《刑事诉讼法解释》第 88 条第 2 款也规定："证人的猜测性、评论性、推断性的证言，不得作为证据使用，但根据一般生活经验判断符合事实的除外。"最高人民法院《关于民事诉讼证据的若干规定》（以下简称《民事诉讼证据规定》）第 72 条第 1 款也规定，"证人应当客观陈述其亲身感知的事实，作证时不得使用猜测、推断或者评论性语言"。从证据法理来看，证人证言对案件的事实认定发挥证明作用的基础是证人对于案件事实具有亲身认识或一般认识，而证人发表的猜测性、评论性意见等容易掺杂案件事实之外的其他认识，不仅无助于案件事实的准确认定，还会造成事实误认等后果，因此，在监察程序、刑事司法中普通证人作证都应遵循意见证据规则的要求。我国《监察法》《监察法实施条例》中并未对意见证据作出明确规定。《监察法》第 36 条第 1 款、第 2 款规定："监察机关依照本法规定收集的物证、书证、证人证言、被调查人供述和辩解、视听资料、电子数据等证据材料，在刑事诉讼中可以作为证据使用。监察机关在收集、固定、审查、运用证据时，应当与刑事审判关于证据的要求和标准相一致。"在这个意义上，即使从规范分析角度出发，监察机关办理职务犯罪案件时也需要适用意见证据规则。

二、意见证据规则的意义

意见证据规则的意义包括如下三个方面：

第一,意见证据规则有助于促进案件事实的准确认定。从证据规则的分类来看,非法证据排除规则的确立更多是为了保障被追诉人的权益、保障公正价值,而意见证据排除规则的重要考量与事实认定的准确性有关,如果允许证人的意见不加限制地进入到案件中,很容易导致事实认定错误。

第二,意见证据规则有助于保障相关主体的办案权行使。认定案件事实是办案主体的职权,在监察案件中依法由监察人员行使,在职务犯罪案件的审判中,裁判者享有对案件事实的最终认定权。证人如果发表猜测性、评论性意见等,将会对裁判者依法行使审判权产生影响。在监察办案中,也会影响到监察人员依法认定案件事实。

第三,意见证据规则有助于促进办案主体理性办案。意见证据的特点是证人基于自己的理解作出的猜测性、评论性和推断性意见,这些意见或者缺乏与待证事实的相关性,或者仅具有虚弱的联系,通过适用意见证据规则,能够促进办案主体理性决策。

三、意见证据规则在办理监察案件中的理解与适用

意见证据规则适用过程中需要重视两个方面:一是意见证据包括哪些类型,二是如何理解意见证据规则的例外。

第一,意见证据的主要内容。意见证据涉及证人作证,这在不同立法框架下有着不同的理解。我国《刑事诉讼法》第 62 条第 1 款规定:"凡是知道案件情况的人,都有作证的义务。"因此,在证人作证的内容上,证人可以陈述其亲身感知的案件事实,或者陈述其通过其他途径知晓的案件事实,并无严格的传闻证据排除规则的限制。根据意见证据规则的要求,证人在提供证言时应当围绕其感知或知道的事实作证,如证人了解、知晓某公职人员怠于履行法定职责的事实,则其应当围绕这一事实提供证言,不应当发表猜测性、评论性或推断性意见。进一步而言,猜测性意见一般是指证人缺乏或脱离对案件事实的准确感知,对事件性质或发展趋势等作出的猜测或想象;与此相似,评论性意见是对案件事实及其性质等作出的评论或评价意见;推断性意见则涉及法律推理问题,是证人基于一定的事实要素或事实基础对于法律问题或事实问题作出的推断和推理。这三种意见在实质上都不属于对案件事实的陈述,因此,要求"证人的猜测性、评论性、推断性的证言,不得作为证据使用"是具有正当性的。

第二,意见证据规则的例外。《刑事诉讼法解释》第 88 条第 2 款也规定:"证

人的猜测性、评论性、推断性的证言,不得作为证据使用,但根据一般生活经验判断符合事实的除外。”根据意见证据规则的基本内容,并结合相关法律规定,以下两种情况属于意见证据规则的例外:一是证人发表的相关意见,根据一般生活经验判断符合事实的可以作为证据使用。在这方面,根据相关立法例,证人对于自己身心状况的阐述、证人对于他人的身体状况等作出的意见陈述,根据其他一般生活经验判断或者结合其他证据具有事实基础的,可以作为证据使用。二是意见证据规则不适用于专家证人等。意见证据规则的适用对象是普通证人,并不包括专家证人等,如我国立法上规定的鉴定人、有专门知识的人等。鉴定意见在本质上就是鉴定人对鉴定事项作出的一种意见。《监察法》第 30 条规定:“监察机关在调查过程中,对于案件中的专门性问题,可以指派、聘请有专门知识的人进行鉴定。鉴定人进行鉴定后,应当出具鉴定意见,并且签名。”《监察法实施条例》第 75 条第 1 款规定:“监察机关对行政机关在行政执法和查办案件中收集的物证、书证、视听资料、电子数据,勘验、检查等笔录,以及鉴定意见等证据材料,经审查符合法定要求的,可以作为证据使用。”根据上述法律规定,监察办案运用鉴定意见不受意见证据规则的限制。

第五节　最佳证据规则

一、最佳证据规则概述

最佳证据规则是英美证据法中的一项古老的证据规则,也是我国证据运用中的重要规则之一。根据我国相关立法的规定,这一规则是指对物证、书证、电子数据等内容的证明,一般应当提交原物或原件。这一原则在监察法、民事诉讼法、刑事诉讼法中都有所规定。《监察法》第 28 条第 1 款规定:“监察机关在调查过程中,可以调取、查封、扣押用以证明被调查人涉嫌违法犯罪的财物、文件和电子数据等信息。采取调取、查封、扣押措施,应当收集原物原件。”《监察法实施条例》第 151 条第 1 款规定:“调取物证应当调取原物。原物不便搬运、保存,或者依法应当返还,或者因保密工作需要不能调取原物的,可以将原物封存,并拍照、录像。对原物拍照或者录像时,应当足以反映原物的外形、内容。”我国《民事诉讼法》第 73 条第 1 款规定:“书证应当提交原件。物证应当提交原物。提交原件或者原物确有困难的,可以提交复制品、照片、副本、节录本。"《民事诉讼证据规定》第 11 条规定:"当事人向人民法院提供证据,应当提供原件或者原物。如需自己保存证据原件、原物或者提供原件、原物确有困难的,可以提供经人民法院核对无异的复制件或者复制品。"《刑事诉讼法解释》第 82 条第 1 项规定,"对物证、书证应当着重审查以下内容:(一)物证、书证是否为原物、原件,是否经过辨认、鉴定;物证的照片、录像、复制品或者书证的副本、复制件是否与原物、原件相符,是否由二人以上制作,有无制作人关于制作过程以及原物、原件存放于何处的文字说明和签名"。第 83 条第 1 款第 1 句还规定,据以定案的物证应当是原物。最高人民法院《关于行政诉讼证据若干问题的规定》(以下简称《行政诉讼证据规定》)第 10 条第 1 款第 1 项、第 11 条第 1 项也规定:"提供书证的原件,原本、正本和副本均属于书证的原件。提供原件确有困难的,可以提供与原件核对无误的复印件、照片、节录本";"提供原物。提供原物确有困难的,可以提供与原物核对无误的复制件或者证明该物证的照片、录像等其他证据"。

二、最佳证据规则的意义

从证据法理上看,最佳证据规则对于促进案件事实准确认定,提高办案质量等具有重要的意义。具体言之:

第一,最佳证据规则有助于促进诉讼双方提交更优的证据,进而有助于提高案件的证据质量。办案机关和被调查人根据最佳证据规则的要求,在提交相关证据时重视物证、书证的原物、原件能够减少证据信息的流失,有助于提高案件的证据质量。

第二,最佳证据规则要求提交物证、书证的原物、原件,更有助于促进案件事实的准确认定。物证、书证的原物、原件较之复制品和复印件而言所蕴含的证据信息更加全面可靠,并且也较容易核实证据信息的真实与否,这对于促进职务违法、职务犯罪行为的准确认定有重要意义。

第三,最佳证据规则在促进准确事实认定的同时,也有助于促进执法公正的实现。在监察办案中应当坚持证据定案原则,即对职务违法、职务犯罪行为的认定需要依据证据来进行,最佳证据规则的适用有助于促进准确的事实认定和执法公正的实现。

三、最佳证据规则在监察案件办理中的理解与适用

最佳证据规则的适用在监察办案、刑事司法中的基本要求是一致的,即办案机关或当事人提交的证据应当符合最佳证据规则的要求,一般应当提交原件、原物;在符合法定规则的情形下,可以提交与原件、原物核对无误的复制件或者证明该物证的照片、录像等其他证据。根据我国法律的规定,这种例外情况包括以下几个方面:(1)原物、原件已经难以获得;(2)原物不便搬运、不易保存;(3)原物、原件数量众多,没有必要一一出示。在上述情形下,经核对无误时可以复制件或者证明物证的照片、录像等其他证据作为证据使用。

《监察法实施条例》第 151 条第 1 款、第 2 款规定:“调取物证应当调取原物。原物不便搬运、保存,或者依法应当返还,或者因保密工作需要不能调取原物的,可以将原物封存,并拍照、录像。对原物拍照或者录像时,应当足以反映原物的外形、内容。调取书证、视听资料应当调取原件。取得原件确有困难或者因保密工作需要不能调取原件的,可以调取副本或者复制件。”该条第 3 款还对不能调取原物、原件的程序要求作了规定,即“调取物证的照片、录像和书证、视听资料的副本、复制件的,应当书面记明不能调取原物、原件的原因,原物、原件存放地点,制作过程,是否与原物、原件相符,并由调查人员和物证、书证、视听资料原持有人签名或者盖章。持有人无法签名、盖章或者拒绝签名、盖章的,应当在笔录中记明,由见证人签名”。这一条文的规定体现了最佳证据规则的要求,对于监察办案有重要的规范意义。《刑事诉讼法解释》第 82 条第 1 项也规定:“对物证、书证应当着重审查以下内容:(一)物证、书证是否为原物、原件,是否经过辨认、鉴定;物证的照片、录像、复制品或者书证的副本、复制件是否与原物、原件相符,是否由二人以上制作,有无制作人关于制作过程以及原物、原件存放于何处的文字说明和签名。”该解释第 83 条第 1 款规定:“据以定案的物证应当是原物。原物不便搬运、不易保存、依法应当返还或者依法应当由有关部门保管、处理的,可以拍摄、制作足以反映原物外形和特征的照片、录像、复制品。必要时,审判人员可以前往保管场所查看原物。”

综上所述,在最佳证据规则适用过程中,必须区分原则与例外,即以提交原物、原件为原则,复制件和复制品以及其他替代物为例外,在监察机关运用物证、书证时,应当遵循最佳证据规则的要求。

第六节　口供补强规则

一、口供补强规则概述

补强证据规则一般是指不能由某一特定证据单独作为认定案件事实的依据，而应当由其他证据进行补足和补强。口供补强证据规则是补强证据规则的一种，一般是指不能仅依据被调查人、被追诉人的陈述或供述来认定其有罪。从性质上看，口供补强规则与非法证据排除规则、传闻证据排除规则、意见证据规则等不同，前者属于证明力规则，后者属于证据可采性的排除规则。

我国《监察法》第43条第1款规定："监察机关对职务违法和职务犯罪案件，应当进行调查，收集被调查人有无违法犯罪以及情节轻重的证据，查明违法犯罪事实，形成相互印证、完整稳定的证据链。"《监察法实施条例》第67条第2款进一步规定："只有被调查人陈述或者供述，没有其他证据的，不能认定案件事实；没有被调查人陈述或者供述，证据符合法定标准的，可以认定案件事实。"我国《刑事诉讼法》第55条第1款也规定："对一切案件的判处都要重证据，重调查研究，不轻信口供。只有被告人供述，没有其他证据的，不能认定被告人有罪和处以刑罚；没有被告人供述，证据确实、充分的，可以认定被告人有罪和处以刑罚。"综上，在监察机关办理职务违法和职务犯罪案件的过程中，只有被调查人陈述或者供述，没有其他证据的，不能认定案件事实。

二、口供补强规则的意义

口供补强规则具有重要的规范意义，主要可以从保障被调查人、被追诉人的合法权利，促进案件事实的准确认定和彰显办案文明方面来认识。

第一，口供补强规则有助于防止办案机关过分关注被调查人、被追诉人的供述，进而保障其宪法权利和诉讼权利。也正是在这个意义上，《监察法》中明确规定，严禁以暴力、威胁、引诱、欺骗及其他非法方式收集证据，严禁侮辱、打骂、虐待、体罚或者变相体罚被调查人和涉案人员。

第二，口供补强规则有助于促进案件事实的准确认定。口供属于言词证据的一种，由于被调查人、被追诉人与案件处理结果密切相关，并处于被调查、被追诉的境况,其供述内容可能包含了不真实、不可靠的部分,通过其他证据补强口供能够保证“证据”质量,进而能够促进案件事实的认定。

第三,办理案件不依赖被调查人、被追诉人的陈述或供述,也有助于防止出现不规范、不文明办案情况的发生。这对于彰显办案文明、司法文明都具有重要意义。

三、口供补强规则在监察案件办理中的理解与适用

监察机关办理案件时适用口供补强规则涉及三个重要问题:

第一,口供补强规则的适用范围限于供述中的主要事实。《监察法实施条例》第 67 条第 2 款规定:“只有被调查人陈述或者供述,没有其他证据的,不能认定案件事实;没有被调查人陈述或者供述,证据符合法定标准的,可以认定案件事实。”在具体适用中需要进一步明确的是,由于被调查人陈述或供述内容较为丰富,是否口供中提到的每一个事项都需要有其他证据补强?按照相关研究,被调查人陈述或供述中需要被补强的是职务违法或职务犯罪的实体事实,并不需要对被调查人陈述中提到的程序性事实进行补强。

第二,口供补强规则与“孤证不能定案”原则的准确理解。在监察案件办理时,口供补强规则要求,只有被调查人陈述或者供述,没有其他证据的,不能认定案件事实。这与我国实践中的“孤证不能定案”原则的要求具有一致性。“所谓‘孤证不能定案’是指不能仅凭证据来源单一或数量单一的实质证据认定案件的构成要件事实。”[5]“孤证不能定案”原则反映了司法者对事实认定的审慎态度,这一原则的一般要求是不能仅凭一个单一证据认定被调查人实施了职务违法行为或职务犯罪行为,但在个案中,允许办案机关依据查证属实的单一证据来认定被调查人的辩解事实。

第三,对补强证据的具体要求。根据通说要求,一是补强证据首先应当符合法律要求,具有证据资格。不具有证据资格的证据不能作为补强证据使用。二是用于补强的证据应当具有独立来源,不应当与被补强的证据具有同样的来源。例如,在对被调查人讯问时进行了同步录音录像,显然同步录音录像源于被调查人陈述或供述,两者属于同一来源的证据,不可以将讯问同步录音录像作为口供的

〔5〕 潘金贵、夏睿泓:《悖离与纠偏:“孤证不能定案”规则的实践性反思》,载《内蒙古社会科学》2022 年第 2 期。

补强证据。三是补强程度问题。补强证据规则的存在是为了强化案件事实认定，因此补强证据必须能够有效发挥补强要求，换言之，应当在个案中审查补强证据是否有力地支持了需要补强的证据，而非简单地对补强证据的有无、补强证据的多少与是否完成了补强进行简单等同。

第七节　瑕疵证据规则

一、瑕疵证据规则概述

瑕疵证据一般是指违反法定程序但不属于重大违法、未侵害当事人和其他诉讼参与人基本权利所获得的证据。瑕疵证据规则是指对瑕疵证据予以补正和合理解释，在不能补正或不能作出合理解释时应当予以排除的规则。事实上，从各国法律规定来看，也并不存在只要违反法定程序就进行证据排除的立法或者实践，因此，对非法证据与瑕疵证据进行区分，并分别赋予不同的法律效果（如应否进行排除）是必要的。

从监察立法来看，《监察法》第 36 条第 3 款明确规定了非法证据排除规则，但并未对瑕疵证据补正规则作出规定。《监察法实施条例》第 72 条第 3 款明确规定了瑕疵证据规则："收集物证、书证不符合法定程序，可能严重影响案件公正处理的，应当予以补正或者作出合理解释；不能补正或者作出合理解释的，对该证据应当予以排除。"《监察机关监督执法工作规定》第 54 条也对瑕疵证据补正作了规定。《刑事诉讼法》第 56 条第 1 款第 2 句规定："收集物证、书证不符合法定程序，可能严重影响司法公正的，应当予以补正或者作出合理解释；不能补正或者作出合理解释的，对该证据应当予以排除。"《监察法实施条例》第 72 条第 3 款与《刑事诉讼法》第 56 条的规定在内容上较为相近。

根据我国立法上关于瑕疵证据的相关规定，瑕疵证据主要包括以下三种：(1)取证主体不合法导致的瑕疵证据，如违反两名调查人员讯问的要求，仅由一名侦查人员取证，或者询问笔录反映出在同一时段，同一询问人员询问不同证人的情形下形成的笔录证据；(2)收集、提取、保存等程序存在瑕疵形成的证据，如物证、书证等移交过程中手续不全等；(3)证据形式要素部分缺失的瑕疵证据，如询问笔录没有填写询问人，记录人，法定代理人姓名以及询问的起止时间、地点，或者讯问笔录中讯问人没有签名。根据瑕疵证据规则的要求,如果出现上述瑕疵证据,应当允许办案机关对瑕疵证据进行补正或者作出合理解释,不能补正或者不能作出合理解释的,应当予以排除,不得作为定案的根据。

二、瑕疵证据规则的意义

监察程序中瑕疵证据规则的意义包括如下三个方面:

第一,瑕疵证据规则有助于将更多证据纳入办案人员视野。瑕疵证据允许进行补正和合理解释,使得更多对职务违法或职务犯罪事实认定有价值的证据信息作为证据使用,客观上保障了办案人员有更多的可用证据。

第二,瑕疵证据规则有助于监察办案中准确认定事实。瑕疵证据与非法证据不同,瑕疵证据在进行有效补正和合理解释后,并不影响其证明价值的发挥,这能够促进监察办案中准确认定事实。

第三,瑕疵证据规则有助于促进监察办案中的实体公正。瑕疵证据规则的适用有助于将更多证据信息纳入监察程序中,有助于促进案件事实的准确认定,这在实体上有助于强化监督问责,严厉惩治腐败,促进监察改革目标的有效实现。

三、瑕疵证据规则在监察案件办理中的理解与适用

瑕疵证据规则的适用涉及瑕疵证据的外延问题、瑕疵证据与非法证据的区分和瑕疵证据的补正和合理解释的限度,具体而言,有以下几个方面。

第一,瑕疵证据的外延问题。瑕疵证据一般指违反法定程序但不属于重大违法、未侵害被调查人和其他程序参与人基本权利所获得的证据。但在一些情形下,违反法定程序获得的证据并不属于瑕疵证据,不允许对之进行补正或者作出合理解释,具体包括以下三种:(1)证据实质内容缺乏,不具备作为刑事证据的基本条件。例如,在一起案件中如果证人缺乏对待证事实的相关认知,即使在询问后形成了询问笔录,在这种情形下也不应认为该"询问笔录"属于瑕疵证据,更不允许对其进行补正和合理解释。(2)证据内容缺乏真实性、可靠性的,不属于瑕疵证据。从证据法原理来看,涉嫌内容虚假、不可靠的证据材料不应当属于瑕疵证据,不允许进行补正和合理解释。(3)程序违法且严重损害被调查人、其他程序参与人的重要权利,所获得的证据不属于瑕疵证据,不应当允许对其进行补正或者合理解释,应当予以排除。如获得翻译权、合适成年人在场权等权利的保障。

第二,瑕疵证据与非法证据的区分。瑕疵证据规则的适用需要明确其与非法证据排除规则的关系,主要是防止随意扩大瑕疵证据补正或合理解释的范围,妨碍非法证据排除规则的有效适用。需要进一步指出的是:首先,非法证据涉及基本权利和重要诉讼权利的保障,而瑕疵证据仅涉及程序瑕疵或轻微程序违法。其次,违法取证不能直接得出证据排除的后果,在其他国家和地区的诉讼制度中也不存在如此严格的证据排除规则,瑕疵证据允许补正或者作出合理解释具有合理性。最后,应当重视非法证据与瑕疵证据的边界。非法言词证据主要关注的是非法取证方法,非法实物证据主要关注是否同时符合了违反法定程序、损害办案公正以及不能作出补正和合理解释三个方面。而瑕疵证据是指取证程序存在瑕疵或轻微程序违法,并且其真实性、可靠性有待进一步查明的证据,对于明确属于虚假证据或者内容不真实的证据禁止补正和作出合理解释。

第三,瑕疵证据进行补正和合理解释的限度。瑕疵证据运用的基本原则是,瑕疵证据可以由相关主体进行补正或者作出合理解释,不能补正或者作出合理解释时应当排除。对于如何理解补正和合理解释,有关文件曾决定,补正是对非实质瑕疵进行补救,合理解释是对取证程序瑕疵作出符合常理及逻辑的解释,[6]这一理解有助于防止实践中可能出现的随意扩大瑕疵证据的范围,混淆瑕疵证据与非法证据,进而损害到非法证据排除规则的运行实效。

典型案例评析

案例4-1 曲某某行贿案[7] | 非法限制人身自由取得的供述应当予以排除

广西壮族自治区柳州市鱼峰区人民检察院指控,2014年2月底的一天,被告人曲某某为获得时任柳州市民政局局长张某(另案处理)的帮助,便在柳州市鱼峰区某地将人民币100万元现金送交张某。随后,张某利用职务之便,向柳州东某投资发展有限公司(以下简称东某公司)打招呼,促使该公司协调安排,将民政部

[6] 2012年《人民检察院刑事诉讼规则(试行)》(已失效)第66条第3款。

[7] 广西壮族自治区柳州市鱼峰区人民法院(2019)桂0203刑初191号刑事判决书。

门的相关施工项目交由曲某某承接。在张某的帮助下,2015 年 1 月 6 日和 2016 年 1 月 11 日,广西冶金建设公司(以下简称冶金公司)与东某公司分别签订了柳州市老年综合服务中心施工合同和柳州军用供应站军供大厦施工合同,曲某某通过挂靠冶金公司,成功获得了上述项目的施工承包权。2018 年 5 月 15 日下午,柳州市鱼峰区监察委员会工作人员将曲某某带至办案场所进行询问。在立案调查前,曲某某主动交代了其行贿的事实。

在该案审理过程中,辩护方提出,部分证据属于非法证据,应当排除,其中包括 2018 年 5 月 16 日和 17 日的两份询问笔录及自书材料。辩护方认为,2018 年 5 月 15 日 18 时 30 分,曲某某被带至鱼峰区监察委员会办案点接受调查后,未曾离开办案单位,直至 2018 年 5 月 18 日被采取留置措施,其间其人身自由受到限制。辩护方指出,2018 年 5 月 16 日的询问笔录长达 14 小时,且未能提供足够证据证明曲某某在此期间有休息或进餐的时间。

法院在庭审中依法启动了非法证据排除程序,审查了证据收集的合法性。经调查,法院认为,2018 年 5 月 15 日下午,柳州市鱼峰区监察委员会工作人员将曲某某带至办案场所,并在询问通知书上取得曲某某签字确认。曲某某在此期间未能离开办案场所,并一直处于配合调查的状态,直至 2018 年 5 月 18 日被依法采取留置措施。法院认为,2018 年 5 月 15 日至 2018 年 5 月 17 日制作的两份曲某某询问笔录及自书材料,违反了《刑事诉讼法》第 56 条和第 60 条的相关规定,属于非法证据,依法应予排除,不能作为该案的定案依据。

| 评　析 |

在该案中,曲某某被指控犯行贿罪,辩护方认为,曲某某在 2018 年 5 月 15 日至 18 日的供述可能是在非法限制人身自由的情况下获得的,因此应当按照法律规定进行排除。根据《监察法》和《刑事诉讼法》的相关规定,法院启动了非法证据排除程序,排除了曲某某在此期间的供述。因此,分析该案中的非法证据排除规则的适用,可以结合《监察法》第 36 条、第 43 条,《刑事诉讼法》第 56 条、第 60 条,以及《严格排除非法证据规定》第 4 条等条文来对该案中的非法证据排除问题展开分析。

《监察法》第 36 条第 2 款、第 3 款规定,“监察机关在收集、固定、审查、运用证据时,应当与刑事审判关于证据的要求和标准相一致。以非法方法收集的证据应当依法予以排除,不得作为案件处置的依据”,同时《监察法》第 43 条规定,“监察机关对职务违法和职务犯罪案件,应当进行调查,收集被调查人有无违法犯罪以及情节轻重的证据,查明违法犯罪事实,形成相互印证、完整稳定的证据链。调查人员应当依法文明规范开展调查工作。严禁以暴力、威胁、引诱、欺骗及其他非法方式收集证据,严禁侮辱、打骂、虐待、体罚或者变相体罚被调查人和涉案人员”,故在办理监察案件的过程中,监察人员不得以威胁、引诱、欺骗及其他非法方式收集证据,且在收集、固定、审查、运用证据时,应当与刑事审判关于证据的要求和标准相一致。该案的调查时间为2018年5月,此时《监察法实施条例》未正式出台,但由于《监察法实施条例》此时尚未出台,对于非法证据的细节规定尚不完备,因此在实际操作中,监察机关必须参照《刑事诉讼法》及相关司法解释的规定,这种做法是《监察法》的精神在没有细化实施条例时的有效延伸,有助于确保监察机关在调查过程中不会违背基本的法律程序要求。《严格排除非法证据规定》第4条规定,“采用非法拘禁等非法限制人身自由的方法收集的犯罪嫌疑人、被告人供述,应当予以排除”,故在监察调查中,也不能采取非法限制人身自由的方法收集证据。具体到该案中,曲某某从2018年5月15日被带到办案场所,直到2018年5月18日才被依法采取留置措施,且其间没有合法手续,其人身自由在较长的时间内受到限制,在此期间所取得的询问笔录及自书材料可以被视为通过非法限制人身自由的方式收集的言词证据,应当依法予以排除。因此,法院严格遵循《监察法》及《刑事诉讼法》的相关规定,对该非法证据进行了排除。该案中法院对相关非法证据的排除,进一步强调了监察机关在进行职务犯罪案件调查时,必须遵循严格的法律程序,不能采取非法手段收集证据。对于监察机关而言,要注意遵守法律程序不仅是案件公正的保证,也是被调查人基本权利的保障。在案件处理过程中,监察机关如果忽视这些程序要求,容易导致证据不合法,最终可能导致收集的证据被排除,甚至可能影响案件的审理效果。因此,该案的判决不仅体现了司法机关对非法证据排除规则的严肃执行,也为其他类似案件提供了操作指导,对监察机关和司法机关如何规范办案、避免滥用权力具有重要示范意义。

案例4-2　任某某行贿罪二审案[8]｜瑕疵证据规则和非法证据排除规则的运用

在任某某行贿案中，一审法院认定，2016年12月至2022年3月，被告人任某某为在承揽工程中寻求帮助、谋取竞争优势、加快工程款结算进度等不正当利益，分别多次向多名公职人员给予财物，折合人民币共计7,676,005.76元。原判据以认定上述事实的证据有：中共西宁市纪律检查委员会出具的转办函，立案决定书，到案经过，留置决定书，延长留置决定书，指定管辖决定书，任某某自书的事实经过书、悔过书，朱某1、达某、赵某及张某1的任免文件，任某某为朱某1购买车辆的记账联、开票通知单、刷卡凭证、整车收费明细表，协助查询财产通知书及中国银行交易明细，姚某、苑某中国银行账户交易明细，广西建工第五建筑工程集团有限公司营业执照正副本，黄某身份证复印件，企业变更通知书，多巴新城主要支沟综合治理一期羊圈沟工程总承包合同及招标备案资料，多巴新城主要支沟综合治理一期标段一（加拉山沟）工程总承包合同及评标报告，城西区2022年城镇老旧小区改造项目建设工程施工合同及中标通知书，西宁市北川湿地公园节制阀坡地、加油站、滨河西路绿化项目招投标资料及合同协议书，西宁市北川湿地公园排洪渠路北延段绿化项目招投标资料及合同协议书，情况说明等书证；证人朱某1、达某、赵某、张某1、姚某、徐某、苑某、张某2、任某、韩某、朱某2、黄某、董某、李某、张某3的证言；被告人任某某的供述等证据。

原判认为，被告人任某某为谋取不正当利益，给予国家工作人员以财物，情节特别严重，其行为已构成行贿罪。其在被追诉前能够主动交代行贿行为，依法可以从轻处罚。其在审查起诉阶段虽自愿签署认罪认罚具结书，但其当庭推翻有罪供述，不能对其适用认罪认罚从宽制度。依照《刑法》、《贪污贿赂案件解释》及《刑事诉讼法解释》的相关规定，判决被告人任某某犯行贿罪，判处有期徒刑12年，并处罚金人民币70万元。

一审宣判后，上诉人任某某提出上诉称：原判认定其构成行贿罪的事实不清、证据不足，其在监察机关的有罪供述系受到疲劳审讯等变相肉刑方式作出，讯问

---

〔8〕　青海省西宁市中级人民法院（2023）青01刑终279号刑事裁定书。

过程缺少同步录音录像,其有罪供述应当作为非法证据予以排除;朱某1不具有承揽工程的职务便利,其未获取不正当利益。综上,建议二审法院发回重审或改判其无罪。其辩护人的辩护意见之一是,监察机关未按照《监察法实施条例》第56条第2款的规定,依法提供讯问任某某时的同步录音录像,西宁市城东区监察委员会出具的关于任某某严重违法案有关证据材料的说明既没有加盖公章,也没有调查人员签名,该份证据严重违法不应予以采信。部分讯问笔录、询问笔录没有调查人员签字,根据城东区监察委员会出具的说明,调查人员事后补签笔录属于篡改证据。

针对上诉人任某某在监察机关的供述是否应当采信的诉辩意见的问题,二审法院指出,根据任某某在监察机关所作的讯问笔录中记载的讯问时间和讯问地点能够证实办案人员均在规定的办案场所对任某某进行讯问,每次讯问时间均未超过3小时,任某某所作笔录和交代材料均经其本人核对并签字捺印。公诉机关在审查起诉阶段对任某某亦进行了讯问,其自愿供述犯罪事实,并明确表示监察机关讯问时不存在刑讯逼供、诱供等非法取证情形。同时,朱某1、达某、张某1、赵某的供述与任某某的供述能够相互印证,故任某某在监察机关的供述应当予以采信。根据《刑事诉讼法解释》第95条的规定,办案人员未签字的询问笔录及讯问笔录已补正并作出合理解释的,可以作为定案依据。综上,上诉人及其辩护人此节诉辩理由不能成立,法院不予采纳。

｜评　析｜

在任某某行贿案中,涉及职务犯罪瑕疵证据规则和非法证据排除规则的运用问题,以下将结合监察法、刑事诉讼法的规定,对瑕疵证据规则的适用进行分析。

第一,瑕疵证据与非法证据的区分。瑕疵证据与非法证据不同,瑕疵证据一般是指违反法定程序但不属于重大违法、未侵害当事人和其他诉讼参与人基本权利所获得的证据,而非法证据是通过严重侵犯被调查人、被追诉人基本权利、重要诉讼权利所获得的证据。监察法中对于非法证据排除作了规定,《监察法》第36条第3款规定:“以非法方法收集的证据应当依法予以排除,不得作为案件处置的依据。”《监察法实施条例》第71条规定:“严禁以暴力、威胁、引诱、欺骗以及非法限制人身自由等非法方法收集证据,严禁侮辱、打骂、虐待、体罚或者变相体罚被调查人、涉案人员和证人。”第72条第1款、第2款规定:“对于调查人员采用暴力、威胁以及非法限制人身自由等非法方法收集的被调查人供述、证人证言、被害人陈述,应当依法予以排除。前款所称暴力的方法,是指采用殴打、违法使用戒具等方法或者变相肉刑的恶劣手段,使人遭受难以忍受的痛苦而违背意愿作出供述、证言、陈述;威胁的方法,是指采用以暴力或者严重损害本人及其近亲属合法权益等进行威胁的方法,使人遭受难以忍受的痛苦而违背意愿作出供述、证言、陈述。"《刑事诉讼法解释》第123条规定:"采用下列非法方法收集的被告人供述,应当予以排除:(一)采用殴打、违法使用戒具等暴力方法或者变相肉刑的恶劣手段,使被告人遭受难以忍受的痛苦而违背意愿作出的供述;(二)采用以暴力或者严重损害本人及其近亲属合法权益等相威胁的方法,使被告人遭受难以忍受的痛苦而违背意愿作出的供述;(三)采用非法拘禁等非法限制人身自由的方法收集的被告人供述。"根据上述规定,该案二审法院认定,监察机关的讯问时间、讯问地点等符合法律规定,并结合公诉机关的讯问情况,认定监察机关不存在刑讯逼供、诱供等非法取证情形,因此不存在非法证据排除规则的适用。

第二,瑕疵证据的补正问题。在该案中,二审辩护人还提出,"西宁市城东区监察委员会出具的关于任某某严重违法案有关证据材料的说明既没有加盖公章,也没有调查人员签名,该份证据严重违法不应予以采信。部分讯问笔录、询问笔录没有调查人员签字,根据城东区监察委员会出具的说明,调查人员事后补签笔录属于篡改证据"。这涉及瑕疵证据如何补正、如何合理解释的问题。根据《监察法实施条例》第68条、第90条等的规定,监察机关在讯问和询问中,应当依照一定的程序要求进行,如讯问应当个别进行,调查人员不得少于二人,首次讯问时,应当向被讯问人出示《被调查人权利义务告知书》,由其签名、捺指印;讯问按照一定的顺序进行;调查人员对被讯问人的辩解,应当如实记录,认真查核;调查人员也应当在讯问笔录中签名。因此,部分讯问笔录、询问笔录缺乏调查人员签字属于瑕疵证据,按照瑕疵证据规则的要求,应当允许调查机关做出补正或者合理性解释,在不能补正和不能作出合理解释时,则应当依法予以排除。在该案中,二审法院根据个案具体情形认定,办案人员未签字的询问笔录及讯问笔录已补正并作出合理解释,可以作为定案依据。

拓展阅读文献

1. 刘善春等:《诉讼证据规则研究》,中国法制出版社2000年版。

2. 樊崇义主编:《刑事证据规则研究》,中国人民公安大学出版社 2020 年版。

3. 卢君:《刑事诉讼中的瑕疵证据研究》,中国检察出版社 2021 年版。

4. 吴国章:《非法证据排除规则实务研究》,法律出版社 2017 年版。

5. 卞建林、杨宇冠主编:《非法证据排除规则实证研究》,中国政法大学出版社 2012 年版。

第五章　监察证据的收集

监察调查程序包括监察调查程序的启动、监察调查措施的实施、监察调查程序的终结。鉴于监察取证规则是对监察证据的收集、审查进行规范,对属于监察调查程序但不是取证工作的事项不作规范,故本章聚焦于监察调查程序中的证据收集程序。鉴于证据的收集是通过调查措施的实施实现的,对取证行为的规范,关键是对取证措施的规范,故监察证据的收集规则实质上是取证措施的使用规则。由于勘验检查、鉴定这两类调查措施不涉及对公民权利的侵扰,故本章仅对谈话、讯问、询问、搜查、扣押、冻结、查封、查询、调取、技术调查措施等 10 种调查措施的使用规则进行介绍。这 10 种措施可分为 3 类:言词证据取证措施、实物证据取证措施、技术调查取证措施。虽然技术调查取证措施与实物证据取证措施所作用的客体存在部分重合,但鉴于技术调查措施的强制性程度比较高,有必要对其单独予以介绍。

第一节　监察案件言词证据的收集

监察机关被赋予的 15 种调查措施中,收集言词证据的措施占了 3 种,包括谈话、询问、讯问。由于这 3 种措施将被调查人或证人作为证据的提供者,是国家权力与公民权利对抗较为激烈的地方,为保障当事人的合法权益,防止产生虚假供述或证言,防止公权力机关滥用权力,有必要制定规则对其予以制约。

一、谈话、讯问、询问三者的关系

国家监察体制改革前,纪检监察机关无论是获得证人证言还是被调查人供述和辩解,采取的措施都是谈话,并无询问或讯问措施。然而,由于被调查人与证人在调查程序中的地位不同,在权利享有上也有所差别。过去纪检监察机关对被调查人、证人等人员不加区分,均适用谈话措施,这既不利于调查取证,也不利于保障被调查人或证人的权利。国家监察体制改革后,参照《刑事诉讼法》中的讯问、询问规定,《监察法》赋予了监察机关谈话、询问、讯问措施。三者在性质上具有相似性,在适用条件、适用对象等方面存在差异。

(一)谈话

谈话不仅是人们在日常生活中的一种交流方式,也是监察机关的一项取证措施。《监察法》第19条规定:"对可能发生职务违法的监察对象,监察机关按照管理权限,可以直接或者委托有关机关、人员进行谈话,或者进行函询,要求说明情况。"此处的"谈话"措施,不是一般的交谈、对话、谈心,而是通过谈话形式了解情况,属于一种取证措施。不过,监察机关可以采取的谈话措施中,有的是取证措施,有的则是非取证措施。纪检监察机关有权采取的谈话措施分为:谈话函询、谈话提醒、诫勉谈话、核查组与相关人员谈话了解情况、审查调查谈话、审理部门与被审查调查人谈话等6类。按照这些措施的使用目的这一标准来划分,可分为监督谈话、调查谈话两类。其中,监督谈话包括谈话提醒、诫勉谈话这两种,它是对问题轻微的监察对象的一种处置方式,具有监督干部、预防腐败的目的。调查谈话包括谈话函询、核查组与相关人员谈话了解情况、审查调查谈话、审理部门与被审查调查人谈话。调查谈话与监督谈话性质不同,但两者又有联系。谈话函询中的谈话既有了解情况的目的,又有通过提醒和警示,起到监督谈话的目的。调查谈话结束后,若纪检监察机关发现被谈话人存在苗头性、倾向性问题,或轻微违纪问题的,可以对其进行监督谈话,作为对问题线索或案件的一种处置方式。由于本章内容为监察取证规则,故本章所介绍的"谈话"措施是指调查谈话措施。监督类谈话程序可参照调查谈话程序进行。

根据《监察法》第19条的规定,监察机关采取谈话措施的适用对象是监察对象,适用的案件类型是职务违法案件,适用阶段不以立案为限,即立案前后均可以采取谈话措施。由于谈话并不是监察机关调查职务犯罪案件所用的措施,所以谈话笔录不能作为刑事诉讼证据使用,谈话笔录中若涉及被调查人涉嫌职务犯罪的问题,需要作为证据使用的,应进行相应的证据转换程序。另外,纪委也有权采取谈话措施,且谈话措施是纪委收集言词证据的唯一措施。监察机关尽管与纪委合署办公,但在调查职务违法案件中,需要对监察对象采取谈话的,应以"监委"名义进行。

（二）讯问

关于“讯问”，《监察法》第 20 条第 2 款规定，“对涉嫌贪污贿赂、失职渎职等职务犯罪的被调查人，监察机关可以进行讯问，要求其如实供述涉嫌犯罪的情况”。根据该条规定，讯问的机构主体是监察机关，且由于纪委不能采取“讯问”措施，监察机关尽管与纪委合署办公，采取讯问措施也须以“监察机关”的名义进行；讯问的适用对象是被调查人、涉案人员；适用的案件是职务犯罪案件。由于讯问是调查职务犯罪案件的措施，所以讯问笔录可以在刑事诉讼中作为证据适用。与谈话、询问不同，讯问只能在被调查人涉嫌职务犯罪时才能适用，否则不得对被调查人采取讯问措施。为限制讯问措施的适用，讯问应在立案后进行，理由是，在立案前，被调查人是否涉嫌职务犯罪并不完全清楚，不一定能达到采取讯问的条件。

（三）询问

《监察法》第 22 条规定：“在调查过程中，监察机关可以询问证人等人员。”由于监察机关在调查职务违法和职务犯罪这两类案件时都需要收集证人证言，在立法尚未界定适用条件的情况下，询问措施既可被用于调查职务违法案件，也可被用于调查职务犯罪案件。询问笔录涉及职务犯罪的内容，可以作为证据移送检察机关审查起诉。并且，由于监察机关的调查程序包括立案前的初步核实、谈话函询，以及立案后的审查调查，每一个阶段都可能涉及向证人等人员了解情况、收集证据，因而需要采取询问措施。因此，询问的实施并不以立案为限，在立案前后均可适用。

根据《监察法》第 22 条的规定，询问的对象是“证人等人员”。对此，首先，需要界定“证人”的范围。由于证人的作证资格是刑事审判对证人证言的要求，故《监察法》中的“证人”资格应与《刑事诉讼法》第 62 条的规定一致。结合《刑事诉讼法》第 62 条的规定，监察机关办理的案件中的“证人”是指除被调查人、被害人以外的知道案件情况的人。在职务违法或职务犯罪案件中，“证人”有很多种，既可能是涉案人员，比如行贿人，也可能是与案件无关联的知情人；既可以是利益相关人，也可以是利益无关人。[1] 在共同职务违法或职务犯罪案件中，同案的被调

〔1〕《〈中华人民共和国监察法〉案例解读》，中国方正出版社 2018 年版，第 190 页。

查人不能互为证人,其供述涉及同案其他被调查人的,性质上属于被调查人的供述。[2] 对这类人员应使用讯问或谈话措施。其次,需要界定“等人员”的范围。根据《监察法》第22条的文义,显然“等人员”不包括证人。由于《监察法》针对被调查人供述和辩解的收集,分别规定了讯问和谈话措施,两者适用的对象都是“被调查人”,因而“等人员”也不包括被调查人。鉴于侦查机关收集证人证言、被害人陈述,采用的都是询问措施,“等人员”可理解为“被害人”。综上,监察机关询问措施的适用对象可界定为证人、被害人。

(四)谈话、询问、讯问措施的区别与联系

根据分析,监察机关可以采取的谈话、询问、讯问都属于收集言词证据的措施,性质上存在一定的相似性。但这三个措施在以下方面存在一定的差异:(1)在适用案件方面,谈话仅适用于职务违法案件,讯问仅适用于职务犯罪案件,询问适用于职务违法、职务犯罪这两类案件。(2)在适用对象方面,谈话仅适用于监察对象,询问适用于证人、被害人,讯问适用于被调查人、涉案人员。(3)在适用阶段方面,谈话、询问的实施不以立案为限,讯问须在立案后才能进行。(4)在笔录的证据能力方面,谈话笔录仅在职务违法案件中可以作为证据使用,谈话笔录涉及被谈话人涉嫌职务犯罪的内容若需要在刑事诉讼中作为证据使用,需要经一定的证据转换程序;询问笔录涉及职务犯罪的内容,可以在刑事诉讼中作为证据使用;讯问笔录可以在刑事诉讼中作为证据使用。

(五)谈话规则、讯问规则、询问规则之间的关系

在实施程序方面,《监察法》关于这三个措施的规定基本一致,但内容不够具体。有必要对这三个措施的使用规则予以细化。根据监察机关职务违法取证规则、职务犯罪取证规则“同中有异”的关系,这三个措施的实施程序规定应大体相同,仅有部分差异。这种差异表现为两个方面:一方面,讯问规则应比谈话规则更严,这是因为讯问是调查职务犯罪案件的措施,使用规则除了要符合《监察法》的有关规定,还应符合刑事审判关于犯罪嫌疑人供述和辩解的要求和标准。另一方面,讯问、谈话规则与询问规则应存在一定差异,这是因为讯问、谈话与询问的适用对象不同,相应的权利保障也存在一定的差异。此外,鉴于监察机关职务犯罪取证规则与侦查取证规则属于“同中有异”的关系,监察讯问规则与侦查讯问规则

---

〔2〕《监察机关15项调查措施学习指南》,中国方正出版社2018年版,第14页。

也应是“同中有异”的关系。《监察法》有关“讯问”的规范借鉴了纪律检查机关监督执纪工作中的做法和《刑事诉讼法》的有关规定，但同时存在一定的差异。不过，这种差异须受到《宪法》的规范，同时要符合监察机关的“廉洁”价值理念。

二、谈话（询问、讯问）的主体

取证主体的适格性是取证合法性的要求之一。同时，取证主体一定程度决定着所取证据的质量。故言词证据取证规则有必要对谈话（询问、讯问）的主体作出规定。

根据《监察法》第19条的规定，谈话的主体既可以是监察人员，也可以由监察机关“委托有关机关、人员”进行，即“委托被谈话人所在机关、组织、企业等单位（党组）主要负责人”[3]。委托被谈话人所在单位（党组）主要负责人谈话，应尽量限于监督类谈话，理由是由党委（党组）负责人对被谈话人进行监督类谈话，是党委（党组）承担全面从严治党主体责任的体现，并且这类谈话并非取证措施，对谈话主体的谈话能力并无要求。对于调查取证类谈话，应由监察机关人员（相关负责人或者承办部门负责人）进行，原因是这类谈话关乎被谈话人的重要利益，应由受过专业训练的谈话主体进行，以保障被谈话人不被错误地追究责任。

与谈话措施不同，《监察法》没有规定可委托有关机关、人员进行讯问，讯问的主体是调查人员，这主要是考虑到讯问的对象是“涉嫌贪污贿赂、失职渎职等职务犯罪的被调查人”，讯问笔录是作出处置、审查起诉和刑事审判的重要证据。[4]询问的主体应是监察机关人员，因为询问是监察机关的调查措施，非监察机关的人员因没有法律授权而不具有适格性。

为便于相互配合、相互制约，谈话（询问、讯问）应坚持“二人原则”，即谈话人数不得少于2人。

三、谈话（询问、讯问）的审批程序

（一）谈话的审批程序

《中国共产党纪律检查机关监督执纪工作规则》（以下简称《监督执纪工作规

〔3〕 中共中央纪律检查委员会法规室、中华人民共和国国家监察委员会法规室编写：《〈中华人民共和国监察法〉释义》，中国方正出版社2018年版，第127页。

〔4〕 《监察机关15项调查措施学习指南》，中国方正出版社2018年版，第9页。

则》)第40条第1款明确规定:“审查调查组可以依照党章党规和监察法,经审批进行谈话……等措施。”无论是立案前的谈话,还是立案后的谈话,都需要经审批。实践中,中央纪委国家监委实施谈话时,根据被谈话人的职级,采取了“差别化审批”模式:(1)与正省部级以上干部谈话,按照有关规定报批;(2)与副省部级干部谈话,报中央纪委书记、主持日常工作的副书记(国家监委主任)审批;(3)与非中管厅局级干部谈话,报中央纪委国家监委分管领导审批;(4)与其他人员谈话,报承办部门主要负责人审批。地方纪检监察机关可参照上述模式,确定审查调查谈话的审批程序。

(二)讯问的审批程序

讯问应在立案后进行。由于监察机关立案时,已履行了相应审批手续,讯问并不会对被调查人基本权利有额外干预,无须再采取审批手续。不过,对于移送检察机关审查起诉的案件,需要退回补充调查的,监察机关在调查中有时也需要对被羁押的犯罪嫌疑人、被告人进行讯问,此时无须经立案程序,但同样需要采取审批程序。由于退回补充调查中的讯问是补充调查的附随行为,滥用讯问的风险较低,故其审批程序应低于立案的审批程序。对此,监察机关讯问被羁押的犯罪嫌疑人、被告人,可规定只需经承办部门主要负责人审批,调查人员持介绍信商有关案件主管机关协助办理即可。

(三)询问的审批程序

与谈话措施一样,监察机关采取询问措施不以立案为限,立案前的谈话须经审批。由于询问的对象是证人等人员,适用条件比较宽,涉及的证人比较多,如审批程序过严,不利于开展询问。而谈话的对象是监察对象,关乎被谈话人的重要利益。因此,询问的审批程序应简于谈话的审批程序。具体如下:(1)询问同级党委管理的正职领导干部,报监委主要负责人审批;(2)询问同级党委管理的副职领导干部,报监委分管领导审批;(3)询问其他人员,报承办部门主要负责人审批。

四、谈话(询问、讯问)的实施程序

(一)讯问、谈话的实施及笔录制作

讯问是监察机关调查职务犯罪案件的措施。监察采取讯问措施时应采取“双重遵循模式”——既要遵循《监察法》第44条的规定,又应当符合刑事审判对被调查人供述和辩解的要求和标准。监察讯问的实施程序可规定如下:(1)调查人员采取讯问,应当依照规定出示证件,出具书面通知。(2)讯问应当个别进行。(3)首次讯问时,应当向被讯问人出示《被调查人权利义务告知书》,让其在权利义务告知书上签名、捺指印。被讯问人拒绝签名、捺指印的,调查人员应当在文书上记明。被讯问人未被限制人身自由的,还应当在首次讯问时向其出具《讯问通知书》。(4)讯问时,应当告知被讯问人认罪认罚从宽的法律规定。

讯问笔录是对被调查人庭前供述和辩解的固定与保全,本身不是证据,而是记载庭前供述和辩解的载体,或传闻证据的载体。《刑事诉讼法解释》第96条第2款规定:"被告人庭审中翻供,但不能合理说明翻供原因或者其辩解与全案证据矛盾,而其庭前供述与其他证据相互印证的,可以采信其庭前供述。"该规定事实上承认符合要求的讯问笔录具有作为证据使用的资格。同时,为保障庭前供述的自愿性和真实性,刑事审判对讯问笔录的制作提出了相应要求和标准。监察机关在制作讯问笔录时,应参照这些要求和标准。另外,监察机关可要求被调查人书写自书材料,被调查人也可主动要求书写自书材料。根据《人民法院办理刑事案件第一审普通程序法庭调查规程(试行)》第50条的规定,被告人的自书材料若与相关证据印证,且被告人对当庭供述不能作出合理解释的,可被采信。因此,被调查人书写的自书材料可以作为证据使用,但同样需要遵守一定规范:(1)被调查人对自书材料逐页签名、捺指印,并注明日期。调查人员收到被调查人自书材料后应当注明收到时间并签名。(2)讯问笔录均应入卷,对于讯问笔录应当入卷而没有入卷的,应出具相关说明。移送审查起诉的讯问笔录应仅涉及被调查人涉嫌犯罪的信息,不应涉及有关被调查人涉嫌职务违法或违纪的供述和辩解。

鉴于谈话与讯问性质类似,谈话程序与讯问程序应大体一致,某些要求可比讯问程序低。由于监察讯问程序并未赋予被讯问人过多的权利保障,按照"就高不就低"的标准,谈话程序可参照讯问程序进行,在某些方面可保留一些差异。谈话笔录制作可参照讯问笔录的制作要求。

(二)询问的实施及笔录制作

与讯问一样,监察机关采取询问措施,同样需要遵循《监察法》第44条的规定,同时符合刑事审判关于证人证言的要求和标准。鉴于《监察法》第44条关于讯问、询问的程序规定一样,监察机关采取询问措施时应参照讯问实施程序中的第1~3项进行。此外,根据《刑事诉讼法解释》的规定,监察机关询问特殊证人应有专门的保障。为避免询问笔录因存在瑕疵而面临被要求对询问笔录瑕疵内容进行补正或作出合理解释,甚至证人证言被排除的不利后果,监察机关的询问笔录应符合《刑事诉讼法解释》第 87 条、第 90 条关于询问笔录的要求和标准,具体有以下几个要求:(1)询问笔录上应载明相关内容,证明首次询问时,监察机关已告知证人有关作证的权利义务和法律责任。(2)注明询问的起止时间和地点。(3)询问笔录应由参与询问的询问人、记录人签名,不得请人代签。(4)询问结束后,询问笔录应经被询问人(证人)核对确认并签名,没有阅读能力的,应当向他宣读。被询问人有权对询问笔录提出修改或补充,并在笔录修改或补充处捺指印。(5)证人有权自行书写证词,调查人员应当准许。证人应在亲笔证词的末页签名。调查人员收到证人材料后应当注明收到时间并签名。

(三)其他程序性保障

为保障被调查人、证人的合法权益,确保被调查人供述、证人证言的任意性、真实性,监察机关采取谈话(询问、讯问)措施时,应当全程录音录像,不得违反有关谈话(询问、讯问)时间和时长的规定,并保障被调查人饮食、休息,提供医疗服务,确保其安全,并在必要时对证人提供保护。

五、谈话(询问、讯问)的场所

(一)谈话场所

谈话分为立案前的谈话和立案后的谈话。立案前的谈话,场所应在监察机关的谈话场所。立案后的谈话,要区分被谈话人是否被留置。若被谈话人已被留置,则谈话场所在留置场所;若被谈话人未被留置,则谈话场所应在留置场所之外的谈话场所,以体现留置措施适用的比例原则。

(二)讯问场所

在刑事诉讼中,讯问场所法定是规范讯问的内容之一,没有在规定的讯问场所讯问,将面临证据被排除的法律后果。我国《刑事诉讼法》第 118 条、第 119 条规定了不同情形下的讯问场所,即对被逮捕、拘留的犯罪嫌疑人进行讯问,应在看守所进行;对不需要逮捕、拘留的犯罪嫌疑人进行讯问,讯问场所可以在被讯问人所在市、县指定地点,被讯问人所在住处或犯罪现场。《监察法》对讯问场所没有作明确规定。不过,由于监察讯问是在立案后进行,适用对象是涉嫌贪污贿赂等职务犯罪的被调查人,而留置的条件之一是被调查人涉嫌严重职务违法或职务犯罪,因而,对符合留置条件且被留置的被调查人进行讯问,应在留置场所进行,不得在留置场所以外的地方进行。然而,涉嫌职务犯罪的被调查人不一定符合留置条件,或不一定需要被留置,对于不需要采取留置措施的涉嫌犯罪的被调查人进行讯问,显然不能在留置场所进行,但应在哪讯问,立法没有明确。对于这种情况,实践中的做法不一。对未被留置的被调查人进行讯问,讯问地点应在留置场所之外的专门讯问场所。如果通过讯问,发现被调查人需要被留置,应按照规定办理留置手续,在留置场所讯问被调查人。此外,对于案件移送审查起诉后,需要退回补充调查的,监察调查人员需要讯问犯罪嫌疑人的,讯问场所应在看守所。

(三)询问场所

我国《刑事诉讼法》第124条对询问场所及相应的法律程序作了规定。并且,根据《刑事诉讼法解释》第90条的规定,“询问地点不符合规定”是证人证言的瑕疵之一,不能补正或者作出合理解释的,不得作为定案的根据。监察机关应遵循刑事审判关于询问场所的要求和标准,以免因询问证人的场所不符合要求而被视为存在瑕疵。为此,一种最好的方式便是参照《刑事诉讼法》第124条的规定,同时结合监察工作的自身特点,明确监察调查人员询问证人的场所要求,即“询问证人可以在调查现场进行,也可以到证人所在单位、住处或者证人提出的地点进行。在必要的时候,可以通知证人到监察机关提供证言。在现场询问证人,应当出示工作证件。到证人所在单位、住处或者证人提出的地点询问证人,应当出示监察机关的证明文件。到证人提出的地点进行询问的,应当在笔录中载明”。

需要指出的是,根据《监察法》第24条的规定,留置的适用对象是涉嫌严重职务违法或职务犯罪的被调查人、涉嫌犯罪的行贿人及共同职务犯罪的涉案人员,而行贿人或涉案人员均属于同案被调查人,不属于证人。因而,除非为保护证人需要,不得限制证人的人身自由。

第二节 监察案件实物证据的收集

查询、调取、搜查、查封、扣押、冻结等6项调查措施的一个共同点在于,它们均是收集、固定物证、书证、视听资料、电子数据等实物证据的措施。当然,收集实物证据的措施还包括技术调查措施,但由于其仅是对电子数据的收集,并涉及对公民隐私权的干预,故有必要单独予以研究。查询、调取通信信息,扣押邮件、电报，属于对宪法所保障的公民通信自由权、隐私权的干预，在性质上相当于技术调查措施，应按技术调查程序实施，受技术调查取证规则所规范。

一、查询规则

（一）查询的客体

《监察法》第26条第1款第1句规定："监察机关调查涉嫌贪污贿赂、失职渎职等严重职务违法或者职务犯罪，根据工作需要，可以依照规定查询、冻结涉案单位和个人的存款、汇款、债券、股票、基金份额等财产。"监察机关的"查询"措施，是对任何信息或资料的查询，而是限于对涉案财产的查询，适用对象是有关单位和个人（被调查人、涉案人员及涉案单位）。对非涉案财产的其他证据材料，如文件、资料、财务账目、电子数据等信息的收集，监察机关应使用调取等其他措施。对通信信息的查询，由于其性质属于技术调查，应依法采取技术调查措施。

查询与冻结的客体相同，均是涉案财产。查询是发现、收集证据的手段。不过，查询不涉及对财产权的限制。若需要对财产权予以限制，则应采取冻结手段。冻结一定是在查询基础上根据需要对查询物的后续处分，是为了防止涉案单位和个人伪造、隐匿、毁灭证据，或者提取、转移财产。由于查询、冻结之间的紧密关系，《监察法》以及之前规范纪检监察机关职权的法规均将二者放在一起予以规定。不过，查询属于证据发现措施，而冻结与查封、扣押一样都属于证据保全措施。

（二）查询的适用条件

查询的客体是涉案单位和个人在银行或其他金融机构的财产，除法定情形外，银行或其他金融机构对客户，具有保守秘密的义务。为对抗这种义务，客户以外的单位和个人若要查询客户的财产应满足较高的要求，一般是为犯罪调查需要。对此，检察机关、公安机关只有在侦查犯罪时才能查询犯罪嫌疑人的存款、汇款等财产。根据《监察法》第26条的规定，监察机关采取查询措施的条件与冻结一样，需满足被调查人"涉嫌贪污贿赂、失职渎职等严重职务违法或者职务犯罪"这一涉案要件，而严重职务违法几乎相当于职务犯罪的程度。可见，查询的适用条件比采取调取、查封、扣押措施的门槛还高。

此外，监察机关使用查询措施须出具监察机关文书，不得以纪委名义或纪委监委名义实施。原因在于，查询是《监察法》赋予监察机关的调查措施，且仅适用于职务违法或职务犯罪案件，而纪委尽管与监察机关合署办公，但没有使用查询措施的法律授权。

（三）查询的审批程序

目前，监察机关查询财产，按照以下程序审批：(1)查询同级党委管理的正职领导干部财产，报监委主要负责人审批；(2)查询同级党委管理的副职领导干部财产，报监委分管领导审批；(3)查询前两项规定以外的人员、单位财产，报承办的监督检查部门、审查调查部门主要负责人审批。查询仅是获得涉案单位或个人财产信息的手段，不涉及对查询对象的财产所有权或占有权的处分，审批程序应从简，过于复杂的审批程序不仅没必要，还影响工作效率。对于查询到的财产，需要进行冻结的，由于涉及对权利人财产权的限制，应从严审批。为此，监察机关实施查询宜一律由监委分管领导（副主任）审批。审批主体应就查询的必要性及查询对象、范围与案件待证事实的关联性进行审查。

（四）查询的实施程序及要求

查询的涉案财产存放在银行或其他机构，因而，监察机关查询财产需要银行或其他机关协助配合、执行，相关单位和个人有配合的义务。在实施程序方面，监察机关查询涉案财产，应当出具《协助查询财产通知书》，交有关单位执行。

为防止查询措施滥用，查询的对象须明确。为此，《协助查询财产通知书》应写明被查询对象的具体信息。具体言之，在《协助查询财产通知书》中应当填写查询账号、查询内容等信息。没有具体账号的，应当填写足以确定账户或者权利人的自然人姓名、身份证件号码或者企业法人名称、统一社会信用代码等信息。

调查人员可以根据需要对查询结果进行打印、抄录、复制、拍照，要求相关单位在有关材料上加盖证明印章。对查询结果有疑问的，可以要求相关单位进行书面解释并加盖证明印章。同时，调查人员不得查询与案件调查工作无关的信息。

二、调取规则

（一）调取的性质

调取措施是人民法院、人民检察院和公安机关的一种取证措施，调取措施也是监察机关享有的15项调查措施之一。《监察法》第18条关于“监察机关行使监督、调查职权，有权依法向有关单位和个人了解情况，收集、调取证据”的规定为监察机关采取调取措施提供了法律依据，该法还在“监察程序”一章中规定了调取措施的实施程序。不过,监察机关的调取措施并非源自《刑事诉讼法》,也不是《监察法》新创设的措施。在《监察法》颁布实施前,纪委或行政监察机关在查办违纪违法案件时,尽管被赋予的调查措施中没有叫作"调取"的措施,但实质上有权行使在性质上与"调取"一样的措施。《监察法》规定的"调取"措施是对过去纪检监察机关的相关实践经验的立法确认,赋予了调取措施更强的合法性和权威性。

调取是对有关单位和个人持有的与案件有关的证据材料的收集和固定,涉及查阅、复制、抄录等附随行为,既是一种证据收集措施,也是证据保全措施。根据《监察法》的规定,"监察机关……向有关单位和个人了解情况,收集、调取证据,有关单位和个人应当如实提供……不得伪造、隐匿或者毁灭证据",否则,有关人员将面临"由其所在单位、主管部门、上级机关或者监察机关责令改正,依法给予处理"的法律后果。因而,调取措施是一种强制获得信息资料的调查措施。不过,调取不产生对人身和财产的强制力,不涉及对权利人对被调取物的所有权或占有权的剥夺或限制,强制程度低于搜查、查封、扣押、冻结措施。根据比例原则,"在发现有关单位和个人持有与案件有关的证据时,应优先使用'调取证据'"[5],而不首先使用搜查,只有在前者达不到效果时,才运用其他强制性取证措施。如果涉及对取证对象权利的侵害,则应当采取扣押、查封、冻结措施。

在我国,无论是根据《刑事诉讼法》的规定,还是根据《监察法》的规定,调取均是独立于扣押的取证措施。

监察机关向持有证明被调查人有无犯罪或罪轻罪重的证据的单位或第三人调取证据,且有关单位和个人须如实提供,是建立在这样一种假设上的,即协助办案机关查明真相,维护公共利益是单位和第三人的义务。因而,调取措施创设的目的是提升取证效率和权威性,服务于求真。然而,这一措施由于具有一定的强制性,涉及对相关单位的工作秘密、个人隐私的干预,并与"不得强迫自证其罪"原则存在冲突,因而需要对其适用条件、程序等进行规范,以在"求真"与"求善"之间求得平衡。

(二)调取的适用条件

我国侦查机关、检察机关是在侦查犯罪案件时采取调取措施。与此形成鲜明对比的是,监察机关采取调取措施的条件则过于宽泛,在调查职务违法案件时也

---

〔5〕 闾刚:《论侦查实务中的调取证据》,载《四川文理学院学报》2014 年第 1 期。

可采取调取措施。并且，监察机关在立案前的初核阶段就可采取调取措施。由于调取涉及对被调查人甚至第三人个人信息的强制取得，涉及对个人隐私的侵犯，为避免对个人隐私权的恣意侵犯，可以根据调取的信息种类的不同实行“差别化”的适用条件。其中，监察机关对通信信息的调取，由于涉及对公民通信自由、通信秘密的干预，应按技术调查措施的程序审批，经批准后，交由公安机关执行。对于被调查人基本资料的调取，如户籍、银行账户、车辆、房产等，可放宽适用条件，在调查职务违法或职务犯罪案件时均可以适用，理由是这些信息具有确认身份之功能，这些信息在形成时，不具有隐秘性，因而不具有客观上或主观上之合理隐私期待。无论是调取什么信息，都应有一定的证明标准，可采用“合理理由”和“必要性”的双重标准。

（三）调取的审批程序

鉴于监察机关调取措施的客体范围广，对于调取单位的资料，或个人隐私性不强、没有合理隐私期待的资料，如机构的会议纪要、文件，个人房产、住房、车辆等在登记机关有登记信息的，审批主体可以为同级监委副主任（分管领导）；对于调取隐私性强、有合理隐私期待的个人资料，如个人有关事项报告材料，应当报同级监委主要负责人审批；调取通信信息等不用在登记机关登记的信息，应当按照技术调查措施的程序进行审批。另外，调取对象的级别越高，审批主体的层级也相应越高。调取的审批手续具体可规定如下：（1）调取同级党委管理的正职领导干部的个人有关事项报告材料，报同级监委主要负责人审批；（2）调取同级党委管理的正职领导干部以外人员的个人有关事项报告材料，应当报同级监委分管领导审批；（3）调取同级党委管理的干部的人事档案、人口户籍信息、婚姻登记信息、房产车辆信息等个人信息资料，应当报监委分管领导审批。

监察人员应严格按照审批列明的调取范围调取证据，不得随意扩大调取范围，对其他任何与案件无关的财物、文件、电子数据都不得调取，否则就是对公民合法权益的侵犯。

（四）调取的实施程序及要求

为确保调取获得的证据与刑事审判关于证据的要求和标准相一致，调取应参照刑事审判对证据的要求。由于调取的证据主要是物证、书证、视听资料和电子数据，为确保调取的证据能在刑事诉讼中作为证据使用，监察机关采取调取措施时，应遵循《监察法》第28条的规定，并按照刑事审判对物证、书证等实物证据的要求和标准,确立实施调取的程序性规定。具体言之,第一,调取证据材料时,调查人员不得少于2人。调查人员应当依法出具《调取证据通知书》,必要时附《调取证据清单》。有关单位和个人配合监察机关调取证据,应当严格保密。第二,应当制作调取笔录。笔录写明制作人、持有人的身份,制作的时间、地点、条件和方法。第三,对书证、视听资料、电子数据,应当调取原件。取得原件确有困难或者因保密需要不能调取原件的,可以调取副本或者复印件,但应书面记明不能调取原件、原物的原因,制作过程和原件、原物存放地点,并由制作人员和原书证、视听资料、物证持有人签名或者盖章。持有人无法签名、盖章或者拒绝签名、盖章的,应当在笔录中记明,由见证人签名。第四,调取外文材料作为证据使用的,应当交由具有资质的机构和人员出具中文译本。中文译本应当加盖翻译机构公章。第五,调取的财物、文件,监察机关应当设立专用账户、专门场所,确定专门人员妥善保管,严格履行交接、调取手续,定期对账核实,不得毁损或者用于其他目的。对价值不明物品应当及时鉴定,专门封存保管。并且,"调取的物证、书证、视听资料等原件,经查明与案件无关的,经审批,应当在查明后三日以内退还,并办理交接手续"。

三、搜查规则

(一)搜查概述

我国《刑事诉讼法》第136条将搜查定义为:"为了收集犯罪证据、查获犯罪人,侦查人员可以对犯罪嫌疑人以及可能隐藏罪犯或者犯罪证据的人的身体、物品、住处和其他有关的地方进行搜查。"可见,刑事搜查(搜索)是一种取证措施和强制处分措施,适用对象一般包括人、物品、住所和其他有关地方。《监察法》第27条将搜查定义为:"监察机关可以对涉嫌职务犯罪的被调查人以及可能隐藏被调查人或者犯罪证据的人的身体、物品、住处和其他有关地方进行搜查。"监察搜查与刑事搜查性质一样,目的是发现犯罪的证据,涉及对被搜查人的人身自由权、住宅权等宪法权利的干预。

相较于《刑事诉讼法》、相关司法解释,《监察法》对搜查措施的规定较少,有必要构建更完善的搜查规则。

(二)搜查的适用条件

根据《监察法》第27条的规定,搜查适用的案件是职务犯罪案件。此外,由于《监督执纪工作规则》规定监察机关在初步核实阶段可以实施的措施中不包括"搜查”措施，且仅在“审查调查”这一章规定了监察机关审查调查组可以使用搜查措施，因此，监察机关只能在立案后才能采取搜查措施，在立案前的初步核实阶段，不得采取搜查措施。然而，监察立案仅表明有证据证明被调查人涉嫌职务违法犯罪，需要追究法律责任，意味着监察机关对被调查人调查的正式启动，但这并不必然需要对具体人或物进行搜查。由于搜查的启动缺乏一定的证据门槛，没有体现搜查措施适用的比例原则，因此尽管有严格的审批程序，但仍容易出现恣意启动，从而侵害公民基本权利的风险。

在我国，由于监察搜查在立案后才能实施。一旦立案，监察机关实施搜查所需要的“犯罪行为已实施”这一实质要件已存在。然而，有证据证明被调查人实施了犯罪行为，并不意味着所要搜查的人或地点藏有证明被调查人犯罪的证据。实践中，由于职务犯罪案件大多没有犯罪现场，除非获得被调查人的供述，否则很难有相当理由相信拟搜查的地方藏有足以证明被搜查人犯罪的证据。被调查人尽管享有许多程序权利，但仍负有忍受强制处分之义务，为求取打击腐败与保障被调查人权利之间的平衡，对被调查人的搜查的启动条件不宜采纳“相当理由”的标准，可以“有助于调查犯罪为必要”为宜。不过，对于第三人及其处所的搜查的启动条件则应更严格，理由是第三人不同于被调查人，无忍受公权力机关施加强制处分的义务，因而应以存在“相当理由”相信第三人的身体或其处所或其所使用、占有的其他任何地方藏有证明被调查人有罪的证据时，才能实施搜查。

（三）搜查的限制

对搜查对象、范围进行限制，旨在约束公权力机关的搜查权限，更好地保护公民的权利或是特定行业的职业秘密。《监察法》第 27 条第 2 款对搜查女性身体作了限制性规定，要求搜查女性身体，应由女性工作人员进行。这一规定借鉴了《刑事诉讼法》中的有关规定，是文明执法理念的体现，也是“对女性的特殊保护，防止在搜查时出现人身侮辱等违法行为，确保被搜查女性的人格尊严和人身安全不受侵犯”[6]。

在搜查时间上，我国《刑事诉讼法》《监察法》中并没有禁止夜间搜查的规定。实践中，监察机关实施搜查，很多时候是在晚上进行，这主要是为了保密，减少给被搜查人的邻居或同事造成干扰，但这样做的弊端是对被搜查人的权利造成的侵

〔6〕 中共中央纪律检查委员会法规室、中华人民共和国国家监察委员会法规室编写：《〈中华人民共和国监察法〉释义》，中国方正出版社 2018 年版，第 141 页。

害较大,且由于是夜间搜查,见证人看不清监察人员的搜查情形,容易造成搜查权的滥用。对于监察机关而言,可考虑以日间搜查为原则,夜间搜查为例外。对第三人的搜查一般应在日间进行,如有合理理由可夜间搜查,但须在搜查笔录中记明合理理由。

在搜查场所上,我国《刑事诉讼法》《监察法》均未作限制。对搜查的处所进行限制,有利于保护特定职业的秘密,维护特定的社会关系。监察机关有必要在发现真相的过程中,适当兼顾"求善"的价值,对特定场所的搜查进行一定的限制。具体而言,对军事机关或军人居住的处所进行搜查,可提请军事机关监察机构进行;对特定行业人员及其处所的搜查,如律师、医生、牧师、公证人员、记者,应有行业协会或主管部门的代表到场,作为见证人。对搜查中发现的职业秘密应予以严格保密,除用于案件调查和其他法律程序外,不得另作他用。此外,作为对公民隐私权的强制处分措施,搜查的实施应遵循比例原则,即除非搜查为最后必要之手段,否则不得轻易启动搜查。针对抗拒搜查者,可以用强制力搜查,但不得逾越必要程度。

(四)搜查的审批程序

根据《监察法》第27条的规定,监察机关进行搜查时,应当出示搜查证。这一规定比较笼统,对于搜查证的审批程序、审批主体、搜查证的内容等未予以明确,有必要对上述事项予以明确。

1. 搜查证的审批程序

在我国,侦查机关实施调查所须出示的搜查证由县级以上公安机关负责人而非法院批准,检察机关实施搜查的搜查证由检察长签发。对于监察机关的搜查证的签发机关,尽管《监察法》未予以明确,但根据《监督执纪工作规则》第39条关于"纪检监察机关主要负责人应当主持召开由纪检监察机关相关负责人参加的专题会议,研究批准审查调查方案"的规定可知,包括采取搜查措施在内的审查调查方案的签发主体是监察机关主要负责人,这与公安机关、检察机关一样,其性质都属于内部"行政审批",而非司法审查。

2. 搜查证的审批主体

目前,国家监委采取搜查措施实行的是"分级审批"模式,即搜查对象为副国级以上干部,按照有关规定报批;搜查对象为省部级干部,报中央纪委书记、主持日常工作的副书记(国家监委主任)审批;搜查其他人员的,报中央纪委国家监委分管领导审批。根据干部管理权限,国家监委的监察对象是中管干部,但在案件调查中可能涉及非中管干部,实施搜查措施前,根据被搜查人的级别实行"分级审批"比较合理,这样可兼顾监督权力运行与保证案件效率的双重目的。不过,鉴于搜查措施是一项对人身权、财产权侵犯程度较高的措施,对于省级以下监察机关而言,无论搜查对象是谁,搜查证均应由同级监委主任签发。具体审批程序为监委主任须主持召开由纪检监察机关相关负责人参加的专题会议,研究批准搜查。

3. 搜查证的内容

针对被调查人的搜查,应以"必要性"作为批准标准;针对第三人的搜查,应以"相当理由"作为批准标准。为使搜查的审批走向实质化,监察调查人员在呈报采取搜查措施的请示时,应附上相应证据或线索,证明拟搜查的人或处所可能存在与证明犯罪行为相关联的证据,由审批主体审查是否达到法定的标准。此外,搜查证应尽可能载明相关事项,从而避免搜查扣押遭到滥用,确保搜查对基本权利的侵犯有一定程度的限制并使措施可估测、可控制。而且,搜查对象不特定或不明确,不利于确保经搜查所收集的证据与待证事实相关。尽管我国《监察法》第27条规定监察机关进行搜查时,应当出示搜查证,但对搜查证是否应载明相关事项,并未明确。事实上,我国《刑事诉讼法》及相关司法解释也未对搜查证的内容作规定。

监察机关的搜查证上应至少载明以下事项:案由、被搜查人信息、搜查具体场所、搜查人员、有效期限等。关于搜查证的有效期限,原则上为7个工作日,超过期限如需再搜查,须重新申请搜查证。当然,考虑到在搜查阶段,由于掌握的证据不多,要将所搜查的对象和范围在搜查证中全部予以载明,有时并不现实,但仍应努力将相关事项予以特定化。若搜查证的内容不明确,监察机关负责人可不予签发搜查证。另外,根据《监督执纪工作规则》第39条第4款关于不得擅自更改审查调查方案的总体要求,调查人员应严格按照搜查证列明的事项进行搜查,不得擅自更改搜查对象和范围;若需要改变搜查对象和范围,须先请示调查组组长征得同意后再搜查,搜查结束后再补办手续。若搜查证的内容不明确或超越搜查证的内容进行搜查,监察机关可根据这种形式错误是否严重或是否系有意、肆意行为,以及对被搜查人的基本权利的侵犯程度,决定是否对搜查获得的证据材料予以排除。

(五)搜查的实施程序

《监察法》第27条、第44条以及《监察法实施条例》的相关条款规定了搜查的

实施程序,具体包括以下几个方面的内容:

1. 搜查人员。首先,执行搜查时人员不得少于2人。这一规定与《刑事诉讼法》有关规定一致,由2人以上执行搜查,有利于相互监督,也有助于搜查工作正常开展。其次,搜查应当在调查人员的主持下进行,根据工作需要可以提请公安机关配合搜查。搜查女性的身体,由女性工作人员进行。

2. 搜查时,应出示搜查证。除依法不用搜查证外,监察人员在搜查前应当向被搜查人或者其家属、见证人出示搜查证,并要求其签名。被搜查人或者其家属不在场,或者拒绝签名的,调查人员应当在文书中载明。

3. 搜查时,应当有被搜查人或者其亲属等见证人在场。根据《刑事诉讼法解释》第82条的规定,搜查时需要见证人在场和签名是刑事审判对搜查获得的物证、书证的要求之一。根据《监察法实施条例》第144条第2款的规定,搜查时,应当有被搜查人或者其家属、其所在单位工作人员或者其他见证人在场。其中,监察调查人员、协助搜查的公安民警不得作为见证人。同时,搜查时,应当避免未成年人或者其他不适宜在搜查现场的人在场。

4. 搜查应当全过程录音录像,留存备查。《刑事诉讼法》对于"搜查"并无"应当录音录像"的规定。《监察法》规定监察机关搜查时应当录音录像,这一定程度表明监察机关在行使搜查权方面受到的规制比侦查机关更严。搜查时应录音录像"既是对重要取证工作的规范,也是对调查人员的保护"〔7〕。当然,由于搜查中录音录像可能涉及被搜查人的隐私或党政秘密、国家秘密、商业秘密,应限制搜查录音录像的使用,仅限于将其用于证明取证的合法性、真实性;所有接触录音录像的人,都应当对录音录像的内容严格保密。根据《监察法实施条例》第146条第3款的规定,对于查获的重要物证、书证、视听资料、电子数据及其放置、存储位置应当拍照,并在搜查笔录中作出文字说明。

5. 搜查时应制作搜查笔录。搜查笔录的制作是对搜查情况的现场记录和描述,确保搜查获得的证据的真实性、搜查程序的合法性。同时,制作搜查笔录也是刑事审判对搜查的要求。例如,根据《刑事诉讼法解释》第86条的规定,搜查提取的物证、书证须附有笔录或者清单,不能证明物证、书证来源的,不得作为定案根据。并且,该条同时从反向的角度列举了哪些情形属于物证、书证收集方式、程序

---

〔7〕 中共中央纪律检查委员会法规室、中华人民共和国国家监察委员会法规室编写:《〈中华人民共和国监察法〉释义》,中国方正出版社2018年版,第193页。

的瑕疵。为此,《监察法实施条例》第 146 条第 3 款规定,对于查获的重要物证、书证、视听资料、电子数据及其放置、存储位置应当拍照,并在搜查笔录中作出文字说明。

6. 搜查的保障。由于搜查是对被搜查人的隐私权和财产权的干预,具有一定的强制性,为确保搜查的顺利进行,搜查的实施需要有一定的人员和法律保障。一方面,监察机关搜查时有权提请公安机关依法协助采取搜查措施。另一方面,搜查时在场人员须予以配合,不得进行阻碍。对阻碍搜查构成违法犯罪的,依法追究法律责任。

四、扣押(查封、冻结)规则

(一)扣押(查封、冻结)概述

我国《刑事诉讼法》《监察法》中的扣押是对物的扣押,对人身自由的限制有独立于扣押的措施。

《刑事诉讼法》《监察法》根据保全之对象的不同,区分了扣押、查封、冻结三种措施。其中,扣押的客体一般是动产、物品,查封的客体一般是不动产,冻结的客体是资金或账户。然而,三者的本质均是通过合法程序对物的强制占有,性质并无本质差别。鉴于这三种调查措施在性质上的一致性,本节将扣押、查封、冻结一并进行介绍。由于扣押是查封、冻结的上位概念,为表述方便,本节以"扣押(查封、冻结)"指代这三种措施。对于各调查措施在使用上的特殊之处,则用"查封"、"扣押"或"冻结"专门表述。

(二)扣押(查封、冻结)的适用条件

在刑事诉讼中,扣押(查封、冻结)适用的案件范围是犯罪,且不得在立案前实施。根据《监察法》第 26 条的规定,监察机关实施扣押(查封、冻结)的案件范围不仅限于职务犯罪案件,还包括职务违法案件。另外,《监督执纪工作规则》仅在第七章"审查调查"中规定了纪检监察机关可以使用"扣押""查封""冻结"措施,故监察机关使用"扣押""查封""冻结"措施也必须在立案后才能进行。然而,立案的条件并不必然等于监察机关采取特定调查措施的条件。作为对《宪法》第 33 条所保障的公民的合法私有财产的强制处分,扣押(查封、冻结)的启动除了受案件类型限制、立案程序限制,还应达到一定的证据标准,以防止其被滥用而给公民财产权带来危害。

实施扣押的证据条件是扣押物与案件有关联性。根据《监察法》第 26 条、第 28 条的规定，监察机关查封、扣押、冻结财物与案件无关的，应当在查明后 3 日内解除，予以退还，相当于从反向角度要求监察机关采取扣押（查封、冻结）措施须有证据证明扣押（查封、冻结）物与案件具有相关性，以避免扣押（查封、冻结）无关的物品，给当事人的财产权造成不当的侵犯。同时，“相关性”要件是确保扣押（查封、冻结）的证据与案件具有相关性。这种相关性包括在扣押（查封、冻结）前，要有证据证明扣押（查封、冻结）物与待证事实有关，以及在扣押（查封、冻结）现场仅对与案件有关的物品进行扣押（查封、冻结）。一般而言，监察机关在实施查封、冻结前，对查封、冻结物比较清楚，其是否与案件有关比较好确定。而扣押一般是在搜查后实施，调查人员在到现场前对哪些物需要扣押并不一定完全知情，因而这种相关性证明只需要满足“合理怀疑”的标准，达到自由证明的程度即可。

（三）扣押（查封、冻结）的限制

1. 比例原则之限制

与搜查相比，扣押（查封、冻结）乃为时更久的处分，更应注意比例原则。首先，根据被调查人涉嫌违法犯罪行为的严重程度、被扣押（查封、冻结）对象物的重要程度、被扣押（查封、冻结）的对象利益受损大小程度等因素，认定不具有扣押（查封、冻结）必要性的时候，可不进行扣押（查封、冻结）。对于冻结措施，除了要满足“贪污贿赂、失职渎职等严重职务违法或职务犯罪”这一条件，还应具备“必要性”条件，即“涉案单位和个人为达到伪造、隐匿、毁灭证据的目的，有可能提取、转移其存款、汇款、债券、股票、基金份额等财产，以及其他情形，不采取冻结措施不足以防止这些情形的发生”[8]。其次，若有查封、扣押的必要性，应先命查封、扣押物质的所有人、持有人或保管人交出，若无正常理由拒绝交出，方可执行强制查封、扣押。在强制查封、扣押时，强制力之运用，也不得逾越必要程度。最后，查封、扣押被调查人的财物，应当为被调查人及其所扶养的亲属保留必需的生活费用和物品。并且，“扣押、冻结单位的涉案款物，应当尽量不影响该单位正常的办公、生产、经营等活动”。

---

〔8〕　中共中央纪律检查委员会法规室、中华人民共和国国家监察委员会法规室编写：《〈中华人民共和国监察法〉释义》，中国方正出版社 2018 年版，第 138 页。

2. 扣押(查封、冻结)公共机构财物的限制

我国现有法律法规对查封、扣押公共机构的财物未作限制,仅明确特定种类的资金、账户不得被冻结。这些对冻结设定限制的法律法规均是在监察机关成立前制定的,对监察机关理论上不具有约束力,但基于法律适用平等原则,监察取证规则应追加确认监察机关采取冻结措施适用于这些禁止性规定。此外,鉴于监察机关调查的是与职务有关的违法犯罪行为,经常有查封、扣押公职人员、政府机构的财物、文件的情形,监察机关对这类财物、文件进行查封、扣押,如涉及公职人员的职务秘密或机构秘密,应征得其本人或该机构的主管机构同意,不得强制查封、扣押,以尊重公职人员职务保密义务以及政府机构的完整性。同时,根据《监察法》第 18 条关于监察机关“有权依法向有关单位和个人了解情况,收集、调取证据,有关单位和个人应当如实提供”的规定,只要不妨碍国家利益,公职人员、政府机构不得拒绝提供查封、扣押物。

3. 扣押被调查人近亲属及特定职业人员的物品之限制

根据《刑事诉讼法》第 193 条第 1 款的规定,犯罪嫌疑人的配偶、父母、子女不得被强制出庭作证。法律未赋予其拒绝作证的特权,也未赋予特定的专业人员拒绝作证的特权。尽管如此,为体现和谐的价值和比例原则,监察机关不得强制要求被调查人的配偶、父母、子女,以及辩护律师、医生等特定专业人员交出对被调查人不利的物品。若有证据证明上述人员参与犯罪,或者扣押物是犯罪所得或是犯罪工具,则不适用扣押限制。

4. 扣押(查封、冻结)的期限限制

扣押(查封、冻结)作为对物的强制处分,应有一定的期限,以避免对涉案个人或单位生活、生产造成长久的影响。目前,《监察法》尚未规定扣押(查封、冻结)的期限。留置的期限一次不得超过 3 个月,一般不得超过 6 个月,特殊情况下最长可延长到 16 个月。对于采取留置措施的案件,案件调查期限除在少数情况下可以在留置措施被解除后延长一定时间外,一般等同于留置的期限。根据相关规定,冻结存款、汇款、交易结算资金等财产的期限不得超过 6 个月。如有特殊原因需要延长的,应在冻结期满前办理续冻手续,每次续冻期限最长不超过规定的期限。逾期不办理续冻手续的,冻结自动解除。涉案财产已被其他机关冻结的,监察机关不得重复冻结,但不同案件间可以进行轮候冻结。

5. 夜间扣押之限制

除特殊情形外，搜查一般不宜在夜间实施。对于搜查之后的扣押处分，理应同样不宜在夜间实施，其例外情形与夜间搜查的例外情形相同，不再赘述。

（四）扣押（查封、冻结）的审批程序

与搜查一样，我国检察院、公安机关、监察机关实施扣押（查封、冻结）采取的均是“行政审批”方式。为强化对扣押（查封、冻结）措施使用的监督制约，关于这几类措施的审批程序应予以细化。

1. 明确扣押（查封、冻结）的审批主体

目前，《监察法》尚未明确这 3 种措施的具体审批程序。这 3 种措施并不以搜查的实施为限，故应有单独的审批程序，加之，其强制程度低于搜查，审批层级也宜低于搜查。根据相关规定，监察机关采取扣押（查封、冻结）措施的审批程序与这一标准相符。其中，冻结同级党委管理的正职领导干部的财产，需报监委主要负责人审批；冻结同级党委管理的正职领导干部以外的人员、单位的财产，需报监委分管领导审批。对于查封、扣押，则统一报同级监委分管领导审批。扣押（查封、冻结）均属于同一类强制处分措施，强制程度无明显差别，在审批模式上也不宜存在差别。另外，鉴于这三类措施涉及对公民财产权的侵犯，不宜轻易启动，在审批程序上应从严把握。同时，为兼顾效率，根据所采取措施的适用对象的级别或差异，应采取“差别化审批”模式。具体言之，监察机关采取扣押（查封、冻结）的审批程序可规定如下：扣押（查封、冻结）同级党委管理的正职领导干部的财产、文件的，报监委主要负责人审批；扣押（查封、冻结）同级党委管理的正职领导干部以外的人员、单位的财产、文件的，报监委分管领导审批。

2. 明确扣押（查封、冻结）证记载的内容

扣押（查封、冻结）物特定是确保扣押（查封、冻结）物与案件相关性的要求，有助于避免扣押（查封、冻结）与案件无关的物品。虽然《监察法》明确规定调查人员实施搜查时须出示搜查证，但未要求实施扣押时须出示扣押证。不同于搜查之发现证据目的，扣押是为了保全证据与没收物，如有单独的扣押证，更便于后续证据和涉案财物的审查，同时具有防止调查人员滥用扣押权之功能。并且，扣押有时并不是附随于搜查的，例如，基于当事人同意的扣押，以及查封、冻结。调查人员实施扣押前报监察机关领导批准的文书，应记载拟扣押的具体物品，并在实施扣押时，向当事人出示该文书，使之发挥扣押证的功能。扣押证、查封证的内容

应明确具体，建议应载明下列事项：(1)案由；(2)被扣押对象(人或单位)及扣押标的；(3)执行的有效期限。监察机关向有关机关出具《协助冻结财产通知书》，应按要求填写好相关内容。冻结证券和交易结算资金时，应当明确冻结的范围是否及于孳息。

为避免扣押(查封、冻结)无关财物对权利人造成影响，在扣押(查封、冻结)后3日内，应由调查组组长审查扣押物是否与案件有关。若认定有关，应按扣押(查封、冻结)报批程序重新报批。对不相关的扣押(查封、冻结)物，经审批，应当在查明后3日以内解除查封(扣押、冻结)，予以退还；对于扣押(查封、冻结)的违禁物应根据相关规定移交相关部门；对于另案扣押物，应移交有管辖权的机关。

(五)扣押(查封、冻结)的实施程序及要求

扣押(查封、冻结)的实施程序既是对监察调查人员权力的程序性控制，也是为了确保扣押(查封、冻结)的证据的真实性、同一性。查封、扣押、冻结的实施程序与搜查的实施程序存在许多共同之处。对于相同之处，不再赘述，下文仅阐述与搜查不同的实施程序及要求。

1. 扣押(查封、冻结)的清单制作。扣押(查封、冻结)时指定笔录或清单，旨在确保所收集保全的证据的来源的真实性。《刑事诉讼法解释》第86条第1款规定："……扣押的物证、书证，未附笔录或者清单，不能证明物证、书证来源的，不得作为定案的根据。"因此，监察机关实施扣押(查封、冻结)时，应遵循《监察法》和刑事审判的要求制作清单，并由调查人员、见证人和持有人签名或者盖章。

2. 冻结的程序。由于冻结的对象涉及存款等财产，监察机关不能直接采取冻结措施，而应由专业机关实施。故监察机关决定采取冻结措施后，由相关机关执行时，应当提供《协助冻结财产通知书》，并应当通知权利人或者其法定代理人、委托代理人，要求其在《冻结财产告知书》上签名。

3. 基于当事人同意的扣押(查封、冻结)。实践中，存在被调查人主动投案时携带涉案财物的情形。由于这时尚未立案，无法对这些财物采取查封、扣押措施。监察机关对被调查人及相关人员主动上交的财物，应当先予以暂扣(封存)，并向投案人开具接收凭证。立案后，对上交财物涉嫌职务违法或职务犯罪的部分，再决定采取扣押(查封、冻结)手续。

对于被调查人到案后，其亲友受被调查人委托或者主动代为向监察机关退还或者赔偿涉案财物的情形，可参照《人民检察院刑事诉讼涉案财物管理规定》的相

关规定，按照扣押（查封、冻结）的程序办理，即符合相关条件的，监察机关应当开具扣押（查封、冻结）决定书，并由调查人员、代为退还人或者代为赔偿的人员和有关规定要求的其他人员在清单上签名或者盖章。代为退还或者代为赔偿的人员应当在清单上注明系受被调查人委托或者主动代被调查人退还或者赔偿。

第三节　监察案件的技术调查取证

职务犯罪是高智能型犯罪、高隐秘性犯罪，侦查中取证难、固定证据难的问题十分突出，对其使用技术侦查比对普通犯罪更具有必要性。国家监察体制改革后，新成立的监察委员会被赋予了采取技术调查措施的权限，以适应打击职务犯罪新任务的需要。同时，还应看到，与技术侦查措施一样，技术调查措施是一项干预公民通信自由权、隐私权等基本权利的强制处分措施、取证措施，若不受有效规范而滥用，则既会使公民的基本权利难以得到保障，也会阻碍真相发现，损及政治、社会秩序。

一、技术调查措施概述

（一）技术调查措施的由来

为厘清技术调查措施的外延和内涵，有必要先了解技术调查措施的由来。我国1993年《国家安全法》、1995年《人民警察法》中出现了“技术侦察措施”的概念，即国家安全机关因侦察危害国家安全行为的需要、侦查机关因侦查犯罪的需要，根据国家有关规定，经过严格的批准手续，可以采取技术侦察措施。2012年《刑事诉讼法》首次出现了“技术侦查措施”的概念，该法赋予了公安机关、检察机关采取技术侦查措施的权限，同时规定了该措施的适用条件、程序、期限、保密要求等。“技术侦察措施”与“技术侦查措施”两个概念并没有实质差异，系同一法律概念。[9]

国家监察体制改革后，随着检察院原反贪污贿赂等三部门转隶至监察委员会，监察委员会被赋予了调查职务犯罪案件的权限。为履行好这一新的职责，有

〔9〕　樊崇义主编：《刑事诉讼法学》（第3版），法律出版社2013年版，第347页。

效打击腐败犯罪，监察机关理应被赋予与检察机关相同的侦查权限，其中就包括技术侦查权。立法之所以使用"技术调查措施"这一术语，原因有二：一方面，监察机关行使的是调查权，不是侦查权，使用"技术调查措施"这一术语符合监察机关调查权的性质。另一方面，使用这一术语是对国家监察体制改革前纪检监察机关采取"技术调查措施"的经验总结和术语沿用，同时也是对技术调查权行使的法治化。

综上所述，从"技术调查措施"的渊源看，它本质上就是"技术侦查措施"，二者的执行机关均是公安机关等有关机关，因而两者性质是一样的，只是在不同法律中的不同表述。"技术调查措施"与"技术侦查措施"的"异体同源"关系为监察机关技术调查取证参照适用技术侦查措施的法律规定以及与刑事审判对"技术侦查措施"收集材料的要求和标准相一致，提供了法理依据。同时，由于"技术调查措施"被规定在《监察法》中，决定实施主体是监察机关，而监察机关采取调查措施适用的是监察程序，技术调查取证规则会因此而呈现一些与技术侦查取证规则不同的特点。

（二）技术调查措施的法律性质

厘清技术调查措施的性质是构建技术调查取证规则的基础。而厘清其性质需要首先从定义入手。《监察法》对技术调查措施未有明确的定义。《〈中华人民共和国监察法〉释义》将技术调查措施解释为，监察机关为调查职务犯罪需要，根据国家有关规定，主要通过通讯技术手段对被调查人职务违法犯罪行为进行调查。通讯技术手段通常包括通过电话监听、电子监控、拍照或者录像等手段获取某些物证等。随着科学技术的发展，技术调查手段也会不断地发展变化。[10] 该解释将技术调查措施界定为运用通讯技术手段调查职务犯罪的措施，但对其法律性质、定义仍未明确。我国《刑事诉讼法》未对技术侦查措施予以明确定义。权威观点将其定义为："公安机关为侦查犯罪需要，根据国家有关规定，采取的一种特殊侦查措施。"[11] 换言之，技术侦查措施是一种特殊侦查措施。

此外，《刑事诉讼法》规定了技术侦查措施的两种用途：一种是为了侦查重大刑事案件，服务于取证目的；另一种是为了"追捕被通缉或者批准、决定逮捕的在

---

〔10〕 中共中央纪律检查委员会法规室、中华人民共和国国家监察委员会法规室编写：《〈中华人民共和国监察法〉释义》，中国方正出版社 2018 年版，第 153 页。

〔11〕 郎胜主编：《〈中华人民共和国刑事诉讼法〉修改与适用》，新华出版社 2012 年版，第 277 页。

逃的犯罪嫌疑人、被告人”，服务于追捕目的。立法之所以规定侦查机关、检察机关追捕犯罪嫌疑人可以采取技术侦查措施，是考虑到这一措施对于追捕的必要性。与侦查机关一样，监察机关在调查中有时也涉及对被通缉在逃的被调查人进行追捕的问题。对此，《监察法》未作明确规定。不过，根据相关内部规定，监察机关为追捕目的可决定采取技术调查措施。由于技术侦查措施可以被用于追捕，而技术侦查措施与技术调查措施性质一样，因此，监察机关为追捕目的采用技术调查措施不存在法理问题。

综上所述，由于技术调查措施与技术侦查措施性质一样，故技术调查措施同样是一种强制处分，服务于取证目的和追捕目的。据此，技术调查措施可以定义如下：监察机关在调查职务犯罪案件时，为收集证据或追捕在逃被调查人，根据国家有关规定，对被调查人及相关涉案人员的通信自由权、隐私权等基本权利的强制处分。

（三）监察机关采取技术调查措施的原则

作为干预公民通信自由权的强制处分措施，无论是立法层面还是司法层面，技术调查措施均应受法律保留原则和比例原则的规制，这符合保护公民通信自由权、隐私权免受侵害的宪法意旨。技术调查措施遵循法律保留原则的要义在于，该措施的实施应基于具体的适用范围、对象、涉嫌罪名、期限等，应依法获得授权，并依法定程序实施。技术调查措施的比例原则在于，其应遵循重罪原则（技术调查措施的适用应限于重大、严重犯罪）、必要性原则、相关性原则（技术调查措施的实施应基于一定的理由）、期限限制原则（技术调查措施的实施应受期间限制，并遵守最小侵害原则）、事后通知原则（技术调查结果应告知适用对象）。

上述原则体现在具体技术调查取证规则中，具体包括：技术调查措施的实体规制（适用范围和对象、适用条件、措施种类、期限），程序规制（审批程序、执行程序、所得资料的后续处理程序），以及违法技术调查的法律后果（证据排除规则、法律责任）。技术调查取证的实体规制、程序规制着眼的是对该取证行为的事前、事中监督，均属于过程监督。对违法技术调查进行制裁，则属于结果监督。没有结果监督，过程监督就会失去威慑力，使制度成为空文。同样，没有过程监督，仅有结果监督，则会因预防性监督的缺位，导致结果监督的压力过大甚至失灵。并且，若一项制度总是在“危害已产生，后果已形成”的情形下才开始介入，则相当于加大了制度的运行成本收益比，无法实现制度利益的最大化。故违反技术调查的法律后果的设定应与技术调查取证的实体规制、程序规制相辅相成，共同实现规范技术调查取证行为的目的。

二、技术调查措施的实体规制

现有法律关于技术调查措施的种类、适用对象、适用条件、期限等方面的规定均较为原则。对这些内容予以明确界定，是对技术调查措施的实体规制。

（一）技术调查措施的种类

根据强制处分法定原则的规定，监察机关采取技术调查措施的种类必须法定，使用法定种类之外的技术调查措施，则构成违法。故明确技术调查措施的种类是对该措施的实体控制。《监察法》第 31 条虽然规定“批准决定应当明确采取技术调查措施的种类和适用对象”，但对技术调查措施的种类未作规定。根据《〈中华人民共和国监察法〉释义》对技术调查措施的解释，技术调查措施的种类通常包括“电话监听、电子监控、拍照或者录像等手段获取某些物证等”〔12〕。

我国《刑事诉讼法》未明确技术侦查措施有哪些种类，而实务界的观点认定技术侦查措施的种类“通常包括电子监听、电话监听、电子监控、秘密拍照或者秘密录像、秘密获取某些物证、邮件检查等专门技术手段”〔13〕。根据《公安机关办理刑事案件程序规定》（以下简称《刑事案件程序规定》）第 264 条的规定“技术侦查措施”的种类包括“记录监控、行踪监控、通信监控、场所监控”这 4 类。上述两个关于技术侦查措施的种类的界定方法并不一致，前者是按照监控的方式进行划分，后者则是按照监控的对象进行划分。按照监控的对象划分并不能反映监控的具体措施，不符合法律的明确性原则，故宜按照监控的方式来划分。结合上述两个关于技术侦查措施的定义，按照监控的方式划分，技术侦查措施的种类同样可分为两类：通信监控（包括电子监听、电话监听、电子监控等监控方式）、秘密监察（秘密拍照或者秘密录像、秘密获取某些物证、邮件检查等专门技术手段，涉及记录监控、行踪监控、场所监控）。此外，《刑事案件程序规定》在“技术侦查”这一节还规定公安机关可以实施隐匿身份侦查和控制下交付，且获得的证据材料可以在刑事诉讼中使用，这意味着这两种措施也属于“技术侦查措施”。

---

〔12〕 中共中央纪律检查委员会法规室、中华人民共和国国家监察委员会法规室编写：《〈中华人民共和国监察法〉释义》，中国方正出版社 2018 年版，第 153 页。

〔13〕 郎胜主编：《〈中华人民共和国刑事诉讼法〉修改与适用》，新华出版社 2012 年版，第 277 页。

通过比较可看出，技术调查措施的种类范围显然窄于技术侦查措施，前者专指通讯监听，后者则除了使用通讯技术手段外，还包括秘密监察，以及实施隐匿身份侦查和控制下交付。监察机关的技术调查措施种类应与公安机关实施的技术侦查措施的种类一致。不过，基于监察机关办理案件的特点及"廉洁监察"的理念，技术调查措施的种类不宜包括隐匿身份侦查、控制下交付。

《〈中华人民共和国监察法〉释义》关于技术调查措施种类的界定仅限于通讯监听类，范围过窄，不利于打击腐败犯罪。基于《刑事诉讼法》中技术侦查措施的种类，有必要将秘密拍照、录像等属于"秘密监察"类的措施纳入技术调查措施的范围。另外，鉴于查询、调取通讯信息，扣押邮件、电报，均涉及对当事人通信自由权、隐私权的强制干预，符合技术调查措施的性质，为更好地保障公民的上述权利，应将之纳入技术调查的种类受技术调查取证规则所规范。此外，鉴于住宅监听涉及对被监听者私人核心领域的侵入，不宜将之纳入技术调查措施的种类范围，以符合宪法保障公民秘密通信自由、隐私权之意旨。综上，技术调查措施的种类可包括：电子监听、电话监听、电子监控等通讯监听手段，以及除住宅监控之外的秘密拍照、录像、邮件检查、通信查询等秘密监察手段。

（二）技术调查措施的适用对象

技术侦查措施的适用对象是犯罪嫌疑人、被告人以及与犯罪活动直接关联的人员。类似地，技术调查措施的适用对象应包括被调查人、共犯及与案件调查有直接关联的人员。能否对辩护律师与被调查人之间的通讯进行监听值得讨论。除非有证据证明辩护律师、被调查人存在串供、伪造、隐匿证据的行为，否则，不得对二者之间的往来材料采取扣押、调取措施。技术调查措施作为比这两个措施强制程度更高的措施，上述限制应同样适用于技术调查措施，即监察机关得知通讯是在被调查人与辩护律师之间发生的，应立即中断监听，若继续监听双方的通讯内容，应属违法监听。此外，由于被调查人之外的第三人（非共犯）无忍受强制处分的义务，对其采取技术调查措施，应有更严格的限制，必须基于特定事实认为该通讯与案件有关，才能申请对其采取技术调查措施。

（三）技术调查措施的适用条件

1. 技术调查措施适用的案件范围

现代法治国家实施技术侦查措施一般是以"重罪原则"为主。"重罪原则"的原理在于，技术侦查措施的适用条件不宜过于宽泛，应以重罪为适用条件，以避免因技术侦查措施随意启动而演变为无所不包、无所不听之后果，进而出现大范围侵犯公民基本权利的局面。

根据《监察法》第 31 条的规定，监察机关采取技术调查措施的案件范围是“涉嫌重大贪污贿赂等职务犯罪”。从文义看，此处的“等职务犯罪”应作“等外等”解释，意味着技术调查措施可适用于监察机关管辖的所有罪名，贪污贿赂罪名仅是该措施适用的主要对象。根据《〈中华人民共和国监察法〉释义》的论述，“重大”一般是指犯罪数额巨大，造成的损失严重，社会影响恶劣等。此外，对于其他重大职务犯罪案件，如确有必要，监察机关也可以采取技术调查措施。可见，《〈中华人民共和国监察法〉释义》关于技术调查措施的案件范围的界定采用的是“模糊概括”模式，存在对轻罪案件适用技术调查措施的可能性。

相比于用于取证的技术侦查措施，用于追捕的技术侦查措施则没有特定的案件范围，原因是前者属于“侵入式”监控措施，对公民人权的干预程度较高，而后者属于“非侵入式”监控措施，对公民人权干预程度不高，无须对其适用的案件范围进行限制。[14] 尽管如此，在这一情形下，技术侦查措施适用的条件仍须满足“犯罪嫌疑人达到应逮捕”的标准。由于通缉的条件是“依法应当留置的被调查人如果在逃”，而留置的涉案要件是“涉嫌贪污贿赂、失职渎职等严重职务违法或者职务犯罪”，故被通缉的被调查人很可能只构成严重职务违法，而不构成重大职务犯罪，低于《监察法》要求采取技术调查措施须达到“涉嫌重大贪污贿赂等职务犯罪”的条件。为此，根据强制处分法定原则，在《监察法》未对技术调查措施的适用设例外情形下，监察机关基于追捕目的采取技术调查措施同样需要符合《监察法》第 31 条的规定，即被通缉的被调查人要涉嫌重大贪污贿赂等职务犯罪。

2. 技术调查措施启动的证明标准

相关性原则要求，技术调查措施的启动应满足一定的理由，证明监控的对象或内容与调查的案件有关，而不能单纯凭主观感觉决定有无实施之必要，以避免随意启动技术调查措施，而使得公民基本权利被大范围侵害。

根据《监察法》第 31 条第 1 款的规定，监察机关采取技术调查措施除了要满足“重大贪污贿赂等职务犯罪”这一案件条件，还要满足的另一个条件就是“根据需要”。《〈中华人民共和国监察法〉释义》将“根据需要”仅解释为“必要性原

---

〔14〕 樊崇义主编：《刑事诉讼法学》（第 3 版），法律出版社 2013 年版，第 349 页。

则”,即“技术调查措施一定是在使用常规的调查手段无法达到调查目的时才能采取的手段”[15]。然而,对技术调查措施的实施进行必要性考量之前,还应考虑该措施的实施是否满足重罪原则和相关性原则。故有必要规定监察机关采取技术调查措施应达到一定的证明标准,否则容易出现凭主观感受启动技术调查措施的情形。鉴于技术调查措施是对当事人的基本权利侵犯性极强的措施,加之是行政授权,为避免滥用,适用的证明标准应高于搜查、扣押,宜与留置实施的证明标准相同,即“掌握部分犯罪事实及证据”。

3. 技术调查措施适用的阶段

根据《监督执纪工作规则》第34条、第40条的规定,纪检监察机关在立案前的初核阶段和立案后,经严格履行审批手续,均可决定采取技术调查措施。过去检察机关侦查案件需要采用技术侦查措施时,与公安机关侦查普通刑事犯罪案件一样,均应在立案后进行。然而,若立案后才能对职务犯罪案件适用技术调查措施,并不符合打击犯罪的需要。职务犯罪案件区别于其他刑事犯罪案件,前者通常是一种“从人到事”的调查模式,而后者通常是“从事到人”的调查模式。监察机关在办理职务犯罪案件过程中,在大多数情况下最初接触到的是某人涉嫌违纪违法犯罪的举报线索或信息,并没有犯罪现场,掌握的物证、书证等实物证据不多,通常达不到立案所需要的证明标准。若在证据不充分的情况下立案,经严格审批程序立案后,发现立案错误,再予撤销案件,会造成不良影响。为此,监察机关在立案前,有一个初步核实阶段,这个阶段通常不公开进行,是对反映监察对象涉嫌违法犯罪的问题线索,进行初步了解、核实的活动,以证明被调查人是否涉嫌违法犯罪,从而决定是否立案,减少立案的随意性和立案后撤销案件的成本。技术调查措施由于是不公开取证措施,在取证方面有独特优势,在立案前实施可为是否立案提供证据支持。并且,立案后,被调查人已到案,实施技术调查措施的必要性大大减少。因而,允许监察机关在初步核实阶段采取技术调查措施,主要是基于职务犯罪案件办理的特点,为了发现真相,减少立案的随意性和错误率。当然,由于技术调查措施对公民的基本权利干预程度较高,在立案前实施技术调查措施,与我国传统刑事诉讼理论中关于立案前以“任意侦查”措施进行侦查的原则相悖。不过,很多国家的刑事诉讼法不存在立案程序,故采取技术侦查措施或监

---

〔15〕 中共中央纪律检查委员会法规室、中华人民共和国国家监察委员会法规室编写:《〈中华人民共和国监察法〉释义》,中国方正出版社2018年版,第154页。

听并无所谓以立案为限的条件。况且,监察机关进行初步核实,同样需要履行与立案基本同样严格的审批手续,且在这一阶段使用技术调查措施也需要经严格的审批程序,并满足相应的适用条件,这些程序和实体控制有助于消解这一措施因在立案前实施而存在的被滥用的疑虑。况且,技术侦查措施的适用也存在不以立案为前提的情形。尽管如此,为避免技术调查措施的随意使用,给公民的权利造成侵害,在初步核实阶段采用技术调查措施,仍需要满足技术调查措施启动所应达到的标准。

综上所述,监察机关采取技术调查措施的条件可表述为:被调查人涉嫌重大贪污贿赂等职务犯罪,监察机关已掌握其部分犯罪事实和证据,在其他调查措施无法突破案件的情况下,根据需要,经规定的法律程序可以决定采取技术调查措施。

(四)技术调查措施的期限

基于打击腐败犯罪的目的,有实施技术调查措施之必要。然而,为防止技术调查权之浮滥,而给公民通信自由权、隐私权等基本权利造成不当侵犯,其实施期间不得过长而须有必要的限制。在有效期限内,不需要使用该措施的,应及时解除。超过法定的有效期限,办案机关需继续使用该措施的,应写明延长技术调查措施期限的理由,由批准主体审查决定是否延长。若不经授权,继续使用的,则构成违法,应受到违法性制裁,权利受到侵犯的公民应有权提起救济。

目前,我国《刑事诉讼法》规定了技术侦查措施的有效期限为 3 个月,以及延长需要重新申请,每次延长不得超过 3 个月,不使用时应及时解除的要求。《监察法》第 31 条第 2 款对技术调查措施的期限作了与《刑事诉讼法》类似的规定,即"自签发之日起三个月以内有效;对于复杂、疑难案件,期限届满仍有必要继续采取技术调查措施的,经过批准,有效期可以延长,每次不得超过三个月"。根据上述规定,监察机关延长技术调查措施期限须符合"复杂、疑难案件"与"仍有必要"这两个要件。然而,这两个要件均过于抽象,不便于审查,容易使得技术调查措施轻易被延长。对此,监察取证规则应规定延长技术调查期限应附"具体理由"。另外,《监察法》仅要求每次延长的期限不得超过 3 个月,但未规定技术调查措施最多可以延长的次数,理论上技术调查措施的期限可多次延长,进而容易使得公民的隐私权、通信自由权长期处于被监控之中。

技术调查措施延期次数与该措施的目的有关。若技术调查措施实施的目的是"预防性调查",在于监控被调查人是否有其他犯罪或将来可能会实施的犯罪,则技术调查措施的期限可能随着案情的发展,需要持续较长一段时间。监察机关采取技术调查措施的主要目的是调查被调查人已经涉嫌的犯罪,主要方式是通过监控被调查人的行踪、与涉案人的通信等内容,以收集被调查人实施犯罪后的串供、隐匿罪行等"再生证据",再借此信息去收集证明其犯罪的证据,故无须如"预防性调查"那样需要过长的监控期限。并且,对被调查人的技术调查通常在立案前的初步核实阶段实施,待立案、被调查人到案后,对其本人实施技术调查措施已无必要。此外,留置措施被解除后继续实施技术调查措施一般也没有必要。基于上述理由,技术调查措施每次延长的期限以1个月为宜,总的延长期限不应超过3个月。另外,监察机关在采取技术调查措施期间,不需要继续采取技术调查措施的,应当及时解除。

三、技术调查措施的程序规制

监察机关采取技术调查措施,除了要符合前述所列实体要件,还应遵循法定的程序,包括审批程序、执行程序、权利保障等,这些构成对技术调查措施的程序规制。

(一)技术调查措施的审批

1. 技术调查措施的审批模式

我国技术侦查措施的审批存在两种情形:一种是公安机关采取技术侦查措施时的"决定权与执行权合一"模式,即由"设区的市一级以上公安机关负责人批准",在实践中有时还须先采取一定级别党委批准的程序[16],再由公安机关技术侦查部门执行;另一种是检察机关采取技术侦查措施时的"决定权与执行权分立"模式,即检察机关履行审批手续后,交公安机关等有关机关执行。实践中,检察机关根据侦查对象的职级适用相应的审批手续,诸如规定科级及以下级别由省级检察机关主管领导审批,处级及以上级别由省委或中央有关领导审批等。[17] 尽管这两种情形下技术侦查措施的审批程序、批准主体会因该措施的发动主体、适用对象而存在差异,但共同点为都不是由法官审查,而是由部门行政首长授权,属于

---

〔16〕 樊崇义主编:《刑事诉讼法学》(第3版),法律出版社2013年版,第349页。

〔17〕 王东:《技术侦查的法律规制》,载《中国法学》2014年第5期。

"行政授权"模式。

技术调查措施由监察机关决定采取,履行审批手续后,交公安机关等有关机关执行,但该措施的决定者同时也是启动者和受益者,这一点与检察机关采取技术侦查措施的审批模式一样,因而,技术调查措施的审批同样属于"行政授权"模式。技术调查(侦查)措施的审批模式与我国的政治体制、司法体制等制度性因素有关,但不可否认,这种审查模式中审查主体的中立性不及司法审查。当然,事前审批机制尽管是控制技术侦查措施的重要因素,但并非唯一因素,其他监督制约措施的强度、其他侦查手段的使用程度、司法传统和刑事政策也会给适用技术侦查措施造成影响。为消减技术调查措施"行政授权"模式在中立性、客观性方面的不足,除了设定该措施的适用条件、期限、对象等对其进行实体规范外,关键还需制定严格的审批程序和要求。

2. 技术调查措施的审批程序

《监察法》对于技术调查措施的批准仅使用了"经过严格的批准手续",而未作明确规定。监察机关内部文件规定了采取技术调查措施的审批程序,此不赘述。现有的技术调查审批程序是根据监察机关的层级、技术调查适用对象的职级实行"差别化的审批程序",即采取技术调查措施的监察机关层级越低、适用对象的职级越高,审批程序越严。尤其是,监察机关对正职领导干部采取技术调查措施的,除履行监察机关内部审批外,还应当报同级党委政法委、同级党委主要负责人审批,这是党管干部原则的体现,有利于实现党对反腐败工作的集中统一领导,同时也是对监察机关行使职权的"外部监督"。技术调查措施的差别化审批模式与检察机关采取技术侦查措施的审批模式类似,符合中国实践,也有利于形成繁简相当的审批原则,实现限权与效率的统一。

为加强上级监察机关对下级监察机关的监督,建议地方各级监察机关采取技术调查措施时,应同时报上一级监察机关负责人批准。在审批机关的层级方面,鉴于有权执行技术侦查措施的是设区的市级以上公安机关,为与执行技术调查措施的公安机关的层级相衔接,建议采取技术调查措施由市级以上的监察机关审批,县级监察机关若需要采取技术调查措施,应层报市级监察机关负责人批准,并交由市级公安机关执行。同样,为限制技术调查措施的适用,派驻或派出监察机关、监察专员办公室不应被授权决定采取技术调查措施,若需要采取,应由派出它的监察机关按规定程序审批决定,交由同级公安机关执行。

另外，基于法律保留原则的要求，同时为防止审批流于形式、技术调查措施被滥用，承办案件调查的部门申请采取技术调查措施应载明采取技术调查的对象、涉嫌罪名、理由、措施种类等内容，由审批主体决定是否采取技术调查措施。需要变更技术调查措施种类或者新增适用对象的，应当按原程序重新报批。

（二）技术调查措施的执行

1. 技术调查措施的执行机关

根据《监察法》第31条第1款的规定，技术调查措施由监察机关审批决定，交由“有关机关”执行，监察机关自身不能执行。根据《刑事诉讼法》《国家安全法》的有关规定，有权执行技术调查措施的是公安机关、国家安全机关。因此，根据上述法律的规定，此处的“有关机关”是指公安机关或国家安全机关。不过，鉴于《宪法》第40条将检查公民通信的机关限定为“公安机关”“检察机关”，并不包括国家安全机关等其他机关，且检察机关对技术侦查措施仅有决定权，而无执行权。因而，仅公安机关执行技术调查措施符合宪法规定。监察机关采取技术调查措施，交“有关机关”执行，不仅不符合法律的明确性原则，而且交由安全机关执行还将不符合宪法规定，故应将执行机关限定为“公安机关”。此外，只有设区的市一级以上的公安机关才有实施技术侦查措施的权限。

2. 技术调查措施的执行程序

根据《监察法实施条例》第184条的规定，依法采取技术调查措施的，监察机关应当出具《采取技术调查措施委托函》、《采取技术调查措施决定书》和《采取技术调查措施适用对象情况表》，送交有关机关执行。其中，设区的市级以下监察机关委托有关执行机关采取技术调查措施，还应当提供《立案决定书》。对党政领导干部和人大代表、政协委员采取技术调查措施的，应当将审批件的复印件交有关执行机关。同时，公安机关应将执行情况通知监察机关。此外，对于不需要继续采取技术调查措施的，监察机关应当按规定及时报批，将《解除技术调查措施决定书》送交有关机关执行；需要依法变更技术调查措施种类或者增加适用对象的，监察机关应当重新办理报批和委托手续，依法送交有关机关执行。

3. 技术调查所得资料的处理

技术调查（侦查）措施本身就是对公民自由通信权、隐私权的干预，若将借此获得的信息向第三人披露，则相当于对被监控人的“二次侵害”。所以，立法要求禁止将监听获得的信息用于非法律目的，并要求对与案件无关的信息及时予以销毁。在这方面,我国《刑事诉讼法》第152条对采取技术侦查措施获得的资料如何处置进行了具体规定,包括保密要求、及时销毁要求以及使用目的限制要求。尽管技术调查措施的执行机关是公安机关等有关机关,但技术调查措施获得的证据材料的使用者或受益者是监察机关,因而,监察取证规则应限制技术调查措施所获得材料的使用目的、明确相关保密要求等内容。

(三)对技术调查措施执行的监督

监察机关、公安机关之间“互相配合、互相制约”的宪法关系也体现在技术调查措施的执行上。公安机关根据监察机关采取技术调查措施的决定,实施技术调查措施,是二者相互配合的表现,对不符合法定要求的技术调查措施决定不予执行、对超越法定期限的技术调查措施予以解除,则是公安机关对监察机关技术调查权的制约。同时,宪法设定的“互相制约”关系还包括监察机关对公安机关执行技术调查措施的制约。作为技术调查措施的启动者和技术调查所得证据的使用者,监察机关有义务对公安机关执行技术调查措施的情况进行监督,以防止技术调查措施执行人员滥用权力,伪造或隐匿证据,从而阻碍真相发现、损及被调查人及涉案人员的合法权益。目前,《监察法》缺乏有关监察机关监督技术调查措施实施的程序。公安机关向监察机关提供的技术调查所得证据材料的准确性、完整性、合法性如何,也并未有程序担保。

对于技术调查措施实施情况的监督,固然可以在法庭上由法官通过调查核实录音内容、要求侦查人员作证的方式进行,但这难免影响庭审效率和消耗法官人力资源,最佳的方案是在监察调查阶段提前解决争端。结合监察实际,对技术调查措施实施情况的监督,可包括以下几个方面的内容:(1)监察机关在技术调查终结前,应要求公安机关定期报告技术调查的程序性事项及证据收集情况,并在必要时,派员至公安机关监督技术调查措施执行情况。(2)调查终结后,应要求公安机关提交包括原始语音、翻音资料和情况说明在内的技术调查资料。(3)应保障被调查人在技术调查措施事后审查程序中的知情权、申辩权等权利,实现权利对技术调查权的监督。

典型案例评析

案例5-1　李某受贿案[18] | 纪检监察机关依规调查取证

某市纪委监委接到实名举报，反映市住建局在一项老旧小区改造工程中，项目主管李某与多家施工单位串通，通过操纵招标、虚增工程量等手段大肆敛财，致使工程进度严重滞后、质量堪忧，居民怨声载道。市纪委监委当即立案，抽调精英力量组成专项调查组，严格依照规定流程运用各类调查措施，力求精准查明真相。

调查组决定对李某进行讯问。讯问前，严格依据《监察法》及相关细则筹备，挑选了3名具备丰富办案经验、熟悉工程领域的纪检监察干部组成讯问小组，保证讯问公正、专业；拟定详尽讯问提纲，内容囊括李某负责项目全周期、资金拨付走向、与施工单位私下往来等关键信息；选定配备高清同步录音录像设备的专用讯问室，提前调试，确保音像录制清晰、完整。讯问当日，调查人员准时就位，向李某出示工作证件，宣读《被调查人权利义务告知书》，明确告知李某如实供述的重要性及法律后果。起初，李某心存侥幸，百般抵赖。调查人员依照提纲稳步推进，抓住李某谈及某关键施工节点安排时前后矛盾的表述反复质问；适时出示前期收集的工地现场实际施工情况照片、工人考勤记录，形成有力证据冲击。整个讯问过程，录音录像全程无间断运行，笔录如实、细致记录问答内容，每页均由李某核对无误后签字捺印，涂改之处也捺印确认。经过多轮询问，李某最终交代了收受贿赂、违规操作工程的诸多事实，交代了关键言词证据。

循着李某的供述，调查组锁定市住建局档案室、涉事施工单位财务室及项目现场办公室为关键取证地点。实施查封、扣押前，依规填写规范的查封扣押审批表，详述查封和扣押的原因、预估范围、目标物品，附上立案决定书、前期掌握的初步证据，按层级严格审批；获批后，开具一式三份《查封/扣押通知书》，精准注明需查封、扣押的物品，如工程招投标文件原件、施工合同、财务账本、资金往来票据、现场变更指令单等。

在住建局档案室，档案员起初有所抵触，调查人员出示执法证件、宣读通知书

〔18〕《深度关注 | 民生工程监管不容失责》，载中央纪委国家监委网，https://www.ccdi.gov.cn/toutiao/202012/t20201204_231260.html。

及阻碍执法的法律责任后,依规细致清点文件,制作扣押清单,详细注明文件名称、编号、日期,档案员、调查人员、见证人签字确认。在施工单位处,有人妄图藏匿关键账本,调查人员迅速联合公安经侦人员控制现场,依规封存电脑硬盘、账本,全程妥善搬运,防止证据损毁、遗失,所有扣押物品依规登记入库,由专人妥善保管。

随着调查的深入,经严格内部审批流程,由纪检监察机关向具备技术侦查资质的机关出具委托协助函,函件附上立案材料、线索指向说明、所需技术调查的具体项目,明确要求追踪李某及其关联人银行账户资金流向、还原特定时段通信记录、解析加密资金往来信息。

技术侦查全程受纪检监察机关专人,每日汇报进展;获取数据后,依规组织专业人员核验真实性、关联性,去除无关干扰信息,将关键证据整理成图表和文字报告,附上技术操作流程说明、数据获取合法依据注释,汇入整体证据链,精准揭示隐匿资金路径、幕后交易实情。

| 评　析 |

该案中,纪检监察机关依法依规对案件进行了调查取证,具体体现在以下方面:

1. 该案例对李某的讯问措施合规。同步录音录像从李某进入讯问室前开启设备,直至讯问结束离开全程不间断录制,画面清晰、声音可辨,精准录制问答细节。笔录制作实时、如实记录问答,语言精准、内容完整,没有随意删减或篡改;每页笔录经李某核对,确认内容属实后签字捺印,涂改处必须捺印注明。若讯问中途设备故障,需立即中止讯问,当场记录故障时间、情况,第一时间向上级汇报;启用备用设备后,重新宣读《被调查人权利义务告知书》,简要回溯故障前关键问题,接续讯问,全程确保程序严谨、合法。

2. 案例中的查封、扣押措施程序合规。遇到被扣押方拒不配合甚至暴力抗拒时,调查人员保持冷静,出示执法证件,宣读查封扣押通知书及相关法律责任,警告抗拒执法后果;当暴力抗拒升级时,迅速联系公安部门协助,依法控制现场局面。全程依规清点物品,制作一式多份扣押清单,即便对方拒不签字,邀请无利害关系见证人签字见证,注明抗拒情况;对扣押物品妥善封存、搬运、保管,利用执法记录仪全程记录,保障证据链完整、程序合法。

3. 案例中的技术调查措施程序合规。启用技术调查经纪检监察机关内部多层审批:办案人员撰写详细技术调查申请,说明必要性、预期目标;室组负责人审核把关,核查线索关联;再经分管领导、主要领导审批,附上立案材料、线索分析报告,确保审慎启用。技术侦查机关移交证据后,纪检监察机关依规核验:组织内部法务、技术骨干联合审查,比对法规条款、技术标准,研判证据合法性、关联性;回溯技术操作流程,查看数据获取、处理环节有无违规;必要时聘请第三方权威机构二次核验,剔除无效信息,严守取证合法合规底线。

拓展阅读文献

1. 阳平:《监察取证原理与规则》,法律出版社 2023 年版。
2.《监察机关 15 项调查措施学习指南》,中国方正出版社 2018 年版。
3.《〈中华人民共和国监察法〉案例解读》,中国方正出版社 2018 年版。
4. 倪铁:《监察技术调查权运作困境及其破局》,载《东方法学》2019 年第 6 期。
5. 郭少杰:《监察法中的技术调查措施研究——兼论〈监察法〉第 28 条》,载《山东警察学院学报》2019 年第 2 期。

第六章　监察证据审查的内容和方法

第一节　监察证据审查的基本内容

一、审查监察证据的“三性”

根据《监察法实施条例》第69条的规定，监察机关调查终结的职务违法案件，应当事实清楚、证据确凿。“证据确凿”的前两项要求是定案处置的事实都有证据证实和定案证据真实、合法。根据《监察法实施条例》第70条的规定，监察机关调查终结的职务犯罪案件，应当事实清楚，证据确实、充分。“证据确实、充分”的前两项要求是定罪量刑的事实都有证据证明和据以定案的证据均经法定程序查证属实。其中，对证据能够证实案件事实的要求体现的是证据的关联性，另外两项定案要求体现的则是证据的真实性和合法性。故监察证据的审查重点与刑事证据是一致的，即证据的“三性”。

（一）关联性

监察证据的关联性是指监察机关在调查职务违法和职务犯罪案件时，收集到的证据应与案件事实之间存在直接的、内在的联系。关联性是认定证据能力的重要标准之一，它要求证据必须能够证明或否定案件中的关键事实，从而对案件的定性起到实质性作用。在监察调查实践中，监察机关需要对证据进行严格筛选和审查，筛掉那些与案件事实无关或关联性不强的证据，避免其对事实认定的干扰或误导，确保调查结果的准确性。对监察证据的关联性的理解，需重点把握两个方面的标准。

1. 证据与案件事实间的客观联系。首先，这种联系不能被理解为哲学层面的事物之间存在的普遍联系，而是证据蕴含的事实系对查明案件事实有一定实际意义的事实。例如，证明某商人曾经向官员甲赠送财物的证据，只能证明该商人有行贿的经历,但不能成为证明其向官员乙赠送财物的证据。这也是关联性的一项要求,即一个人的品格特征证据,在证明该人于特定环境下实施了与此品格相一致的行为问题上,原则上不具有关联性,一个人在其他场合的某一行为与他在当前场合的类似行为通常没有关联性。其次,证据与事实之间的联系具有客观性。监察机关办案人员只能如实地反映证据与案件之间的联系,不能主观臆造、牵强附会。无论是调查人员还是审理人员,都应当客观评价证据对案件待证事实的证明作用。既不能将没有客观联系的证据想当然地认为有客观联系,也不能刻意拔高证据与案件主要事实的关联程度。

2. 证据能用以证明案件事实。与案件事实有联系是不够的,只有对证明案情既有实质性又有证明性作用的材料,才能成为具有关联性的证据。首先,实质性所要求的是证据必须指向案件的关键问题或争议问题,即要求证明事项属于依法需要运用证据加以证明的待证事实。比如,对于索取型受贿客观行为事实,有关联性的证据应当能够反映被调查人的职权对行贿人是否具有制约作用和影响、被调查人是否主导权钱交易进程、被调查人有无明示或暗示的言行或是否为行贿人谋取利益等事项。其次,证明性是指证据依事物间的逻辑或经验关系具有使实质性问题可能更有真实或不真实的能力。证明性体现为办案人员对证据及待证事实的认识情况,是一个逻辑问题。证明性不仅要求证据展现的信息清晰可见,而且要求证据内容能够被办案人员或其他人员所认知。

(二)真实性

监察证据的真实性是指证据的形式与所表现的内容是客观存在的而不是虚假的,即证据应当具有客观存在的属性,证据必须是伴随案件的发生、发展过程而遗留下来的,不以人们的主观意志为转移而存在的事实。[1] 内容真实是依据证据准确认定案件事实的最重要因素。对证据真实性的审查出了问题,将内容虚假的证据作为定案根据,很可能导致错案。办理监察案件,应高度重视对证据真实性的审查,同时注重证据载体与证据内容,重点审查证据的客观性、可靠性和完整性。

1. 客观性。客观性是证据具有真实性的首要保障,其强调证据必须是对客观事物的反映,不以人的意志为转移而存在。在证据的形成过程中,只有先存在客

---

〔1〕 潘金贵主编:《证据法学》,法律出版社 2022 年版,第 85 页。

观事实本身,才谈得上主体的主观意识作用。即使是具有主观因素的言词类证据,也应以客观的外在表现形式表达出来,以供办案人员筛选审查。办案实践中,强调证据的客观性,旨在指引办案人员理性、科学地还原案发经过,避免将个人想象、臆断、怀疑、虚构融入证据分析。

2. 可靠性。可靠性主要体现为证据载体的可靠,其对于保障证据的真实性同样具有重要作用。如果证据载体受到外界影响或遭到破坏,会直接对证据内容造成影响,导致证据真实性存疑。比如,证人应当具有基本的观察、记忆、正确认知和表达能力,否则其作为证人就不可靠,最终影响证言的可信性;书证、电子数据这类证据如载体有被伪造、篡改或毁坏的痕迹,会对记录或存储内容的真实性造成影响。证据的可靠性还体现在证据来源的可靠,没有准确来源的,如道听途说、无法查证的举报信等,会导致内容的真实性无法得到保障。

3. 完整性。完整性既体现为证据形式要素的完整,也要求证据内容的完整。前者一般指证据本体、证据载体、证据格式等是否保持完整性,如电子数据本身是否完整及附属信息是否完整携带;后者则是指证据材料所载证据信息,如果客观存在,不能仅呈现出部分内容,如只有控诉的信息,而无辩护的信息等。[2] 完整性是证据真实性的影响因素,证据不完整可能会导致事实认定的片面性。《刑事诉讼法解释》第 110 条第 5 项将完整性作为电子数据真实性的审查要点之一,要求审查电子数据的完整性是否可以保证。只有保证用以审查的证据系完整的,才能全方位还原案发过程。《刑事诉讼法解释》第 111 条列举了电子数据完整性的审查、验证方法,包括审查原始存储介质的扣押、封存状态;审查电子数据的收集、提取过程,查看录像;比对电子数据的完整性校验值;与备份的电子数据进行比较;审查冻结后的访问操作日志。

(三)合法性

监察证据的合法性是指监察机关在调查职务违法和职务犯罪案件过程中,收集、固定、审查和运用证据应符合法律规定的要求。对监察证据合法性基本内容的审查主要包括主体合法、形式合法、取证程序合法和取证方法合法。

1. 主体合法

主体合法是指证据的收集、制作主体必须合法。《监察法》第 43 条第 1 款规

---

〔2〕 龙宗智、唐云阳:《论证据完整性及其审查规则》,载《国家检察官学院学报》2024 年第 5 期。

定:“监察机关对职务违法和职务犯罪案件,应当进行调查,收集被调查人有无违法犯罪以及情节轻重的证据,查明违法犯罪事实,形成相互印证、完整稳定的证据链。”《监察法实施条例》第 215 条第 1 款规定:“监察机关对已经立案的职务违法或者职务犯罪案件应当依法进行调查,收集证据查明违法犯罪事实。”监察证据当然应由监察机关收集,具体由案件调查组及其调查人员依法收集。

其他机关收集的证据在符合条件时,可作为监察案件的证据使用。根据《监察法实施条例》第 75 条规定,监察机关对行政机关在行政执法和查办案件中收集的物证、书证、视听资料、电子数据,勘验、检查等笔录,以及鉴定意见等证据材料,经审查符合法定要求的,可以作为证据使用。根据法律、行政法规规定行使国家行政管理职权的组织在行政执法和查办案件中收集的证据材料,视为行政机关收集的证据材料。根据《监察法实施条例》第 76 条规定,监察机关对人民法院、人民检察院、公安机关、国家安全机关等在刑事诉讼中收集的物证、书证、视听资料、电子数据,勘验、检查、辨认、侦查实验等笔录,以及鉴定意见等证据材料,经审查符合法定要求的,可以作为证据使用。监察机关办理职务违法案件,对于人民法院生效刑事判决、裁定和人民检察院不起诉决定采信的证据材料,可以直接作为证据使用。由此可见,行政机关等相关组织在符合一定条件时可成为监察案件证据来源的合法收集主体,但主要限于收集的实物证据。

2. 形式合法

形式合法是指证据应当符合法律法规的形式要件的要求。首先,应当属于法定的证据种类。《监察法实施条例》第 66 条第 1 款规定了监察案件的证据种类,包括:物证;书证;证人证言;被害人陈述;被调查人陈述、供述和辩解;鉴定意见;勘验检查、辨认、调查实验等笔录;视听资料、电子数据。不属于这些法定证据种类的,则形式不合法,不得作为监察案件的证据使用。其次,部分证据必须符合特定的形式要件,如讯问笔录应有被调查人的签名或者捺印;询问笔录应有证人或被害人的签名或者捺印等。

3. 取证程序合法

取证程序合法是指调查人员收集证据的过程应符合法律法规的程序要求。《监察法》和《监察法实施条例》对收集证据的程序作出了明确规定,《监察法》第 36 条第 2 款规定明确要求监察机关在收集、固定、审查、运用证据时应当与刑事审判关于证据的要求和标准相一致,《监察法实施条例》第 222 条第 2 款规定要求案件审理部门应以《刑事诉讼法》等法律法规为准绳对案件事实证据进行审理。据此,对职务犯罪案件证据的收集,不仅要遵循监察法律法规的程序要求,还要遵循刑事诉讼法律法规的程序要求。实际上,两边对于证据收集的程序要求基本一致。

审查证据收集程序的合法性问题,根据证据种类的不同各有侧重。比如,《监察法实施条例》第 89 条和第 90 条第 1 款规定,讯问被留置的被调查人,应当在留置场所进行;讯问应当个别进行,调查人员不得少于 2 人。《监察法实施条例》第 150 条规定,调取证据材料时,调查人员不得少于 2 人,调查人员应当依法出具《调取证据通知书》。《监察法实施条例》第 144 条规定,搜查女性的身体,由女性工作人员进行;搜查时,应当有被搜查人或者其家属、其所在单位工作人员或者其他见证人在场;调查人员应当向被搜查人或者其家属、见证人出示《搜查证》,要求其签名。以上这些条款均是对取证程序的规范,对证据合法性的审查需关注取证的过程是否合法。

4. 取证方法合法

取证方法合法是指收集证据的方式不能违反法律法规的禁止性规定。根据《监察法》第 43 条第 2 款和《监察法实施条例》第 71 条、第 72 条第 1 款和第 2 款规定,严禁以暴力、威胁、引诱、欺骗以及非法限制人身自由等非法方法收集证据,严禁侮辱、打骂、虐待、体罚或者变相体罚被调查人、涉案人员和证人。对于暴力类取证方法的审查,主要在于审查是否存在"采用殴打、违法使用戒具等方法或者变相肉刑的恶劣手段,使人遭受难以忍受的痛苦而违背意愿作出供述、证言、陈述"的情况;对于威胁类取证方法的审查,主要在于审查是否存在"采用以暴力或者严重损害本人及其近亲属合法权益等进行威胁的方法,使人遭受难以忍受的痛苦而违背意愿作出供述、证言、陈述"的情况。对于调查人员采用暴力、威胁以及非法限制人身自由等非法方法收集的被调查人供述、证人证言、被害人陈述,应当依法予以排除。可见,对取证方法合法性的审查同时也是非法证据排除的第一个步骤。

二、审查监察证据之间的相互联系

对监察证据关联性、合法性和真实性的审查,主要侧重单个证据的形式和内容。尽管审查过程时常包含对不同证据间的比对分析,但从结论导向来看,对证据"三性"审查的落脚点仍在该证据能否成为定案的根据。审查监察证据之间的相互联系,一方面是审查认定单个证据真实性或关联性的一种方法路径,另一方面则是在认定证据的同时迈向认定事实。《监察法实施条例》第68条规定："证据必须经过查证属实，才能作为定案的根据。审查认定证据，应当结合案件的具体情况，从证据与待证事实的关联程度、各证据之间的联系、是否依照法定程序收集等方面进行综合判断。"其中，对关联程度、各证据之间联系的审查，可以进一步在证据"三性"基础上判断证据的证明力大小。

审查监察证据之间的相互联系并非只着眼于某个环节或存在于某一时刻。从分步审查的视角，首先审查初选材料之间、与在案证据之间的相互联系，可以判断该材料能否进入监察调查程序成为证据；其次以审查认定"三性"为导向审查证据之间的联系，可以筛选优质证据，过滤问题证据；最后以认定案件事实为导向审查证据之间的联系，可以得出有关待证事实的最佳解释的最佳证据，从而确定定案根据。[3] 从监察阶段监察证据的实际运行情况来看，不同程序环节都会审查证据之间的相互联系，推动案件调查向前进展。在初步核实阶段，一项重要任务就是将收到的案件线索与收集的证据信息"通过逻辑化整理实现信息的有序存档，便于查询和分析评估"[4]。在正式调查阶段，调查组应对收集在案的证据之间的相互联系进行审查，进而形成职务违法或职务犯罪的事实材料。在审理阶段，案件审理部门继续审查在案证据之间的相互联系，进而认定被调查人涉嫌职务违法或职务犯罪的事实。

审查监察证据之间的相互联系，应重点关注：各证据的内容或指向是否一致，如存在部分出入是否影响证明目标的达成；各证据之间就某一证明事项是否存在明显矛盾，如有矛盾能否作出取舍；如何通过证据之间的相互联系初步判断案件事实，进而指引调查方向和证据收集等。

第二节　监察证据审查的基本方法

一、分解验证

分解验证是着眼于单个证据的信息内容进行细致甄别和判断的方法。分析

---

〔3〕 罗维鹏：《刑事证据审查标准及其经验》，载《交大法学》2024年第5期。

〔4〕 王小光：《职务犯罪初核信息分析评估风险与防控》，载《情报杂志》2022年第5期。

单个证据是证据审查判断的起点,职务违法和职务犯罪事实的调查往往就是从获得的单个证据着手分析并由此找到线索而获取更多证据。分解验证旨在查看证据自身内容有无问题,如言词证据中,审查被调查人或证人对于关键事实的陈述是否存在前后矛盾、反复不定、随证而变、不合常理的情况等。[5] 对于同一人前后数次作出的言词证据进行分解验证,需要依据笔录记载内容进行纵向比对。尤其对于多份言词证据前后反复的情形,可以通过这种方法判断哪一次的陈述更可信。

需注意,不能将同一证据的前后比对当作印证,其本质上仍然是对同一证据的分解验证。印证分析存在于不同证据之间的横向比对,而同一证据前后之间的纵向比对则不属于印证。比如,同一被调查人针对案件事实前后作出的内容一致的供述,同一证人针对案件事实前后作出的内容一致的证言。通过这种纵向比对可以发现该证据存在的内生矛盾,但不能仅凭此形成支撑事实的相互印证关系。如果仅有这种纵向比对的同一性,该证据仍属于孤证。根据《关于查处党员违纪案件中收集、鉴别、使用证据的具体规定》等规范文件的明确要求,在没有物证、书证的情况下,仅凭言词证据定案时,必须有两个以上(含两个)证据,才能定案。

二、印证分析

《监察法》第 43 条第 1 款和《监察法实施条例》第 67 条第 1 款要求监察机关认定案件事实,应当形成相互印证、完整稳定的证据链。"印证"一词在监察法律法规中的出现频率低,但是在刑事诉讼法律法规中出现频率较高。由于监察证据的运用与刑事证据运用的要求和标准一致,印证分析方法便当然成为监察证据审查的基本方法。

(一)印证概述

印证,是指利用不同证据内含信息的同一性来证明待证事实的方法。[6] 从我国相关法律规定来看,对于"印证"可以分为两个层次理解其内涵:一是审查判断单个证据真实性的方法,也是对多个证据、全案证据进行审查判断的方法,即印证是一种证明方法,这是本部分阐述的重点;二是在全案证据"相互印证"的情况

〔5〕 潘金贵主编:《证据运用实务教程》,法律出版社 2023 年版,第 271 页。
〔6〕 龙宗智:《刑事印证证明新探》,载《法学研究》2017 年第 2 期。

下可以作为综合认定案件事实的定罪标准。在此层含义上，印证是一种证明模式，《监察法》第43条的规定即是这种要求。

印证分析具体有两个方面的要求：一是形式标准或称数量标准，即用以定案的证据至少有两个；二是实质标准，即证据所含的信息在内容上必须相互印证。就实质标准而言，主要包含两种情形，即证据内容信息同一，或是具有相同的证明指向性。例如，甲说“那日，我提了十万元现金送给了某局长丙”，乙说“我和甲开办公司的一个项目有求于丙，丙给了我们帮助”。这两个言词证据反映的事实内容是不同的，但依据事理或经验法则可以认为，两个证据对“丙收受甲的财物并为甲谋利”这一待证事实具有相同的证明指向性。该要求亦在相关规定中得到了明确的体现，即“证据之间具有内在的联系”，“共同指向同一待证事实”，才得成为定案的根据。〔7〕《监察法实施条例》第68条将各证据之间的联系作为监察证据的审查重点，即是对印证分析方法的强调。

印证分析的主要特征主要有四点。(1)获得印证性的直接支持证据是证明的关键。在印证证明中，证明的关键在于获得相互支持的其他证据。这种证据之间的相互支持，也可以称为相互佐证。(2)注重证明的“外部性”而不注重“内省性”。外部性指证据之间的相互支持，对该种支持的判断具有客观性的特征。内省性即求诸内心，侧重于证明活动的主观性。(3)证据之间相互印证成为达到证明标准的基本要求。我国监察法规和刑事证据法规都将“证据相互印证”作为定案标准。(4)印证分析作为综合分析证据的基本方法，对证据的运用起到了指引作用。

(二)印证分析的适用方式

参照《刑事诉讼法》对印证的规定，审查监察证据可根据各类证据的特点具体运用印证分析方法。

1. 运用印证分析方法审查认定证人证言。《刑事诉讼法解释》第87条第8项指出，对证人证言应当着重审查证言之间以及与其他证据之间能否相互印证，有无矛盾；存在矛盾的，能否得到合理解释。该条规定对证人证言的综合审查判断指明了方向，在司法实践中，应当从两个方面对证言进行审查判断。其一，对证言与其他证言之间的关系进行综合审查判断。主要审查各证言之间的重合一致程

〔7〕《关于办理死刑案件审查判断证据若干问题的规定》第32条第2款。

度，判断各证言之间的差异及其原因，认定各证言之间是否有矛盾之处。其二，审查证言与其他证据之间的关系。如果证言与其他证据之间存在矛盾，则需要对矛盾的成因进行分析，判断证言的可信程度。[8] 其中，证言之间的重合一致程度就是印证程度，"重合"指的是证据信息内容的同一，"一致"除了内容信息的一致，还包括证据信息指向的一致。信息内容同一的印证可以借助对信息内容的直接比较，这属于直接印证；信息指向同一的印证则需要借助信息筛选、语言概括以及证据推论等方法，才能进行信息比较，发现印证关系，这属于间接印证。[9] 证人证言内含的信息量可大可小，与其他证据之间的关系存在不同的状态，具体包括印证且无矛盾、部分印证部分矛盾、完全矛盾三种情况。

2. 运用印证分析方法审查认定被调查人的供述与辩解。《刑事诉讼法解释》第93条第1款第9项指出，对于被告人的供述和辩解应当着重审查被告人的供述和辩解与同案被告人的供述和辩解以及其他证据能否相互印证，有无矛盾；存在矛盾的，能否得到合理解释。实践中，存在被告人供述不稳定、存在反复的现象，庭前供认罪行但庭审翻供的情况时常有之。对于被告人翻供的案件，不能只关注有罪供述与其他证据印证的情况，同时需关注不能得到印证和明显不合理的内容。

3. 运用印证分析方法审查认定实物类证据。对物证、书证的审查认定，首先需要通过审查物证、书证的来源、保管、流转和完整性，判断用以认定案件事实的物证、书证是否具有真实性。《刑事诉讼法解释》关于物证、书证的审查与认定的规定主要围绕物证、书证的真实性展开，这种对物证、书证进行的鉴真式审查主要为了确定物证、书证自身的真实性程度。综合判断物证、书证能否作为定案的根据，还需结合物证、书证与待证事实的关联程度，物证、书证与其他证据的印证联系进行把握。在以电子数据为重要证据的案件中，电子数据的原始性、同一性和完整性至关重要，如此才能保证电子数据载体和电子数据本身的真实可靠。在审查电子数据的原始性、同一性和完整性时，应当注重审查电子数据与其他证据的印证情况。

4. 印证分析方法在间接证据定案中的运用。《刑事诉讼法解释》第140条规

---

〔8〕 李少平主编：《最高人民法院关于适用〈中华人民共和国刑事诉讼法〉的解释理解与适用》，人民法院出版社2021年版，第213页。

〔9〕 龙宗智：《刑事印证证明新探》，载《法学研究》2017年第2期。

定了间接证据定案规则。没有直接证据,但间接证据同时符合一定条件的,可以认定被告人有罪。条件之一就是证据之间相互印证,不存在无法排除的矛盾和无法解释的疑问。间接证据的特征是不能单独直接说明案件主要事实,而必须结合其他证据,通过推论证明案件主要事实。但监察案件的特点决定了没有任何直接证据,仅靠间接证据的相互印证是很难定案的。

(三)印证分析的注意事项

1. 不能机械追求印证。印证作为最为常用的证据审查方法,对于帮助办案人员形成事实的认定具有重要意义。但由于印证证明模式理论本身存在的缺陷,司法实践中,不少办案人员未能正确理解印证证明规则,出现片面追求印证、机械理解印证的问题,进而对案件产生了并不合理的怀疑,不敢大胆地运用逻辑分析、情理判断、经验法则等其他证明方式认定案件事实。这种机械印证主要表现为两种形式:一是强调案件每一个情节一定要有证据印证,但实际上案件中并非每个情节都影响定罪量刑;二是强调案件某个关键情节一定要有证据印证,一旦缺失印证,即不敢定案,但实际上运用其他证明方式可以认定案件事实。

2. 不能刻意制造虚假印证。职务违法和职务犯罪案件容易形成"供证一对一"的证据矛盾局面,加上实践中这类案件通常依赖被调查人供述、证人证言等言词证据,导致该类案件的证据体系呈现出"主观化印证"的特点。以贿赂犯罪为例,证据印证突出体现为行贿、受贿双方言词证据的印证,这种主观性印证的质量,主要取决于相关言词证据的可靠性。[10] 如果刻意制造虚假印证,会导致认定的案件事实与客观事实不符。需要注意的是,印证证明模式不是生成错案的根本原因。错案的产生有程序法、证据法和体制等多方面成因,不能将其他因素应承担的责任简单地归咎于印证。

三、经验法则

(一)经验法则概述

所谓经验法则,是指在审查认定证据和通过证据认定事实的过程中,对从生活、社会经验中归纳获得的关于事物因果关系或属性状态的知识加以运用的做法或规则。

---

〔10〕 刘静坤等:《监察证据原理与方法精要》,中国方正出版社 2024 年版,第 291 页。

经验法则可以作为特定情形下审查判断证据和认定案件事实的一种方法,体现出三个特征。(1)经验法则具有较强的规律性。通过经验归纳之所以能够形成经验法则并用于案件事实认定,就是因为这种归纳体现了事物之间联系的高度盖然性,符合事物运动的规律和人类认知的规律。(2)经验法则具有一定的主观性。尽管经验法则是经过概括和总结的理性认识,但终归是以盖然性大小的判断为依据。经验法则盖然性始终是一种主观盖然性,体现的是主体对其的信任,因此避免不了会受到认识主体主观因素的影响。(3)经验法则具有一定的普遍性。在社会生活的任何方面,只要是具有较高理性的经验知识,都可能在案件事实证明情境下被挖掘出而成为经验法则。

经验法则合理运用于证据审查和事实认定,具备足够的正当性。首先,经验法则的运用有助于克服证明难题,发挥认定案件事实的作用。经验法则可以克服客观性证据短缺、全案证据印证性不足的证明难题,还可以检验已有的事实主张,将不符合经验、情理、常识的事实情节予以揭露。其次,经验法则的运用有助于限制主观臆断,对自由心证进行合理引导。具有规律性的经验法则作为自由心证制度中的一种约束机制,可以将个人经验控制在有效范围之内,防止其偏向绝对自由心证。

(二)经验法则的适用方式

1. 经验法则可以作为判断言词证据是否合乎情理的方法。证据蕴含直接或间接反映案件事实的信息,因此对证据“三性”或“两力”的判断,均可以用到经验法则。根据《刑事诉讼法解释》第 88 条第 2 款的规定,证人的猜测性、评论性、推断性的证言,不得作为证据使用,但根据一般生活经验判断符合事实的除外。对于证据的审查判断,经验法则主要发挥的是验证作用,通过符合一般认识规律的经验,判断证据信息是否真实,是否与待证事实相关。

在贿赂犯罪案件中,经验法则可有效运用于检验被调查人或被追诉人的辩解是否合理。针对已被查实的行贿人与受贿人之间的资金往来,被调查人时常提出资金往来系正常人情往来、两人之间借款或投资回报。而实际情况是否如其辩解所言,办案人员可以运用经验法则对资金往来是否符合礼尚往来、民间借贷和商业投资的基本特征和规律进行审查判断。例如,对于往来资金系借款的辩解,甚至存在案发前补签借款协议或出具借条的情况,可综合审查借款人和出借人的关系、行为方式、有无还款能力等细节,用民间借贷的一般习惯去衡量双方所称的借款关系是否属实。

2. 经验法则可以作为认定案件事实的方法。在运用在案证据认定案件事实时,逻辑与经验的运用是必不可少的,不同的案件会因为证据的数量多少和效力大小存在逻辑推理与经验法则运用程度的差别。对于具有直接证据的案件,经验法则主要发挥的是验证作用,用于检验其中的事实疑点。对于没有直接证据,只有间接证据的案件,经验法则除用于检验故事版本的合理性外,主要用于事实推理本身,保证事实认定过程的正当性和可接受性。《刑事诉讼法解释》第140条第5项就明确指出,在没有直接证据,运用间接证据认定被告人有罪时,运用证据进行的推理应符合逻辑和经验。

(三)运用经验法则的注意事项

1. 运用经验法则应以印证为支撑。监察案件的特殊性决定了其不能主要通过经验法则作出判断,当经验法则发挥一定作用时,应当寻求印证支持。经验法则应用是否正确,常常需要通过是否与其他证据协调一致予以检验。如果间接证据之间相互印证,或直接证据印证了间接证据,同时这些证据本身可靠,经验法则判断的合理有据就能被确认。[11]

2. 运用经验法则需经得起质疑。经验法则的适用只有经得起检验,处置依据的事实才具有正当性,经验法则适用的可视化是检验经验法则运用是否得当的基础,这就需要足够的程序支持。在运用经验法则推导案件事实时,应当充分说理并给予被调查人反驳的机会,从而全面地展示经验法则运用的理据和风险。

四、综合分析

证据分析是一种逻辑思维的展开,既有先后顺序,又前后紧密关联。先是对单个证据是否具有证据能力和证明力,能否作为定案的根据进行判断,重点审查证据的关联性、合法性和真实性。后是综合分析全案证据进而认定案件事实,重点审查通过在案证据认定案件事实是否达到证明标准。对单个证据的审查与对全案证据的综合分析在方法运用上有所不同。单证审查侧重于对证据内容本身是否合乎情理、符合科学进行判断,对单个证据的审查,除了借助佐证其真实性和合法性的辅助证据和过程证据进行分解验证之外,某些时候还需与其他在案证据

---

〔11〕 龙宗智:《刑事证明中经验法则运用的若干问题》,载《中国刑事法杂志》2021年第5期。

进行印证分析。就后者而言,单证审查与综合分析有所重合,通过单证审查有时难以辨别证据的真伪和发现证据的证明作用,此时对全案证据综合分析的方法就不可或缺。

综合分析,探究的是证据与待证事实、各证据间的关系。从相互之间的联系来考察,看它们所反映的情况是否一致、是否协调,就可以比较容易地发现问题、判明真伪,进而确认证明力的有无和大小。[12] 与此同时,综合分析方法用于查验和探明在案证据是否形成闭合的证据链条和稳定的证据体系,是否存在无法解释的疑点和无法排除的矛盾。对职务违法事实和职务犯罪事实的证据展开综合分析,需要调查人员尽可能多收集与待证事实相关联的证据。例如,尽管贿赂犯罪具有一定的隐蔽性,但案件并非发生在真空之中,总会与外界存在各种关联,除了从行贿、受贿双方获取言词证据外,贿赂案件也通常存在能够证明犯罪事实发生、被调查人身份等间接证据。[13] 通过整合这些看似琐碎、不成体系的间接证据并对其进行综合分析,可以形成系统融贯的证据体系,该融贯的证据体系在"一对一"的言词证据存在矛盾的情况下,可协助识别其中的虚假陈述。

典型案例评析

案例 6－1　陶某某受贿案[14] ｜ 以房屋交易形式收受贿赂犯罪中房屋价格认定报告的审查与判断

2019 年,江苏省无锡市人民检察院指控被告人陶某某犯受贿罪、滥用职权罪、徇私枉法罪、内幕交易罪,向无锡市中级人民法院提起公诉。其中指控的三笔受贿事实涉及房产交易,法院审理后对其中两项事实的认定如下:(1)被告人陶某某于 2005 年 11 月至 2013 年,利用担任无锡市公安局滨湖分局局长、江阴市副市长、江阴市公安局局长的职务便利,在工程承接、企业经营发展等方面为顾某某提供

〔12〕 张军主编、最高人民法院刑事审判庭第三庭编著:《刑事证据规则理解与适用》,法律出版社 2010 年版,第 246 页。

〔13〕 刘静坤等:《监察证据原理与方法精要》,中国方正出版社 2024 年版,第 291 页。

〔14〕 最高人民法院刑事审判一、二、三、四、五庭编:《刑事审判参考》(第 132 集),法律出版社 2022 年版,第 106～116 页。

帮助,2013 年 2 月,被告人陶某某以明显高于市场的价格 800 万元将无锡市威尼斯花园米兰区 82 号别墅出售给顾某某。经价格认定,上述房产交易时的市场价格为 653.465 万元。被告人陶某某从中索取 146.535 万元。(2)被告人陶某某于 2009 年下半年至 2010 年 2 月,利用担任江阴市副市长、江阴市公安局局长的职务便利要求江苏 H 集团常务副总经理杨某将无锡市市长广溪花园 152 号双拼别墅以明显低于市场的价格 500 万元出售,并让其哥哥陶某甲(另案处理)实际购得。经价格认定,上述房产交易时的市场价格为 629.8093 万元。被告人陶某某从中索取 129.8093 万元。(其他事实略)

陶某某犯受贿罪部分一审被判处有期徒刑 13 年,陶某某向江苏省高级人民法院提出上诉。江苏省高级人民法院审理认为一审判决认定陶某某的主要犯罪事实清楚,证据确实、充分,定性准确,审判程序合法;因二审发现的新证据材料对部分价格认定报告的证明力产生实质影响,故对一审判决认定的单独受贿的部分事实、数额予以改判。

针对一审法院认定的上述第一起事实,二审法院审查认为该价格认定结论不能客观、真实反映威尼斯花园米兰区 82 号别墅的市场价格。理由为:(1)价格认定结论书选取的 3 套可比实例别墅与威尼斯花园米兰区 82 号别墅存在较大差异。3 套威尼斯五里湖花园别墅与威尼斯花园米兰区 82 号别墅在别墅面积、别墅建筑年代、小区环境等影响别墅价格的因素上存在较大差异,不能以 3 套威尼斯五里湖花园的交易价格为基础,计算威尼斯花园米兰区 82 号别墅的市场价格。(2)价格认定结论书的结论未考虑分期付款及加盖建筑对别墅价格的影响,房款系多年分 5 次支付完成。这样的房款支付方式,与全款交易或按揭贷款交易明显不同,对房屋交易价格具有一定的不利影响。从房屋装修看,被告人陶某某在 2005 年 5 月购买威尼斯花园米兰区 82 号别墅后,加盖了违建房屋几十平方米,加盖的房屋虽然不能作为产权面积,但花费了一定成本,具有一定的使用价值,应当考虑该因素对交易价格的有利影响。

针对二审法院认定的上述第二起事实,二审法院审查认为价格认定机构出具的价格认定结论书不能采信为定案证据。理由为:2010 年前后,长广溪花园别墅的成交单价大部分在 1 万元/平方米左右,与 152 号别墅毗邻的 153 号别墅的交易单价为 1.0604 万元/平方米,价格认定人员选取的别墅均系该小区较高交易单价。由于存在较多无法排除的低价实例,价格认定人员选取的同小区 3 套别墅不能反映同类别墅市场交易价格,不能作为价格认定依据。

| 评 析 |

根据《刑事诉讼法解释》第 100 条规定,“因无鉴定机构,或者根据法律、司法解释的规定,指派、聘请有专门知识的人就案件的专门性问题出具的报告,可以作为证据使用。对前款规定的报告的审查与认定,参照适用本节的有关规定”。据此,价格认定报告符合法定形式要件,且证据内容与受贿数额事实具有关联性,作为证据使用是没有任何问题的。

价格认定报告作为定案根据的前提之一是价格认定过程和方法符合相关专业的规范要求。《价格认定规定》第 15 条规定:“价格认定人员应当全面、客观、公正地收集资料作为价格认定依据,并对其真实性、合法性和关联性进行审查。”《价格认定行为规范》第 30 条规定:“价格认定小组应当对收集到的资料进行整理分析、数据处理,按照价格认定相关规定、规则,结合价格认定标的特点,选择合理的技术路径和方法进行测算,并形成测算说明。”价格认定报告作为认定涉案财物价值的依据,是直接决定被告人是否构成犯罪及犯罪数额认定的重要证据。价格认定报告的结论是否能够客观、真实反映涉案财物的市场价格,需要通过审查价格认定依据、过程及方法进行判断。进言之,需调取可比实例房屋情况及依据可比实例房屋进行价格测算的方法与过程等材料,以确定价格认定报告认定的房屋市场价格是否客观、真实。

本案二审法院充分考虑了影响交易房屋价格的因素,由于存在较多明显低于可比实例房屋价格和价格认定结论的反证实例,可以认为价格认定的依据不可靠,价格认定结论的真实性存疑。由于价格认定报告不能客观、真实反映涉案房屋交易时的市场价格,且显然不是对被告人有利的就低认定结论,故不应被采纳为定案根据。二审法院最终对一审法院认定的这两起事实不予认定。综上,对于房屋交易型贿赂犯罪金额的认定,应全面、客观审查价格认定机构出具的价格认定结论书,认真审查价格认定依据、过程和方法的客观性和可靠性,确保结论的真实性和准确性。

拓展阅读文献

1. 刘静坤:《证据审查规则与分析方法:原理·规范·实例》,法律出版社 2018 年版。

2. 李亚群:《审查调查证据实务》,中国方正出版社 2023 年版。

3. 杨迎泽、孙锐主编:《刑事证据的收集、审查与运用》,中国监察出版社 2013 年版。

4. 潘金贵主编:《刑事司法经验法则运用研究》,中国检察出版社 2022 年版。

5. 龙宗智:《刑事印证证明新探》,载《法学研究》2017 年第 2 期。

第七章　监察案件言词证据的审查

第一节　被调查人陈述、供述和辩解的审查

一、被调查人陈述、供述和辩解的概念和特征

（一）被调查人陈述的概念

《监察法》第19条规定："对可能发生职务违法的监察对象，监察机关按照管理权限，可以直接或者委托有关机关、人员进行谈话，或者进行函询，要求说明情况。"监察谈话，是指国家监察机关直接或者依法委托有关机关、人员，对有问题线索反映、可能发生职务违法的监察对象，以面对面交流的方式，要求被谈话人说明情况或者予以提醒的调查措施。谈话不同于讯问，前者是针对监察对象有相关问题线索反映，或者有职务违法方面的苗头性、倾向性问题而进行的措施。作为一种较为灵活的调查措施，监察谈话在线索处置、初步核实等过程中发挥着重要作用。通过谈话发现被谈话人存在职务违法和职务犯罪嫌疑的，应当启动相应的调查处置程序，针对相关线索深入查证，推进后续的调查与处置活动。监察机关采取谈话的对象是监察对象，适用的案件类型是职务违法案件，适用阶段不以立案为限，即立案前后均可采取谈话措施。由于谈话并不是监察机关调查职务犯罪案件所适用的措施，谈话笔录不能作刑事诉讼证据使用，谈话笔录中涉及被调查人涉嫌职务犯罪的问题，需要作为证据使用的，应进行相应的证据转换程序。另外，纪委也有权采取谈话措施，其谈话措施是纪委收集言词证据的唯一措施。监察机关尽管与纪委合署办公，但在调查职务违法案件时，需要对监察对象采取谈话的，应以"监委"名义进行。[1]

---

〔1〕　阳平：《监察取证原理与规则》，法律出版社2023年版，第152～153页。

（二）被调查人供述和辩解的概念

监察机关采取的讯问是获取被调查人供述和辩解的法定调查手段。《监察法》第20条第2款规定："对涉嫌贪污贿赂、失职渎职等职务犯罪的被调查人，监察机关可以进行讯问，要求其如实供述涉嫌犯罪的情况。"监察讯问，是指监察机关通过言词方式向被调查人提问、被调查人回答的方式，获取被调查人以及涉嫌共同职务犯罪的涉案人员有关贪污贿赂、失职渎职等职务犯罪事实具体情况的调查措施。监察讯问是监察机关在对被调查人立案后的，在调查程序内依法进行的必经程序。监察讯问的目的是通过对被调查人的讯问，收集、核实证据，查明犯罪事实，并发现新的犯罪线索和其他违法违纪人员。监察讯问的主体是监察机关，由于纪委不能采取"询问"措施，监察机关尽管与纪委合署办公，采取讯问措施须以"监察机关"的名义进行。由于讯问是调查职务犯罪案件的措施，因此讯问笔录，即被调查人的供述和辩解可以在刑事诉讼中作为证据使用。

被调查人的供述和辩解，是指被调查人在监察讯问过程中就案件事实情况向监察机关所作的陈述。从陈述的内容来看，主要包括三个组成部分：（1）供述，即被调查人对自己所实施犯罪全部事实和情节的供认。（2）辩解，即被调查人否认自己实施了犯罪行为，或者虽然承认犯罪，但对依法不追究刑事责任、从轻、减轻或者免除处罚进行辩解和说明的内容。辩解具体表现为否认、申辩、反驳、提供反证等。（3）攀供，即被调查人在承认自己犯罪的同时，揭发共犯或者举报他人犯罪行为的陈述；或者在否认自己犯罪的同时，举报他人犯罪的陈述。共犯的供述除被调查人陈述自己的犯罪事实外，不可避免地会涉及其他共犯的意图和行为。因此，在共同犯罪案件的讯问中，不仅要问明每个人的自身情况，注意查明其在共同犯罪中的作用和地位，还要问明他所认识的每个共犯的犯罪事实以及他们在共同犯罪过程中各自的作用和地位。关于揭发、检举他人犯罪行为的陈述的证据种类归属，要区分两种情形。其一，如果举报的内容与被调查人的犯罪行为有关，则是被调查人供述和辩解的组成部分。其二，如果是对非共谋者的被调查人或者犯罪嫌疑人、被告人的揭发，又或者是对共谋者、被告人和举报人共同犯罪以外犯罪的举报，则不属于被调查人供述和辩解的内容，但是可以作为破案的线索，在证明其他相关犯罪案件事实时可以作为证人证言使用。需要注意的是，共犯的供述仍然是供述，不宜同时在证明每一名共犯的犯罪事实时互相作为证人证言使用。即使分案审理，也不能以证人证言的形式证明其他共犯的犯罪事实，否则将不当减轻控方证明责任，增加错误裁判的风险。司法实践中存在的将共犯分案处理且相互作为证人证言使用的做法是不可取的。

（三）被调查人陈述、供述和辩解的特点

职务犯罪和监察调查程序的特殊性决定了被调查人对犯罪事实陈述的特殊性。与普通犯罪中犯罪嫌疑人、被告人供述和辩解相比，纪检监察案件中的被调查人陈述、供述和辩解具有下列特点：

1. 内容与身份和职务密切相关。职务犯罪主体的公务性、犯罪行为的职务性是其区别于普通犯罪案件的本质特征，这也是监察案件被调查人陈述、供述和辩解其他特征的根源。职务犯罪的行为人属于公务人员，他们在履行职责和行使权力过程中所从事的违法犯罪行为一般都经过慎重地利弊权衡和风险预判。被调查人对于自身所涉嫌的职务违法犯罪中的身份、职责、利用职务便利、行为侵害公务人员廉洁性等事实是十分清楚的，被调查人自愿作的真实供述，比其他证据有更直接、更充分的说服力。在职务犯罪案件中，物证、书证等实物证据具有高度的隐蔽性，被调查人陈述、供述能为收集其他证据、及时获取案件的详细事实提供线索和依据。若监察机关的办案人员遵守法律规定、采取适当的措施、恰当运用审讯技巧，取得了被调查人完整、真实、准确的供述，办案人员就能够更加全面、准确地掌握案情，形成证明职务犯罪事实的完整证据链。

2. 隐蔽性强，判断其真实性的难度较大。被调查人陈述、供述和辩解的隐蔽性既包括其被发现或取得的难度较大，又包括其所反映的职务犯罪事实隐蔽，对其真实性的判断难度较大。大部分犯罪人都在一定程度上抱着逃避司法机关指控和法律制裁的心理，其往往会编造谎言、作出虚假陈述，掩盖事实真相。职务犯罪案件的被调查人往往比普通刑事犯罪的犯罪嫌疑人具有更强的反调查意识。职务犯罪呈现窝案、串案形态，共同职务犯罪的被调查人巧立攻守同盟而虚假陈述的情形较为常见。职务犯罪的被调查人都受过良好的教育，人生阅历丰富，心理承受能力强大，对于法律的理解和运用优于普通犯罪人，所以其在监察调查程序中被讯问时具有更强的对抗意识和掩盖事实真相的能力，很难主动交代所有犯罪事实，这就给监察机关和司法机关查明职务犯罪事实带来更大的困难。

3. 被调查人陈述、供述和辩解具有复杂性和交叉性。贪污贿赂类犯罪、渎职类犯罪、侵权类犯罪之间往往存在交叉的情况，比如被调查人接受行贿人之请托滥用职权或徇私枉法为其谋取不正当利益，收受他人贿赂可能构成受贿罪，还可能同时构成滥用职权罪、徇私枉法罪等犯罪。正是由于某些职务犯罪之间存在对合、关联的情况，被调查人陈述、供述和辩解也存在这种关联性或者交叉性，主要表现在陈述内容上的关联关系或包含关系。例如，行贿人的供述必然包含了受贿人如何取得财物及承诺为请托人谋取不正当利益，而受贿人的供述中也必然包含了行贿人如何交付财物及提出谋取何种不正当利益的内容。此时，行贿人关于行贿、受贿部分的供述可能会成为受贿人构成受贿罪、滥用职权罪或者徇私枉法罪的证据。

4. 被调查人陈述、供述和辩解虚假的可能性大。由于被调查人拥有优越的社会地位和丰富的资源，职务违法犯罪事实一旦查明，被调查人将要失去的特殊利益很可能要比承担的纪律处分或刑事责任对其造成的不利影响更大。基于趋利避害的心理，被调查人为了逃避罪责，总是企图对犯罪行为予以否认或者进行牵强附会地解释。为了获取被调查人的有罪供述，调查人员会采取各种调查措施。被调查人由于其所处的特殊诉讼地位或者在被限制人身自由的情况下，如果讯问人员存在刑讯逼供、诱供等不当取证行为，就更可能造成犯罪嫌疑人、被告人供述和辩解的内容严重失实。此外，即使是犯罪嫌疑人、被告人自愿作的有罪供述，也可能由于种种原因而不真实。被调查人供述或辩解的生成环境一般具有很强的对抗性和封闭性，这使得他们很难真正自愿地供述。在监察讯问阶段，讯问是调查人员与被调查人之间进行交流和博弈的过程。调查人员可以利用法律赋予的权力来控制讯问的环境、方式和进程，被调查人处于被动地位，这在一定程度上导致其陈述与事实不符。

二、被调查人陈述、供述和辩解的审查方法

（一）审查监察谈话、监察讯问程序的合法性

《监察法》、《刑事诉讼法》及司法解释较为全面地规定了讯问程序，包括讯问的主体、讯问地点、权利保障、个别讯问、禁止非法讯问、录音录像等内容。《监察法实施条例》进一步明确了监察谈话的程序规范。对监察谈话、监察讯问程序合法性的审查主要从主体、地点、权利保障、方法等四个方面展开。

1. 监察谈话、讯问主体的合法性审查

（1）监察谈话的主体。监察谈话的主体是国家监察机关及受委托的有关机关、人员。一般为国家监察机关的相关负责人或者承办部门主要负责人，以及有

关机关、人员所在机关的主要负责人。与被调查人谈话时，纪检监察机关的办案人员不得少于2人。依照程序审批后，国家监察机关主要负责人或者承办部门主要负责人可以在管理权限内要求被谈话人就某些具体问题说明情况，其间可由被调谈话人所在党委（党组）或者纪委（纪检组）主要负责人在旁陪同。国家监察机关委托有关机关、人员进行谈话的，谈话一般由被谈话人所在机关党委（党组）主要负责人进行。

（2）监察讯问的主体。作为国家监察机关开展职务犯罪调查工作的特殊调查措施之一，讯问是在限制或者剥夺被调查人的人身自由的情况下开展的，因此讯问权限必须受到法律的严格限制。讯问被调查人只能由监察机关的调查人员进行，监察机关不得委托其他机关、人员讯问被调查人。讯问被调查人时，监察机关的调查人员不得少于2人。为保障被调查人的权利，监察调查人员应当依照法律规定的地点和时间进行讯问。

2. 监察讯问场所的要求

根据《监察法实施条例》第89条、第91条等规定，对采取留置措施的被调查人进行讯问，必须在留置场所内进行。讯问未被限制人身自由的被调查人，应当在具备安全保障条件的场所进行。讯问在押的犯罪嫌疑人、被告人，应当持以监察机关名义出具的介绍信、工作证件，商请有关案件主管机关依法协助办理。讯问在看守所、监狱服刑的人员，应当持以监察机关名义出具的介绍信、工作证件办理。

3. 监察谈话、监察讯问的权利保障要求

（1）监察谈话的权利保障。在涉嫌职务违法的被调查人立案后与被调查人谈话时，应当出示《被调查人权利义务告知书》，由其签名、捺指印。对于被调查人未被限制人身自由的，应当在首次谈话时出具《谈话通知书》，与涉嫌严重职务违法的被调查人进行谈话的，应当全程录音录像，并告知被调查人。

（2）监察讯问的权利保障。首次讯问时，国家监察机关应当向被讯问人出示《权利义务告知书》，明确告知被调查人所享有的各种权利，由其签名、捺印。例如，调查人员应告知被调查人享有如实供述可以获得从轻处罚的权利以及认罪认罚的法律规定。被讯问人拒绝签名、捺印的，调查人员应当在文书中记明。被讯问人未被限制人身自由的，应当在首次讯问时向其出具《讯问通知书》。监察人员首次讯问时未告知被调查人权利义务的，会导致被调查人供述出现瑕疵，但若后续程序中监察人员补充告知了被调查人相关权利义务，且被调查人对此表示认可的，则该被调查人供述可以作为定案的依据。《监察法》第44条第2款明确规定，监察机关调查人员进行讯问时，应当全程录音录像，留存备查。录音录像应全程进行，保持完整性。需要注意的是，监察机关对调查过程的录音录像，不随案移送检察机关。《监察法实施条例》第60条第3款规定，检察机关认为需要调取与指控犯罪有关，并且需要对证据合法性进行审查的录音录像，监察机关应当依法予以提供。

4. 监察讯问方法合法性的审查

根据《监察法》《监察法实施条例》的相关规定，监察机关讯问被调查人时不得采取逼供、诱供，或者侮辱、打骂、虐待、体罚等方法，也不得以暴力或者严重损害本人及其近亲属合法权益等方法进行威胁，禁止采用非法拘禁等非法限制人身自由的方法。由于监察机关承担着调查职务犯罪的职责，其移送的证据是否合法，需要接受刑事审判的检验，因而其取证行为受刑事案件非法证据排除规则的规范。《监察法》关于非法收集言词证据的方式的条款比较少，未限定非法证据的证据种类，《监察法实施条例》明确了监察案件非法证据排除规则的适用范围，即被调查人供述、证人证言、被害人陈述、物证、书证。《监察法实施条例》专门对监察证据的形式要件等作出规定，《监察机关监督执法工作规定》第54条规定了瑕疵证据补正解释规则，其目的都在于保证监察证据的真实性与合法性，确保案件查办质量。监察案件非法言词证据排除规则应基于《监察法》有关规定以及刑事诉讼非法证据排除规则中的有关内容，确立非法言词证据的认定标准。[2] 审查被调查人供述和辩解的证据资格，排除以非法方法获取的供述和辩解，有助于更好地防止监察机关违法取证行为出现，保障被调查人的合法权益，维护程序公正。从发现事实真相的角度来看，监察机关在监察调查阶段通过排除非法证据，阻止不具有证据资格的证据进入刑事诉讼程序，有助于减少冤案和错案的发生，维护实体公正。

《监察法》第36条第3款规定："以非法方法收集的证据应当依法予以排除，不得作为案件处置的依据。"《监察法》第43条第2款关于"严禁以暴力、威胁、引诱、欺骗及其他非法方式收集证据，严禁侮辱、打骂、虐待、体罚或者变相体罚被调

---

〔2〕 阳平：《监察取证原理与规则》，法律出版社2023年版，第236页。

查人和涉案人员”的规定以及《刑事诉讼法》规定的刑事案件非法证据排除规则的有关内容，为监察案件排除非法获取的被调查人供述提供了法律依据。

（1）以非法方法收集的被调查人、涉案人员的供述应当予以排除。根据《监察法》的规定，严禁以非法方式收集证据主要是指“严禁刑讯逼供，严禁以暴力、威胁、引诱、欺骗及其他非法方式收集证据”[3]。此外，《监察法实施条例》第71条对监察机关非法收集被调查人的供述的方式作了进一步界定，“严禁以暴力、威胁、引诱、欺骗以及非法限制人身自由等非法方法收集证据，严禁侮辱、打骂、虐待、体罚或者变相体罚被调查人、涉案人员和证人”。为了证明非法取证行为真实存在，讯问时的录音录像就成为重要的证据材料。虽然讯问录音录像并不是证明调查讯问程序合法性的唯一证据，但从证据的证明力来看，讯问录音录像应该是客观性最强、证明效果最好的证据。所以，司法实践中在证明调查讯问程序合法性时会更注重对讯问录音录像的审查。[4]《严格排除非法证据规定》第22条也赋予了犯罪嫌疑人、被告人及其辩护人申请调取同步录音录像的权利。《监察法实施条例》第60条第3款规定，人民检察院、人民法院需要调取同步录音录像的，监察机关应当依法予以提供。监察调查人员出庭说明情况更有利于查清证据收集行为的合法与非法的事实。只要属于法律规定的调查人员应当出庭的情形，调查人员就应当出庭说明情况。当控辩双方对证据收集行为合法性产生争议，并且法院认为调查人员有出庭必要时，法院就应当通知调查人员出庭说明情况。在认定非法证据时，除应遵循既有的客观性标准外，也应增加对主观标准的判断，审查判断非法取证行为是否造成被追诉人违背自己意愿而供述。[5]

（2）重复性供述的排除。《严格排除非法证据规定》第5条规定的“重复性供述排除规则”，是指除法定情形外，犯罪嫌疑人、被告人受此前刑讯逼供行为影响而作出的与上一次供述相同的重复性供述，应当一并排除。确立重复性供述排除规则，有助于进一步阻止办案人员实施刑讯逼供行为，保障被调查人的合法权益。职务犯罪的隐蔽性、实物证据少等特点，决定了监察调查对被调查人的供述的依赖程度较高，发生重复性供述的风险较高，对监察机关收集的被调查人供述适用

---

〔3〕 中共中央纪律检查委员会、中华人民共和国国家监察委员会法规室编写：《〈中华人民能共和国监察法〉释义》，中国方正出版社2018年版，第190页。

〔4〕 高通：《监察案件中非法证据排除规则适用实证研究——以贪污贿赂和渎职犯罪为视角》，载《齐鲁学刊》2023年第4期。

〔5〕 卞建林：《排除非法证据的制度反思》，载《当代法学》2023年第3期。

重复性供述排除规则,具有现实必要性。

(二)被调查人陈述、供述和辩解证明力的审查

对被调查人陈述、供述和辩解进行审查是一项非常复杂的工作。从取证程序的合法性审查被调查人陈述、供述和辩解的证据资格之后,进一步从陈述、供述的实质内容上审查其真实性,综合评估其证明力。司法实践中,在对被调查人的陈述、供述和辩解的证明力进行审查时,可以从以下几个方面入手。

1. 严格遵守"重证据,重调查研究,不轻信口供"的原则

《刑事诉讼法》第 55 条规定:"对一切案件的判处都要重证据,重调查研究,不轻信口供……"《监察法实施条例》第 67 条第 2 款规定:"只有被调查人陈述或者供述,没有其他证据的,不能认定案件事实;没有被调查人陈述或者供述,证据符合法定标准的,可以认定案件事实。"上述规定体现了只有口供不能认定犯罪事实的要求。由于被调查人作为刑事诉讼中被追诉的对象,案件的处理结果与其有着直接的利害关系,被调查人供述的虚假性很大。为防止"轻信口供"对查明案件事实的负面影响,在审查被调查人供述时,应当重视对供述真实性具有补强功能的证据。被调查人供述之所以能够被补强,主要是因为被调查人供述在形式上已经包含全部或主要的犯罪构成要件事实。因为被调查人供述的内容可能虚假,为了防止依赖被调查人供述认定案件事实时发生错误,需要有其他证据来增强其证明力。通常情况下,根据口供收集到的证据,涉及的事实细节越多、越隐蔽,越能够增强口供的可信度,越有利于认定案件事实,也能够更有效地防止和应对翻供。反之,如果没有收集到相关的其他证据来补强,被调查人供述再详细,也不能够直接用于认定案件事实。

2. 审查被告人庭审供述的真实性

在评估被调查人、被告人供述的真实性时,要解决好庭前供述和庭审供述不一致,尤其是庭审翻供时,庭审供述的真实性如何判断的问题。被调查人、被告人推翻之前的供述,即翻供是其行使辩护权的具体表现。被调查人推翻以前的供述可以发生在调查和审查起诉阶段,也可以发生在法庭审理阶段。在监察调查阶段,监察机关为了固定被调查人的供述,监察调查人员往往会反复多次进行讯问。在多次讯问过程中,被调查人的供述很可能发生变化,增加无罪、罪轻的辩解,甚至推翻之前的供述。由于当庭供述的自愿性、合法性能够得到程序保障,其真实性比庭前供述的可能性更大。《刑事诉讼法解释》第 96 条规定了被告人翻供的情

况下如何采信口供的规则。审查被告人供述和辩解，应当结合控辩双方提供的所有证据以及被告人的全部供述和辩解进行。被告人庭审中翻供，但不能合理说明翻供原因或者其辩解与全案证据矛盾，而其庭前供述与其他证据相互印证的，可以采信其庭前供述。被告人庭前供述和辩解存在反复，但庭审中供认，且与其他证据相互印证的，可以采信其庭审供述；被告人庭前供述和辩解存在反复，庭审中不供认，且无其他证据与庭前供述印证的，不得采信其庭前供述。如果只有被告人庭前供述，没有证明被告人有罪的实质证据，就应当贯彻疑罪从无原则。在审查时要运用经验法则和逻辑，结合案件情况和被告人供述时的神情举止，分析翻供的原因和目的，准确判断供述的真实性。

需要注意的是，由于调查人员可能选择性地收集被调查人的供述，仅仅收集被调查人的有罪供述，对被调查人的辩解、翻供的情形未予以记录在案，因此，对于“庭前供述一致，庭审中翻供”情形的认定，必须建立在全面收集被调查人供述和辩解的基础之上。如果无法确定监察调查人员是否全面收集被告人供述和辩解，就应当认真对待被告人的当庭翻供，仔细分析被告人翻供的动机，不能简单地以被告人翻供不合常情和常理为由，无视其翻供的行为。〔6〕

3. 审查被调查人陈述和供述内容的全面性

在审查被调查人陈述、供述和辩解时，要特别注意审查取证过程是否忽视了有利于被调查人的证据材料。有罪推定的思维方式在办案人员中仍然有较大的影响力，办案人员倾向于收集被调查人承认犯罪事实的陈述或供述，忽视对其行为无罪、罪轻的辩解，对于陈述、供述和辩解中提到的能够证明无罪、罪轻以及从轻量刑的物证、书证、视听资料等实物证据也未予以收集调取。这在很大程度上影响了被调查人陈述、供述的全面性、可靠性。《监察法实施条例》第 67 条第 1 款规定，在调查过程中，应当全面、客观地收集、固定被调查人有无违法犯罪以及情节轻重的各种证据。纪检监察机关在调查讯问时应当贯彻无罪推定原则的精神，重视对无罪、罪轻证据的收集，全面记录被调查人对违法犯罪事实的供认和辩解，应当注意调查核实被调查人提出的辩解理由，发现疏漏或者错误及时予以补充、更正，为查明案件事实奠定坚实的基础。

〔6〕 刘静坤等：《监察证据原理与方法精要》，中国方正出版社 2024 年版，第 93 ~ 94 页。

4. 审查被调查人的供述与其他证据有无矛盾

《刑事诉讼法解释》第96条第1款规定，审查被告人供述和辩解，应当结合控辩双方提供的所有证据以及被告人的全部供述和辩解进行。通过全面审查和评估被调查人的供述与其他证据之间的关系，可以发现它们之间的矛盾，从而更好地判断被调查人供述的真实性。在审查过程中，要运用常识、常情、常理和逻辑规则综合审查供述与辩解是否合情合理。审查在当时、当地的情况下是否会出现被调查人供述或辩解所涉及的情况；对于供述的时间、地点、手段、过程、动机、目的、后果等，要根据被调查人的身份及其与相关人的关系，分析这些情况是否可能发生和存在，是否合理。

审查被调查人的供述与其他证据有无矛盾，可以从两个层面展开：第一，审查同案被调查人供述和辩解的真实性。在审查证据时，办案人员还必须注意每个共犯的供述和辩解是否一致，是否存在串供，以及是否存在以被调查人的供述和辩解引诱他人供述和辩解的情形。审查被调查人的供述与同案其他被调查人的供述是否一致，如果发现矛盾，应当对其进行深入的分析和评估。必要时，还需要通过补充调查进一步搜集证据，以排除同案被告人供述之间的矛盾。监察机关办理的职务犯罪案件"一对一"的特点较为突出，同时，共犯为免除或者减轻刑事责任，作虚假陈述的风险较高。因此，共犯所作的不利于被调查人的供述，不得作为被调查人供述的补强证据，而应由独立于共犯口供的其他证据作为补强证据。第二，审查被调查人、被告人的供述是否与其他证据有矛盾。如果发现它们之间有矛盾，应当仔细研究其表现形式及其背后的原因，当出现不能排除的合理怀疑时，应当作出有利于被追诉人的认定。

第二节 证人证言、被害人陈述的审查

一、证人证言、被害人陈述的概念和特征

（一）证人证言的概念

监察机关办理的案件中的证人是被调查人、被害人以外的知道案件情况并在监察调查阶段向监察机关提供证言的人。在职务违法和职务犯罪案件中，证人有很多种，有涉案人员如行贿人，也有与案件无关联的知情人；既有利益相关如司

机、秘书等,也有利益无关人如仅经手财务的会计。[7] 既有直接知情人如参与非法牟利或经手行贿的人员,也有间接知情人如听别人转述过有关情况的人员,或者是曾经接触过部分问题线索的人员。这些人在接受询问时,有的会坦然面对并说明问题,有的会出于情感、利益、安全等方面的压力,闭口不谈或遮遮掩掩。这就需要纪检监察机关依规依纪依法展开询问,同时又要具体问题具体分析,根据不同证人的特点采取有针对性的询问策略。职务犯罪案件中的证人大部分知道涉案人员的身份、职责、权力和贪污腐败等情况的相关人员,他们证言也包含了大量与被调查人职责、权力等相关的信息,纪检监察机关的调查人员在询问时需要注意收取此类信息。

证人证言是证人就自己直接感知的案件情况向监察机关、公安司法机关所作的陈述。证人证言一般是证人口头陈述,并由询问人员以当场制作笔录的形式加以固定的,在特定情况下还要进行同步录音、录像。经办案人员同意由证人亲笔书写的证词,是将口头陈述直接固定在书面材料上,因而也是证人证言。必要时,办案人员也可以要求证人亲笔书写证言。证人证言所证明的对象范围十分广泛,既可能是证明犯罪事实存在、犯罪情节严重的事实,也可能是证明犯罪事实不存在、犯罪情节较轻的事实。

(二)被害人陈述的概念

被害人陈述,是指刑事被害人就其遭受犯罪行为侵害的事实和其他与案件有关的情况向监察机关及公安司法机关所作的陈述。监察机关管辖的大部分案件没有被害人,因而不涉及被害人陈述。有些案件侵害的客体与个人利益密切相关,会涉及特定的被害人。例如,报复陷害案件,以及司法人员以外的公职人员利用职权实施的非法拘禁、虐待被监管人等案件。犯罪被害人是直接遭受犯罪行为侵害的人,一般对犯罪地点、犯罪经过、犯罪手段等案件事实情节有较多了解,特别是有的被害人与犯罪人有过直接接触,能够清晰地描述犯罪人的行为细节和遭受损害的感受等,故其陈述对于揭露犯罪、查获犯罪人和认定案件事实具有积极作用。但是,也正因为被害人直接遭受犯罪行为侵害这一特殊身份,其在陈述时容易受到情绪激动、泄愤等因素的影响而故意夸大犯罪事实,或者隐瞒自己在犯罪过程中的过错,甚至诬告陷害被调查人。实践中,也有的被害人不愿或不敢揭

---

〔7〕《〈中华人民共和国监察法〉案例解读》,中国方正出版社2018年版,第190页。

露犯罪和犯罪人,从而无法获取被害人陈述。被害人陈述具有较强的主观性,并且由于其容易出现夸大或虚假陈述的可能,为确保被害人陈述的真实性,监察机关应当严格遵守询问被害人的法定程序,根据案件的具体情况运用适当的询问方法,尽可能减少被害人的虚假陈述。

由于被害人陈述与证人证言在形成机制上有相似性,因此对被害人陈述的收集、审查与认定,参照证人证言的规则和要求。《刑事诉讼法》第127条、《监察法实施条例》第98条第2款规定,询问被害人,适用询问证人的规定。

(三)证人证言的特征

1. 真实性受利害关系的影响大。证人证言能够直接或者间接证明案件有关事实,与物证、书证等实物证据相比,证人证言的内容更加具体、生动、丰富,通过它更易了解案件事实的经过和全貌。证人是当事人以外的第三人,多数证人与当事人没有利害关系,证人的立场一般较为中立,其对案件事实的陈述更为客观,可靠程度一般优于当事人对案件事实的陈述,在诉讼证明过程中具有独特的意义。由于大多数职务违法、职务犯罪案件发生在利害关系人之间,很少有第三方目击证人,因而这类案件的证人大多数是与案件有利害关系的人,这会影响他们证言的真实性。尤其是涉案人员为获得从宽处罚而揭发有关被调查人职务违法犯罪行为,这种“揭发式证言”的真实性更是需要查证。[8] 被害人与案件存在直接的利害关系,对案件事实的陈述受到自身利益、报复心理等影响较大,在一定程度上存在夸大犯罪人的行为、损害后果或主观恶性的成分。因此在审查被害人陈述时与普通证人证言要区别对待。

2. 证人的不可替代性。证人证言的不可替代性是由以下两个方面决定的:一是证人具有不可替代性。只有当事人以外了解案件情况的人才能成为证人,证人的特定性决定了证人证言也是不可替代的。二是证人证言的内容和作用具有不可替代性。证人证言的内容必须是证人对案件事实所感知的情况、记忆的情况和陈述的情况。证人对案件事实的分析、判断、估计、猜测等,均不能作为证人证言的实质性内容。证人证言包含能够证明案件情况的一切事实,可以为办案机关调查、侦查工作提供线索,为进一步取得其他证据提供帮助,这是其他证据种类无法替代的。

---

[8] 阳平:《监察取证原理与规则》,法律出版社2023年版,第58页。

3. 内容的不稳定性。由于证人证言都是人对亲自感知的情况的反映，不仅受社会的、自然的客观因素影响，而且自身的各种主观因素都会对其真实可靠性产生一定的影响，证人提供的证言有可能不真实或者不完全真实，甚至有可能是伪证。所以不可避免地会受到证人的主观因素和外界客观因素的影响、干扰，易发生变化，具有不稳定性。以渎职侵权犯罪案件中的证人证言为例。相关证人一般与渎职行为人有比较密切的关系，或者是工作关系，或者有利害关系。证人多为领导、同事或者下属，有些甚至是共同犯罪人；或者是渎职行为相对人，有些是因渎职犯罪而获利的人。查处渎职犯罪，常常意味着证人本人利益的重大损失。这种客观的密切关系，特别是直接的利益联系，促使很多渎职行为人和相关证人在犯罪前后、案发前后就已经多次串供。所以相关证人对如实作证的顾虑较多，作出的折中性和偏袒性证言较多，证言的真实性和稳定性受到很大影响。〔9〕证人证言还受到证人记忆能力和时间因素的影响而导致其内容前后不一致。司法实践中，经常出现同一证人就同一案件在不同诉讼阶段的询问中所作的陈述内容或多或少存在差异的现象。因为随着时间的推移，证人的记忆会慢慢地淡化、模糊甚至完全消失，证人证言的内容也随之发生了变化，这种变化是客观存在且带有普遍性的，因此必须慎重对待证人证言，既不能盲目轻信，也不能轻易否定，必须结合本案其他证据进行认真细致地审查核实，否则不能作为定案的根据。

二、证人证言的审查方法

（一）审查询问证人程序的合法性

根据《监察法》第 22 条的规定，在调查过程中，监察机关可以询问证人等人员。依法采用询问措施是证人证言合法性和真实性的重要保障。在对证人证言内容的真实性进行审查之前，首先要审查证言的取得程序是否合法，方法是否得当，有无采用足以影响如实作证的违法因素和不当方法。一般而言，询问证人的程序合法性的审查需要从以下几个方面进行。

1. 谈话和询问之前应依法获得审批。根据《监督执纪工作规则》第 40 条第 1 款的规定，审查调查组可以依照党章党规和监察法，经审批进行谈话等措施。无论是立案前的谈话，还是立案后的谈话，都需要经过审批。与谈话措施一样，监察

〔9〕　王纪松主编：《渎职侵权犯罪案件的证据收集、审查与认定》，中国检察出版社 2015 年版，第 24 页。

机关采取询问措施不以立案为限，立案前的询问必须经过审批。《监察法实施条例》第 92 条规定，监察机关按规定报请批准后，可以依法询问证人、被害人等人员，了解核实有关问题或者案件情况。由于询问的对象是证人等人员，适用条件比较宽，涉及的证人比较多，如果审批程序过严，不利于开展谈话。因此，询问的审批层级应简于谈话的审批程序。〔10〕

2. 询问证人的主体只能是监察机关。因涉及被调查人之外的其他公民，询问证人的权力只能由监察机关依法行使，不得委托给其他机关、个人行使，且监察调查人员不得少于 2 人。如果调查人员与案件或者涉案人员有某种特殊关系，可能影响询问质量、扰乱监察方向的，此人应当回避，不得参与询问工作。调查人员询问证人时，应当对其个人隐私保守秘密。调查人员也不得将询问的内容透露给其他的询问对象。〔11〕

3. 监察询问的场所。《监察法实施条例》第 82 条第 1 款、第 93 条第 1 款规定，证人未被限制人身自由的，可以在其工作地点、住所或者其主动提出的地点进行询问，也可以通知其到指定地点接受询问；证人是重要涉案人员的，可以在具有安全保障条件的场所询问。如果需要到证人提出的地点或者调查人员指定的地点进行询问的，应当在笔录中记明，并可以在询问前核实证人是否愿意在该地点接受询问，听取对方的意见；对于在调查人员指定的地点进行询问的，可以对询问地点的性质向被询问人作出说明，并询问证人是否有异议。对于证人针对指定的询问地点明确提出异议，并提供合理理由的，监察机关应当慎重研究，必要时可以重新确定询问地点。为确保询问程序的合法性，征求证人意见的过程应当在笔录中记明。根据《监察法实施条例》第 93 条第 2 款的规定，调查人员认为有必要或者证人提出需要由所在单位派员或者其家属陪同到询问地点的，应当办理交接手续并填写《陪送交接单》。

此外，《监察法实施条例》第 83 条对询问证人的特殊地点进行了规范。证人被执行相关监察强制措施的，询问证人应当按照法定程序在执行相关监察强制措施场所进行；证人在押的，应当持以监察机关名义出具的介绍信、工作证件，商请有关案件主管机关依法协助办理；证人在看守所、监狱服刑的，应当持以监察机关名义出具的介绍信、工作证件办理。

---

〔10〕 阳平：《监察取证原理与规则》，法律出版社 2023 年版，第 157 页。

〔11〕 吴建雄、廖永安主编：《监察法学》，中国人民大学出版社 2020 年版，第 125 页。

4. 告知证人权利义务的要求。根据《监察法实施条例》第 94 条、第 96 条、第 97 条的规定，证人有受保护的权利和如实作证的义务，证人在明确知晓相关权利和义务的情况下作证，有助于确保证人证言的合法性和客观性。首次询问时，应当向证人出示《证人权利义务告知书》，由其签名、捺指印；询问时，需要告知证人应当如实提供证据、证言，以及作伪证或者隐匿证据应当承担的法律责任。对于未被限制人身自由的证人，应当在首次询问时向其出具《询问通知书》。对于在相同地点连续询问的情形，除首次询问时出具《询问通知书》外，后续进行的连续询问可以不再出具该通知书；对于中间相隔一段时间进行询问或者更换询问地点的，后续询问时视情况也可以出具《询问通知书》。

5. 询问的方式、方法。(1)《监察法实施条例》第 94 条第 3 款的规定，在询问证人的过程中，不得向证人泄露案情，不得采用暴力、威胁等非法方法获取证言。经过审查，如果发现调查人员采用暴力、威胁等非法方法收集的证人证言，应当依法适用非法证据排除规则予以排除，不得作为案件处置的依据。这种情况是指以暴力、威胁等手段迫使证人对案件提供证言。凡是以此手段取得的证人证言，应当绝对排除，不需要考虑暴力、威胁等手段是否必然导致该证言虚假。(2)询问证人应当个别进行。询问证人时其他证人不得在场，以避免证人之间相互干扰与串通，保证证言的真实性。询问证人没有个别进行而取得的证言，不得作为认定案件事实的依据。(3)询问证人应当以口头方式进行，并用询问笔录的形式加以固定。《监察法实施条例》第 93 条至第 95 条规定，监察人员在询问证人时，应当在询问笔录上填写询问人、记录人、法定代表人姓名，注明询问起止时间、地点。如证人证言笔录缺少上述形式要件，或者笔录反映出同一时间、同一询问人员询问不同证人的，均会导致证人证言出现瑕疵。询问笔录应当交由证人阅读确认，并签字、捺指印。没有经证人核对确认并签名(盖章)、捺手印的书面证言，不得作为认定案件事实的依据。因为书面证言如果没有证人签名(盖章)、捺手印，就无法保证证言是证人的真实意思表示。

根据《刑事诉讼法解释》第 90 条的规定，下列证人证言，属于收集程序、方式有瑕疵的证人证言：(1)询问笔录没有填写询问人、记录人、法定代理人姓名以及询问的起止时间、地点的；(2)询问地点不符合规定的；(3)询问笔录没有记录告知证人有关作证的权利义务和法律责任的；(4)询问笔录反映出在同一时段，同一询问人员询问不同证人的；(5)询问未成年人，其法定代理人或者合适成年人不在场的。对于上述收集程序、方式有瑕疵的证人证言,通过监察机关、检察机关的补正或者作出合理解释后,如果该证人证言被查证属实,依然可以作为定案的根据;但不能补正或者作出合理解释的,不得作为定案的根据。

(二)审查证人证言内容的真实性

根据证人证言的形成和特点,对证人证言审查的内容主要有以下几个方面:

1. 审查证人证言的来源。要审查证人是直接耳闻目睹案件事实,还是听他人转述而间接得知案件事实。如果是直接感知的案件事实,还要审查在当时客观环境和条件下,能否获得感知的情况,当时的环境和条件对感知内容的影响及其程度;如果是间接得知的案件事实,必须查明有无确切来源和在何种情况下得知的。证人证言应当来自证人的感知而不是主观评断,即证言是证人对自己感知到的案件事实进行的描述,证人的猜测性、评论性、推断性的证言,不得作为证据使用,但根据一般生活经验判断符合事实的除外。《刑事诉讼法解释》第 88 条第 2 款对此作了明确规定。证人根据其感知的事实所作的猜测性、评论性、推断性意见,是指证人基于其知识、经验,通过推理等思维方法对其感知的事实进行推理、分析所形成的主观性意见,这种主观性意见不能作为证据使用。但是,如果根据一般生活经验就可以判断证人的意见符合事实的,该意见可以作为证据使用。

2. 审查证人的自身情况与证言的内容是否相符。证人自身情况包括证人的年龄、健康状况、文化程度、经验、品德、生理和精神状态、感知、记忆能力和表达能力等情况,这些都可能影响证言的可信度。如有的证人眼睛近视,在没戴合适眼镜时显然不能清楚地看见远处发生的事情;长期患病的人往往没有健康的人记忆力好;老年人往往没有年轻人记忆力好;语言表达能力差、逻辑思维混乱的证人难以客观、准确地表达案件事实情况。因此,应当认真审查证人自身的情况。另外,审查未成年证人证言时,应特别注意未成年证人富于幻想,容易受人唆使,对其提供的证言内容和所使用的语言,要审查是否符合其年龄和智力发育程度。处于明显醉酒、中毒或者麻醉等状态,不能正常感知或者正确表达的证人提供的证言。这种证言不是合格的证人提供的,不得作为证据使用。询问聋、哑证人或者不通晓当地通用语言、文字的少数民族证人、外国籍证人时,应当提供通晓聋、哑手势的人员或者翻译人员而未提供的,其所作证言亦不得为证据使用。

3. 审查证人与案件当事人、案件处理结果有无利害关系。一般来说,如果证人与案件当事人之间存在亲属、近邻、朋友等关系,就有可能从维护亲情、友情、报恩或者泄愤等思想出发,提供不真实的证言。当然,证人与案件当事人有利害关系,只能说明他有可能提供不真实的证言,并不一定提供虚假证词,办案人员应认真审查其证言的真实性。证人如果与案件处理结果有利害关系,其提供的证词的客观性应当慎重考虑。例如,渎职侵权案件的证人一般是行为人的领导、同事、下属以及行为相对人,他们作为行业专业单位内部人员,能够从各个角度和侧面对渎职案件的损失结果、渎职行为、因果关系、行为职责和主体身份、犯罪主观方面等犯罪构成要素的内容,予以相对专业的陈述。这些证人的陈述不仅可以用于证明犯罪事实,而且可以对全案证据的收集、审查和认定起到积极的指引和证明作用。与案件当事人有利害关系的证人证言的真实性、可靠性应当结合其他证据予以综合判断,但就单个证据而言,这类证据的证明力一般要低一些,不能单独作为认定案件事实的根据。《刑事诉讼法解释》第 143 条第 2 项规定,与被告人有亲属关系或者其他密切关系的证人所作的有利于被告人的证言,或者与被告人有利害冲突的证人所作的不利于被告人的证言,应当慎重使用,有其他证据印证的,可以采信。

4. 审查证人证言的内容是否合情合理,证人证言之间以及与其他证据之间能否相互印证,有无矛盾;存在矛盾的,能否得到合理解释。审查时应当把证人证言与案内其他证据结合起来进行对比分析。如果有几个证人就同一案件情况作证,不仅要审查他们的证言是否一致,有无矛盾,还应审查证人证言所证实的内容与其他证据之间、与案件待证事实之间是否吻合,有无矛盾之处。如果存在矛盾,则有必要进一步调查和核实,甚至要通过补充调查的方式收集新证据。

第三节　鉴定意见的审查

鉴定意见作为一种专家意见报告,专家运用的方法、原理和理论是否符合相关专业规范要求,鉴定材料本身是否真实和充分,据此所作推理是否科学、可靠,鉴定人是否受到外界干扰等诸多因素,都可能影响鉴定意见的证据能力和证明力。因此在鉴定意见的审查过程中,鉴定主体的资格、检材的可靠性、鉴定意见的形式要件等是重点内容。

一、鉴定意见的概念和特征

(一)鉴定意见的概念

鉴定意见,是指在监察调查程序中鉴定人运用科学技术或者专门知识对案件涉及的专门性问题进行鉴别并作出的带有判断性的专业意见。根据《刑事诉讼法》《监察法》的规定,需要鉴定的是“案件中的专门性问题”。这是一种开放性的表述,需要在实践中准确把握鉴定事项的范围。通常只有当通过常规的方法调取不到证据,或者调取到的证据不足以证明有关事实,而该事实又涉及某个专业领域,需要有专门知识的人来说明事实、给出意见时,才需要进行鉴定。例如,在调查公务人员以不支付或少支付装修费形式受贿的案件中,如果能调取到完整的发票、装修结算报告、付款凭证等书证,公务人员未支付或少支付的装修费金额是明确而无争议的,那么就不需要鉴定。如果有关票证缺失,装修费金额难以确定,则需要委托工程造价咨询类专业机构进行评估,专业机构出具的评估报告就是针对如何确定装修费金额这一专门性问题的鉴定意见。[12]

鉴定意见是我国法定证据种类之一。2012 年修改《刑事诉讼法》时,为了防止“鉴定结论”的名称给司法机关的工作人员造成误导,立法机关将证据种类中的“鉴定结论”修改为“鉴定意见”,《监察法》沿用了这一名称。从“鉴定结论”到“鉴定意见”不仅代表着该证据种类名称上的变化,而且体现了证据观念的进步。鉴定人所提交的鉴定意见属于“证据材料”,而不是作为定案根据的“结论”。[13]对于司法裁判者而言,鉴定意见并不具有预定的法律效力,法庭要对其证据能力和证明力进行全面审查判断。在立法和司法实践中,监察机关和侦查机关聘请或者指派鉴定机构所出具的司法鉴定不再是司法机关理所当然应该接受的既定结论。

值得注意的是,2018 年修正的《刑事诉讼法》第 128 条规定了在侦查阶段“侦查人员……在必要的时候,可以指派或者聘请具有专门知识的人,在侦查人员的主持下进行勘验、检查”;2021 年《刑事诉讼法解释》第 100 条第 1 款规定“因无鉴定机构,或者根据法律、司法解释的规定,指派、聘请有专门知识的人就案件的专

---

〔12〕 张元星:《监察调查中运用鉴定措施应注意的问题》,载《中国纪检监察》2020 年第 14 期。

〔13〕 陈瑞华:《刑事证据法》(第 3 版),北京大学出版社 2018 年版,第 301 页。

门性问题出具的报告,可以作为证据使用"。《刑事诉讼法解释》第 101 条规定:"有关部门对事故进行调查形成的报告,在刑事诉讼中可以作为证据使用;报告中涉及专门性问题的意见,经法庭查证属实,且调查程序符合法律、有关规定的,可以作为定案的根据。"随着司法实践发展和证据理念的更新,无论是传统的单一性司法鉴定意见,还是上述法规所称"专门性问题报告""事故调查报告"均统摄于鉴定意见这一法定证据种类之下,表明我国逐渐形成了一种新型的专门性问题多元证据格局的解决方案。[14]

(二)鉴定意见的特征

虽然鉴定意见和证人证言都属于言词证据,但前者与后者相比,具有下列特殊性。

1. 鉴定意见内容的意见性

鉴定意见是鉴定人根据提供的资料运用专门知识和技能进行分析、判断后所形成的专家意见,本质上属于意见性证据。鉴定意见可以弥补办案人员在案件专门性问题上的知识不足,有助于办案人员更加准确地认定案件事实。从内容上来看,鉴定意见是鉴定人对案件中的专门性问题提出的带有判断性的意见。鉴定意见既不是鉴定人对自己感知的案件事实的描述,也不是鉴定人对检材的说明,而是鉴定人对这些送检的样本或检验对象在观察、检验、分析等科学技术活动的基础上得出主观性认识,该主观性认识即为对案件中专门性问题作出的鉴别和判断。易言之,鉴定意见不是鉴定人描述其在鉴定过程中所观察到的事实,而是在观察和检验基础上作出的理性分析、判断意见。价格鉴定是纪检监察机关在调查中经常会用到的一种鉴定方式,对于准确认定被调查人涉案金额具有重要意义。例如,被调查人收受贿赂往往有多种表现形式,有的表现为现金和有价证券,有的表现为房产、汽车,有的表现为名人字画、古玩古币、古家具,等等。这些物品只要是被调查人收受贿赂所得,都应计入被调查人受贿金额。

鉴定意见作为《监察法》和《刑事诉讼法》规定的证据种类之一,其主要解决的是与案件事实有关的专门性问题,而不是就法律问题作出分析和判断。例如,在人身损害案件中,根据人身损伤的后果可以进行损伤程度鉴定,确定人身损伤属于重伤、轻伤还是轻微伤,但不能对损伤后果进行诸如故意伤害、故意伤害致人

---

〔14〕 吴洪淇:《刑事诉讼专门性证据的扩张与规制》,载《法学研究》2022 年第 4 期。

死亡、过失致人重伤等法律判断；在贪污贿赂犯罪案件中，鉴定人对涉案账目、单据等会计资料进行鉴定，确定资金流动以及涉案金额等情况，但不能得出资金属于“违法所得”的法律判断。

2. 鉴定意见形式的书面性

鉴定意见应当以书面形式提出，由鉴定人本人签名并加盖单位公章，只有鉴定人本人签名的或者只有单位公章的，都不能作为证据使用。多人参加的鉴定，对鉴定意见有不同意见的，应当注明。鉴定人对送检材料进行检验测定后应当按照固定的格式出具书面意见，而不能以口头陈述的形式呈现。而其他言词证据既可以采用口头形式，也可以呈现为被调查人、被害人、证人本人书写的书面形式。鉴定意见只能采用书面形式的原因有两个：其一，鉴定中涉及的许多专门性问题和具有特定含义的专业术语很难用口语表达清楚；其二，鉴定意见还需经过审查与复核，其中的各种数据和检测参数等必须记录清楚，以免造成误解。

3. 鉴定主体的专业性和可替代性

鉴定意见是针对案件中的专门性问题作出的，这些专门性问题不是仅靠常识和生活经验就能作出判断、得出结论的，而是需要借助一定的专业知识和相应的科学技术手段才能得出专业性的意见。专门性问题是监察机关和公安司法机关在无法依据其自身具备的经验或常识进行解决的情况下，按照问题本身的复杂程度，需借助具有专门知识的人通过相关科学技术进行解决。监察调查中的专门性问题的解决非常复杂，涉及如笔迹、转账记录、账款收支中的出纳、会计记录与凭证等普通专业性问题，还涉及如文物、字画的价值估算，房屋装修工程价值评估等精细专业性问题。这些问题显然不能单纯依靠调查人员的经验和常识作出判断，虽然对于个别专门性问题，可能调查人员具备一定专业知识可以适度判断，但是基于知识结构和认知能力的差异性，部分有价值的信息有可能没有被及时发现甚至被忽略，从而导致案件定性错误。[15]

我国对鉴定意见采取法定登记的司法鉴定制度，即一旦法律对司法鉴定机构和鉴定人予以授权并认可，就表明相关专业领域属于鉴定意见的受理范围，鉴定人的资质和鉴定范围决定了相关专业领域的鉴定是否具有证据能力。纪检监察机关和公安司法机关为了解决案件中的专门性问题，指派或聘请具有专门知识的

---

〔15〕　拜荣静：《监察鉴定立法的规范分析与程序完善——以司法鉴定制度为参照》，载《中国司法鉴定》2024 年第 1 期。

人对之进行鉴定。例如，A 市纪委监委在办理该市国土资源局副局长 Z 涉嫌的违纪违法案件时，为查清 Z 涉嫌贪污的违法犯罪事实，聘请了某会计师事务所对国土资源局有关账目进行会计鉴定。随着诉讼程序的推进，对同一专门性问题，纪检监察、检察、审判三机关都有权启动司法鉴定程序进行鉴定，而最终采信哪一个鉴定意见由法庭决定。由于某一个专业领域的鉴定机构和鉴定人的数量众多，不管是谁启动司法鉴定程序所得出的鉴定意见，都是解决案件中的专门性问题，都具有可替代性。纪检监察机关在委托鉴定时，应当选择具有法定资质的鉴定机构，并出具委托鉴定书，列明鉴定的目的之后，提供进行鉴定的必要条件。鉴定机构给出鉴定意见后，纪检监察机关应将鉴定意见及时送达被调查人及相关人员，被调查人及相关人员提出补充鉴定或者重新鉴定申请的，按程序审批后，可以补充鉴定或者重新鉴定。对于案件中的专门性问题需要鉴定，而没有法定鉴定机构，或者根据法律、司法解释规定可以进行检验的，可以指派、聘请有专门知识的人进行检验，检验报告可以作为认定案件事实的参考。[16]

由于仪器操作、意见出具等最终是由鉴定人完成的，鉴定意见不可避免地会受到鉴定人业务水平、专业经验、职业道德等主观因素的影响，并非绝对科学、可靠，需要认真审查判断。鉴定意见只是法律规定的证据形式之一，其并不具有高于其他证据种类的效力，同样需要经过查证属实，才能作为定案的根据。根据《刑事诉讼法解释》第 97 条、第 98 条的规定，对鉴定意见应当着重审查的内容包括：鉴定主体的资质和条件；检材的来源和可靠性的审查；鉴定意见的形式要件；鉴定程序与方法是否符合专业规范要求；鉴定意见与其他证据是否有矛盾；等等。

二、鉴定意见的审查方法

（一）审查鉴定主体资格和条件

由于鉴定解决的是案件中的专门性问题，因此，鉴定机构和鉴定人的资质是确保鉴定意见可靠性的前提。由于社会生活的复杂性，需要鉴定的事项涉及各个领域，因此鉴定的种类很多，承担每类鉴定任务的机构或人员也各不相同。监察机关委托有关机构或人员进行鉴定时，应注意审查对方是否具有法定资质，特别

---

〔16〕 本书编写组编写：《纪检监察案例指导〈中华人民共和国监察法〉篇》，中国方正出版社 2021 年版，第 188 页。

是要与司法机关的有关规定相衔接。根据全国人大常委会《司法鉴定管理决定》第2条第1款和第9条第2款的规定,国家对从事司法鉴定业务的鉴定人和鉴定机构实行登记管理制度。鉴定人和鉴定机构应当在鉴定人和鉴定机构名册注明的业务范围内从事司法鉴定业务。登记管理和业内鉴定是审查鉴定机构和鉴定人资质的两个基本要素。对鉴定主体资格的审查包括鉴定人"适格性"和"中立性"的审查两个方面。

鉴定人的适格性要求提供鉴定意见的人应当具备法定的资质和能力,具有特定的专业背景和科学知识,鉴定不能超过鉴定机构和鉴定人的业务范围。除了鉴定人的专业资质之外,鉴定机构的技术条件也是应当重点审查的内容。鉴定机构应当具有符合鉴定要求的进行检验、检测的设备条件。鉴定机构和鉴定人具有法定的资质才能依法从事鉴定业务,其所作出的鉴定意见才能具备证据能力。易言之,无论提供的鉴定意见科学、可信与否,只要鉴定主体不具备相关法定资格和条件,其出具的鉴定意见都不能作为认定案件事实的依据。不是任何机构、任何人都可以出具鉴定意见的,作为证据使用的鉴定意见应当符合法定的资质要求。我国对从事司法鉴定业务的鉴定人和鉴定机构实行登记管理制度,只有登记在册的鉴定人和鉴定机构才有资格接受指派或聘请就刑事案件中的专门性问题进行鉴定和出具意见。司法机关对某些鉴定机构提出了特殊的资质要求。例如,最高人民法院公布了人民法院司法评估名单库,监察机关在调查职务犯罪案件中需要委托评估机构的,应当从该名单库中选择。

鉴定人的客观中立性要求鉴定人在出具专家意见时应当立足于事实、尊重科学,避免个人的私利和偏见。鉴定意见既来自鉴定人依据可靠的科学原理客观地对检材进行分析,也来自鉴定人的经验分析和推理,是一个主观和客观相结合的产物。因此,鉴定人的心态及其是否与案件及其当事人有利害关系必然影响分析结论的中立性。实践中,鉴定人的心态往往受到诸如特定案件的身份关系以及经济利益等多种因素的影响,这些因素是司法实践中对鉴定意见审查的重点。鉴定意见是社会鉴定机构面向社会进行的有偿鉴定,这有可能使委托人与鉴定机构、鉴定人之间存在利益关系。除经济利益之外,还可能存在其他影响鉴定机构和鉴定人中立性的因素。例如,在监察机关办理的职务犯罪案件中,被调查人系公务人员,其身份、权力和社会关系可能对鉴定机构、鉴定人产生一定的影响力,这也是对鉴定主体中立性审查需要注意的问题。鉴定人作为诉讼参与人,应当遵守回避的相关法律规定。全国人大常委会《司法鉴定管理决定》第9条第3款规定，鉴定人应当依照诉讼法律规定实行回避。《刑事诉讼法》明确规定了鉴定人回避，相关司法解释也将其作为鉴定意见审查的内容。鉴定人回避事宜，在委托鉴定环节就应当予以明确告知，防止因鉴定人与案件存在利害关系而影响鉴定意见的中立性和可靠性。

根据相关法律规定，不具有法定资质的鉴定机构和鉴定人所出具的鉴定意见，不能作为认定案件事实的依据。《刑事诉讼法解释》第98条第1项、第2项规定，鉴定机构不具备法定资质，或者鉴定事项超出该鉴定机构业务范围、技术条件的；鉴定人不具备法定资质，不具有相关专业技术或者职称，或者违反回避规定的，鉴定意见不得作为定案的根据。由于鉴定该机构和鉴定人的资质证明材料是证明鉴定意见真实可靠的重要依据，如果没有相关证明，就会引发对鉴定事项是否超出鉴定机构业务范围以及鉴定人是否具备相关专业资质等诸多质疑，进而影响鉴定意见的采信。因此，监察机关要求纪检监察机关对相关证据材料予以补充，以保证出具的鉴定意见具备证据能力和证明力。

(二)审查鉴定意见基础材料的来源及可靠性

鉴定意见需要立足于相应的基础材料，包括检材和样本。检材和样本的来源、保管、送检的规范性及其可靠性对于鉴定意见的证明作用具有关键影响。司法实践中经常会出现控辩双方就作为鉴定对象的送检材料即“检材”的真实性和同一性发生争议。检材来源及可靠性的争议焦点主要集中在检材的来源、取得、保管、送检是否符合法律、有关规定；与相关提取笔录、勘验检查笔录、扣押物品清单等记载的内容是否相符；检材是否充足、可靠等三个方面。第一，如果送检材料存在来源不明，或受到污染而不具备鉴定条件的情况，即使鉴定人遵循了科学鉴定的程序和方法，使用适当的设备和技术，也无法提供真实可靠的鉴定意见。第二，如果检材与笔录类证据及扣押物品清单无法核对并相符，那么鉴定人作出的鉴定意见对事实认定将毫无意义。第三，如果鉴定委托机关提供的检材、样本与拟鉴定的实物证据存在不一致的情形，则鉴定人作出的鉴定意见将因送检材料的来源不清、保管不善而混淆进而出现错误鉴定。在鉴定材料的真实性无法保证的情况下，或称鉴定材料的证据保管链条发生中断时，鉴定人对该鉴定材料所作的任何鉴定意见就丧失了可靠性。对检材和样本的审查可以按照先检材后样本的顺序进行。就检材而言，需要审查检材的发现、提取、处理、固定和保管方式是否科学，检材提取的位置是否准确，检材在存储、运输过程中是否遭到污染、破坏，检材有无变形、伪装、损失。就样本而言，需要审查样本的来源是否可靠，数量是否充分，是否具备可比条件，等等。[17]

（三）审查鉴定意见的形式要件

对监察案件鉴定意见的形式要件的审查，主要包括以下内容：鉴定意见是否注明提起鉴定的事由，是否写明鉴定委托人、鉴定机构、鉴定要求、鉴定过程、鉴定方法、鉴定日期，是否由鉴定机构加盖司法鉴定专用章并由鉴定人签名、盖章等。尽管《监察法》第30条只规定了“鉴定人进行鉴定后，应当出具鉴定意见，并且签名”，并未对鉴定意见的其他形式要件作出明确规定，但是其他法律和相关司法解释对委托鉴定手续和鉴定文书的制作规定了较为明确的技术要求，这些构成了对鉴定意见的形式要件进行审查的标准。《刑事诉讼法解释》第97条明确列举了对鉴定意见形式要件应当着重审查的内容：鉴定意见的形式要件是否完备；是否注明提起鉴定的事由、鉴定委托人、鉴定机构、鉴定要求、鉴定过程、鉴定方法、鉴定日期等相关内容；是否由鉴定机构盖章并由鉴定人签名；鉴定意见是否明确。根据《刑事诉讼法解释》第98条第7项的规定，鉴定文书缺少签名、盖章的，鉴定意见不得作为定案的根据。以鉴定事项为例。鉴定事项不得超过鉴定机构项目范围、技术条件。例如，如果是要通过财务会计资料确认有关财务数据，比如企业年度利润、获得某业务收入的准确金额等，一般需要委托会计师事务所进行司法会计鉴定；如果是要确定公司股权价值（如在收受干股案件中确定干股价值），则需要委托资产评估机构对公司资产进行评估。

（四）审查鉴定程序与方法是否符合专业规范

《刑事诉讼法解释》第98条第5项、第6项规定，鉴定程序违反规定，鉴定过程和方法不符合相关专业的规范要求的，鉴定意见不得作为定案的根据。我国相关法律规定了司法鉴定的程序，公安机关、检察机关或司法行政机关也就各类司法鉴定确立了明确具体的技术方法。违背了这些技术性较强的程序和方法，或违反了特定鉴定标准，鉴定意见就可能被视为不可靠，从而不能作为定案根据。此外，除了法律规范中明确的鉴定过程和方法不符合相关专业的规范要求不得作为定案根据外，一些程序性规范也相继确立，如刑事诉讼中侦查机关应将用作证据

---

〔17〕　刘静坤：《证据审查规则与分析方法：原理·规范·实例》，法律出版社2018年版，第168页。

的鉴定意见告知犯罪嫌疑人、被害人，如果犯罪嫌疑人、被害人提出申请，经法官允许可以补充或重新鉴定；经法院通知，鉴定人拒不出庭作证的，鉴定意见不得作为定案的根据。

（五）审查鉴定意见与其他证据之间是否有矛盾

对鉴定意见与其他证据之间是否有矛盾是审查的重点内容之一。这也可以看作对鉴定意见证明力的综合审查。鉴定意见证明力的综合审查是指对鉴定意见之间以及与其他证据种类进行比较而作出的证明效用或证明价值的判断。鉴定意见证明力大小的审查判断具有一定的相对性，既包括多种鉴定意见证明力的比较，也包括与其他证据之间是否有矛盾的审查及其证明力的比较。鉴定意见与其他对同一事项进行鉴定得出的鉴定意见之间的法律地位相等，不存在预设的证明力等级，也不存在由鉴定机构的等级和知名度所带来的证明力高低之分。[18]鉴定意见证明力的大小受到诸如鉴定的设备条件、鉴定人的专业素质以及所提供的鉴定材料的质量等多种因素的影响，法官应当根据控辩双方质证的情况作出综合评判，而不能仅根据鉴定主体级别的高低和权威的大小来确定证明力。

典型案例评析

案例 7－1　宋某某等人重大责任事故案[19]｜事故调查报告的审查判断

2016 年 5 月，宋某某作为 A 煤矿公司矿长，在 3 号煤层配采项目建设过程中，违反《关于加强煤炭建设项目管理的通知》的要求，在没有施工单位和监理单位的情况下，即开始自行组织工人进行施工，并与周某某（以伪造公司印章罪另案处理）签订虚假的施工、监理合同以应付相关单位的验收。杨某作为该矿的总工程师，违反《煤矿安全规程》（国家安全监管总局令第 87 号）要求，未结合实际情况加强设计和制订安全措施，在 3 号煤层配采施工遇到旧巷时仍然采用常规设计，且部分设计数据与相关要求不符，导致旧巷扩刷工程对顶煤支护的力度不够。2017 年 3 月 9 日 3 时 50 分许，该矿施工人员赵某某带领 4 名工人在 3101 综合工作面

〔18〕　朱晋峰等：《鉴定意见证据评价实践考察》，法律出版社 2017 年版，第 140 页。

〔19〕　《最高人民法院 最高人民检察院职务犯罪指导性案例（2010 年—2021 年）》，中国方正出版社 2021 年版，第 82～90 页。

运输顺槽和联络巷交叉口处清煤时,发生顶部支护板塌落事故,导致上覆煤层坍塌,造成3名工人死亡,赵某某及另一名工人受伤,直接经济损失635.9万元。2017年5月5日,C市事故联合调查组认定宋某某、赵某某分别负事故的主要责任、直接责任,二人行为涉嫌重大责任事故罪,建议由公安机关依法处理,并建议对杨某等相关人员给予党政纪处分或行政处罚。2018年3月18日,C市公安局S分局对赵某某、宋某某以涉嫌重大责任事故罪立案侦查,并于5月31日移送C市S区人民检察院审查起诉。

S区人民检察院审查认为,该案相关人员责任不明、部分事实不清,公安机关结合事故调查报告作出的一些结论性事实认定缺乏证据支撑。S区人民检察院的处理意见:事故调查报告认定赵某某有责任,但检察机关认为无法确定赵某某有责任。事故调查报告认定赵某某对事故的发生负直接责任,认为赵某某在发现漏煤时未组织人员撤离而是继续清煤导致了事故的发生,公安机关对其以重大责任事故罪移送起诉。但是,检察机关审查起诉过程中,经自行侦查,发现案发地点当时是否出现过顶板漏煤的情况存在疑点,赵某某、冯某某和其他案发前经过此处及上一班工人的证言,均不能印证现场存在漏煤的事实,不能证明赵某某对危害结果的发生有主观认识,无法确定赵某某的责任。因此,依据《刑事诉讼法》第175条第4款规定,对赵某某作出不起诉决定。

| 评 析 |

生产安全事故发生后,有关部门通常会组成事故调查组,在查明事故发生经过、原因、后果的基础上,对事故性质及相关单位、人员的责任进行认定,形成事故调查报告。这种报告在司法实践中是认定行为人构成重大责任事故罪的重要依据,甚至具有"一锤定音"的作用。但实际上,不能仅依赖事故调查报告,其也需要接受质证,在确认具有关联性、合法性、客观性的前提下,才可以作为定案依据。根据《刑事诉讼法解释》第100条和第101条的规定,有关部门对事故进行调查形成的报告,在刑事诉讼中可以作为证据使用;报告中涉及专门性问题的意见,经法庭查证属实,且调查程序符合法律、有关规定的,可以作为定案的根据。最高人民法院《关于进一步加强危害生产安全刑事案件审判工作的意见》(法发〔2011〕20号)第6条规定:"审理危害生产安全刑事案件,政府或相关职能部门依法对事故原因、损失大小、责任划分作出的调查认定,经庭审质证后,结合其他证据,可作为责任认定的依据。"最高人民法院的相关文件虽然认可事故调查报告具有证据资格，但是采信事故调查报告的前提是经过质证、查证属实，且事故调查程序符合法律、有关规定。

安全生产事故调查报告在刑事诉讼中可以作为证据使用，应结合全案证据进行审查。安全生产事故发生后，相关部门作出的事故调查报告，与收集调取的物证、书证、视听资料、电子数据等相关证据材料一并移送给司法机关后，调查报告和这些证据材料在刑事诉讼中可以作为证据使用。调查报告对事故原因、事故性质、责任认定、责任者处理等提出的具体意见和建议，是检察机关办案中是否追究相关人员刑事责任的重要参考，但不应直接作为定案的依据，检察机关应结合全案证据进行审查，准确认定案件事实和涉案人员责任。

拓展阅读文献

1. 李明蓉：《贪污贿赂犯罪案件口供问题研究》，中国人民公安大学出版社 2016 年版。
2. 颜飞：《书面证言使用规则研究：程序法视野下的证据问题》，中国法制出版社 2012 年版。
3. 张伟：《证言可信性研究》，法律出版社 2022 年版。
4. 朱晋峰等：《鉴定意见证据评价实践考察》，法律出版社 2017 年版。
5. 吴洪淇：《刑事诉讼专门性证据的扩张与规制》，载《法学研究》2022 年第 4 期。

第八章　监察案件实物证据的审查

在监察案件中，被调查人供述等言词证据固然重要，但实物证据也同样不可或缺。言词证据虽然通常能够直接证明职务违法犯罪的相关事实，但其具有主观性强、证明力弱等特点，需要有物证、书证等实物证据来补强或者提升其证明力。因此，在职务违法犯罪案件的办理中，也需要注意实物证据的收集取证和审查认定。关于实物证据的审查认定，需要遵循相应证据规则和证明规则。《监察法》《监察法实施条例》中对证据审查认定规则的规定相对较少，但其中规定了监察机关收集、固定、审查、运用证据应当与刑事审判关于证据的要求和标准相一致。这实际上就规定了对监察证据的审查认定，可以按照《刑事诉讼法》及其相关司法解释中规定的刑事证据审查认定标准。我国《刑事诉讼法》及其相关司法解释规定了较为完善的刑事证据审查认定，按照刑事证据标准来审查认定监察证据，既体现了无罪推定原则和以审判为中心的基本要求，也有利于促进监察机关调查取证、审查证据工作的法治化水平。因此，对于监察案件中实物证据的审查认定需要遵循《刑事诉讼法》及其相关司法解释中关于实物证据的审查认定规则。

第一节　物证的审查

一、物证的概念和特征

物证是以其外部特征、物质属性、存在状况等证明案件事实的物品与痕迹。在职务违法犯罪案件中，物证是大量存在的，比如说行贿人向公职人员行贿用的古玩字画等物品。物证具有以下三方面的特征。

1.物证具有较强的客观性。虽然各种证据都具有客观性，但与言词证据相比，物证的客观性更强，它是存在于客观世界的物品或者痕迹，是不依赖于人的主观意识而独立存在的客观实在物，它的客观性相对较强。被调查人供述、证人证言等言词证据，虽然也具有客观性，但其本质上属于人的陈述，主观性较强。物证具有较强的客观性，即使物证经过篡改、伪造，通过一定方式也可以鉴别或者甄别出来，不意味着其不能被造假。物证的造假，既可能是被调查人为了逃避惩罚而实施，也可能是调查人员在查办案件中因故意或疏忽而为。物证的客观性决定了其具有较强的稳定性。物证是客观存在的物品或者痕迹，它以物质存在的形式、特征、状况等信息来证明，案件信息就存储在物证的表现形式、外在特征、存在状况之中，若对物证进行造假，就可能在其表现形式、外在特征、存在状况等方面留下痕迹，从而为审查物证的真实性奠定基础。因此，物证虽然具有较强的客观性，但在物证的收集和使用中也需要重视对其客观性、真实性的审查认定。

2. 物证具有间接性。物证是以其外部特征、物质属性、存在状况等来证明案件事实，但物证无法自己揭示其中蕴含的案件信息，不能够直接证明案件事实。物证通常属于间接证据。在此点上，它与言词证据存在较大差异。言词证据本身是人的陈述，相关人员陈述的信息就可以用于直接证明案件事实。物证在其外部特征、物质属性、存在状况中蕴含的案件事实信息，需要借助人或者相应科学技术的分析、挖掘。物证通常被称为“哑巴证据”，在使用物证来证明案件事实时，就需要挖掘其中蕴含的案件事实信息，就需要将物证和其他证据结合起来。比如在职务违法犯罪案件中的古玩字画等物证，其关联性、价值等，就需要结合被调查人供述、价格鉴定等证据予以认定。

3. 物证具有不可替代性。物证通常具有不可替代性，这也是它区别于言词证据的重要特征。比如在案发现场，可能有很多人看到了案件事实。在言词证据取证中，并不是必须收集某个特定证人的证言，也并不是要对全部证人都进行调查取证，此时就可以从中挑选若干证人予以取证。对于言词证据，可以通过多次询问（讯问）、重复询问（讯问）方式予以收集。而物证具有不可替代性、不可重复收集性。比如行贿用的珠宝，有的珠宝可能是种类物，有的珠宝可能是特定物，若作为证据的珠宝是种类物，其在证据移送、保管中发生丢失，也不能用其他相同珠宝替代该作为证据的珠宝，因为它不是案件中用于行贿的物品，它和案件事实之间没有联系，其中并不含有能够证明案件事实的信息。而作为贿赂物的珠宝，它和案件发生了联系，因为它被行贿人用作贿赂物品，此种联系体现为与案件事实之间的关联性，其无法用相同物品予以替代。

按照不同标准,可以对物证进行不同分类。在职务犯罪中,各种涉案财物是较为常见的物证。比如用于行贿的手机、现金、珠宝、房屋等都属于物证。现金虽然具有纸质形式,但并不属于书证而是物证,它是以现金的货币属性来证明案件事实,而不是以其记载的内容或者表达的思想来证明案件事实。从财产角度,可以将物证分为动产物证和不动产物证。比如行贿用的珠宝,就是动产物证,行贿用的房子是不动产物证。物证的形态会影响对其收集、审查、认定的方法。珠宝等动产物证,本身体积较小,此时就可以直接收集原物,对其直接予以扣押,此时收集的物证就是原始物证。房屋等不动产物证体积较大,不便移动、搬动,此时就无法直接收集原物,此时就可以通过拍照、录像、模型等方式予以收集,此时形成的证据就是物证的传来证据,而不是原始证据。在职务犯罪案件中,这些作为涉案财物的物证具有双重属性,既是认定案件事实的证据材料,也是承载公民财产权的重要载体,比如动产所有权、房屋所有权。在物证收集中,既需要采取相应措施来保障财产物证的价值,也需要采取相应措施来保障其完整性和真实性。在物证取证过程中,就可能会产生对公民财产权、隐私权等基本权的侵犯或者干预。因此,在物证审查中,除了需要审查其关联性、真实性之外,还需要审查其合法性。通过事后审查和程序制裁,来督促监察机关工作人员依法收集物证。

二、物证的审查方法

(一)审查物证的合法性

我国《刑事诉讼法》《监察法》都建立了非法证据排除规则,物证属于非法证据排除规则的适用范围,对其可以适用非法证据排除规则。在物证收集过程中,也可能会因为取证程序违法而侵犯公民基本权利,从而导致相关物证被认为是非法证据而被排除。《刑事诉讼法》第 56 条第 1 款规定,收集物证不符合法定程序,可能严重影响司法公正,不能补正或者作出合理解释的,对该物证应当予以排除。在物证合法性审查中,对于物证合法性的审查,需要将其与适用的调查措施结合起来分析。物证比较常见的调查措施,主要包括搜查、扣押、勘验、检查等,需要结合《监察法》中规定的搜查扣押等程序来审查物证的合法性。比如搜查,《监察法》就规定了很多程序措施,比如说搜查需要有搜查证、搜查女性身体应当由女性工作人员进行等。[1] 在某市发展改革委副主任 Q 职务犯罪案中，调查组怀疑 Q 的妻子 Y 将涉案钻石戒指藏在其贴身内衣中，于是安排女性工作人员对 Y 进行身体搜查，后找到了该涉案戒指。若该人身搜查不是由女性工作人员执行，显然就违反了《监察法》中的搜查程序，就可能会产生非法物证。对非法物证的认定，除了要求收集物证不符合法定程序之外，还要求可能严重影响司法公正。对"可能严重影响司法公正"的界定，通常需要从实体和程序两个层面展开。从实体层面来看，若收集物证违法了法定程序，可能会导致对案件事实的错误认定而违反实体公正，此时就可能需要将该物证认定为非法证据。当然，此时可能会产生非法证据和不可靠证据的交叉或者竞合问题。从程序层面来看，若收集物证违法了法定程序，可能严重侵犯公民基本权利而违反程序公正，比如由男性工作人员搜查女性身体。在符合上述两个条件的情况下，还应当给予调查人员补正或者作出合理解释的机会。这主要是考虑到物证的稀缺性和不可替代性，若贸然排除物证，可能会导致犯罪事实无法认定。若能够补正或者作出合理解释，则可以恢复物证的证据能力，可以将其作为定案根据；若不能补正或者作出合理解释，则应当将其作为非法证据予以排除。

物证合法性的审查，除需要考虑非法证据排除规则之外，还需要从取证主体、取证程序、证据形式三个维度予以审查。从取证主体来看，监察证据的取证主体，应当是监察机关中有调查取证权的工作人员，通常需要 2 人以上，比如搜查、勘验等程序，若监察机关辅助人员、工勤人员等主体收集证据，就属于取证主体违法。有些物证收集需要使用相关的科学技术方法，此时监察机关可以要求相关单位或者个人提供协助，此种协助限于技术方法层面，而并不应该改变调查措施的执行主体。从取证程序来看，《监察法》已经对监察证据的取证程序予以规定，在违反法定程序收集监察证据的情况下，也可能会产生非法监察证据。非法证据排除主要就是将取证程序违法所产生的证据排除，关于非法证据排除规则前文已经阐述，此处就不再赘述。从证据形式来看，物证原则上应当是原物，此点后文将详细阐述。从监察实务来看，物证欠缺合法性，可能存在多方面表现。比如搜查笔录中缺乏相关人员签字，搜查过程没有同步录音录像。《监察法》要求搜查应当同步录音录像，这是《刑事诉讼法》和《监察法》在搜查中的重要区别之一。在通过搜

---

〔1〕《纪检监察案例指导:〈中华人民共和国监察法〉篇》，中国方正出版社 2021 年版，第 165 ~ 167 页。

查措施来收集物证时，就应当制作同步录音录像。在物证审查中，同步录音录像是证明物证搜查程序合法、来源等问题的重要证据。若没有同步录音录像、搜查笔录，且无法通过其他途径证明搜查程序的合法性，也可能会导致物证排除。

（二）审查物证的关联性

物证作为监察案件中认定案件事实的依据，应当具有关联性。关联性证据规则是最重要的证据规则，它适用于实物证据和言词证据等不同类型的证据，任何材料要成为证据，都需要具有关联性，若不具有关联性，则不成为证据，也就不能成为定案根据。物证亦不例外，也应当具有关联性。关联性证据规则在物证调查取证和审查认定中都具有重要作用。从调查取证的角度来看，关联性规则会限定调查取证的范围，可以防止取证范围的不当扩大。如前所述，职务犯罪案件中物证通常具有双重属性，它既是认定案件事实的证据材料，也是承载公民财产权的重要载体，物证的调查取证过程，可能也是涉案财产的处置过程，物证收集和财产处置之间会产生竞合。《监察法》要求禁止查封、扣押与案件无关的财物、文件。这里的“无关”就意味着欠缺关联性，这是从消极层面体现了关联性规则的贯彻。在收集物证中，监察机关仅能收集与案件有关的物品，而不得收集与案件无关的物品。关联性规则限定监察机关调查收集证据的范围，实际上就可以防止调查范围的不当扩大，起到保护公民基本权利的效果。在监察实务中，可能会出现超范围搜查扣押、调取物证的问题。超范围收集的物证，既不符合关联性证据规则的基本要求，也会不当侵犯公民基本权利。在某市住建局副局长 W 受贿案中，监察机关依法冻结 W 的存款账户、股票、基金账户等财产，后经查 W 的存款账户中有 100 万元是其表妹委托其在该市购置房产的资金。监察机关依法履行相关程序，办理了解除冻结手续，将该 100 万元予以退还。[2] 对不具有关联性，超范围扣押、冻结的财产或者证据，应当依法予以返还。在证据审查过程中，关联性规则可以限定进入审查或者审判阶段的证据范围，防止与案件无关的材料进入审查或者审判阶段。这既节省了审查人员或者审判人员在无关材料中投入的时间和精力，也可以防止无关材料对审查人员或者审判人员认定案件事实产生误导。

物证是“哑巴证据”，它无法自己揭示和案件事实之间的关联性。对于物证是否具有关联性，有的可能需要通过鉴定、勘验等方式予以认定，有的可能需要借助

---

〔2〕《〈中华人民共和国监察法〉案例解读》，中国方正出版社 2018 年版，第 210 ~ 211 页。

其他言词证据来揭示其关联性。对于关联性的审查认定,需要借助经验、常识、逻辑推理,有些可能还需要借助专门知识进行审查认定。关联性包括逻辑关联性和法律关联性。逻辑关联性也称为证明性,它要求物证能够证明监察机关所主张的事实,它的判断依据不是法律,而是事物间内在的逻辑或经验关系。法律关联性也称为实质性,它要求物证所证明的事实对案件处理具有实质意义,实质性主要是一个法律问题,它的判断根据是实体法的相关规定。在物证关联性的审查中,物证应当同时具有逻辑关联性和法律关联性。对于物证关联性的审查,需要将其与待证事实结合起来。监察案件中的待证事实,就是相关的职务违法犯罪构成要件事实和量刑或者处置情节事实。物证应当能够证明相关的职务违法犯罪构成要件事实和量刑或者处置情节事实。物证和待证事实之间的关联性是客观存在的,它可能表现为事物之间的因果关系,也可能体现为事物之间的伴生关系。对于此种客观联系,需要借助经验法则、逻辑推理、专业知识等予以审查认定。

(三)审查物证的来源

物证作为广义的实物证据,它需要适用最佳证据规则。根据最佳证据规则的要求,用物证来证明案件事实,原则上需要提供原物,仅在法定例外情形之下才可以使用其复制品、照片、录像。我国《监察法》规定了收集物证,应当收集原物。这体现了最佳证据规则的基本要求。物证原物是直接源于案件事实的原始证据,也是用于证明案件事实的最佳证据。基于物证所形成的复制品、照片、录像等证据,在本质上属于传来证据,它们并非直接源于案件事实,其复制、录像等过程中可能存在案件事实信息的减损、丢失等问题,从而降低其真实性与可靠性。在监察实践中,大量案件中可能无法收集原物,比如存在原物无法收集、不便移送、不宜保存等各种主客观原因,此时就仅能使用物证的复制品、照片等传来证据。传来证据在职务案件中大量存在,比如前文所述不动产物证,通常就仅能提供不动产物证照片、录像或者模型,它们本质上就是不动产物证的传来证据,而不是不动产原物。《监察法实施条例》规定调取物证应当调取原物。原物不便搬运、保存,或者依法应当返还,或者因保密工作需要不能调取原物的,可以将原物封存,并拍照、录像。对原物拍照或者录像时,应当足以反映原物的外形、内容。调取物证的照片、录像和书证、视听资料的副本、复制件的,应当书面记明不能调取原物、原件的原因,原物存放地点,制作过程,是否与原物相符,并由调查人员和物证原持有人签名或者盖章。

我国《刑事诉讼法》《监察法》并不排斥物证复制品的证据效力,但对其适用设置了相应条件和要求。物证主要是通过其外部特征、物质属性、存在状况等所蕴含的案件信息来发挥证明功能,上述物质属性中所蕴含的案件信息可以通过相关技术方法复制到其他载体上,若能够通过设置相应条件让此种载体中复制的案件信息与物证原物中的案件信息具有一致性,则不宜以最佳证据规则为由而否认物证复制品的证据效力。因此,对物证复制品的使用需符合相应条件。首先,物证复制品应当能够反映物证中蕴含的案件事实信息。物证是以其外部特征、物质属性、存在状况等证明案件事实,物证复制品就应当反映原物的外形、内容等状况,因为其中就蕴含了相关的事实信息。若物证复制品无法反映其外部特征、物质属性、存在状况,则该物证复制品就具有不具有证据能力。其次,需要制作相应情况说明。在情况说明中,需要对无法调取原物的原因、原物存放地点、复制品制作过程等信息予以详细记载。此情况说明可以为后期审查物证复制品提供基础性材料。在审查物证时,若调查人员收集的是物证原物,则通常比较好处理,此时就符合最佳证据规则的要求。若收集的是物证复制品,除了需要审查复制品是否完整反映了原物的外形、内容等,还需要审查情况说明,其中包括对相关信息是否予以完整记载,这些方法或者信息能否保障复制品完整反映原物中的相关证据信息。对于物证复制品,通常需要从两个方面审查其形式真实性:第一,复制品反映的原物是否客观存在,即物证的存在性问题。对于物证存在性的审查,主要是为了防止当事人通过制作复制品来伪造客观上不存在的物证。第二,物证与复制品是否一致,即复制品的“一致性”问题。对于“一致性”的审查,主要是为了防止主客观原因导致复制过程中信息丢失或歪曲。对于上述两方面内容的审查,可以借助对复制品制作过程的文字记录、同步录像等,在复制笔录中需要对原物存放地点、使用复制品的原因、复制方法和过程等信息予以详细记载,从而为法院审查复制品的“一致性”奠定基础。

(四)审查物证的真实性

真实性是证据的重要属性之一,作为定案依据的物证,也应当具有真实性。若物证欠缺真实性,将此种物证作为认定案件事实的依据,就很容易产生冤假错案。《监察法实施条例》要求证据必须经过查证属实,才能作为定案根据,要求定案证据应当具有真实性。在审查物证时,需要注重对物证真实性的审查。一般来说,影响物证真实性的因素很多。比如物证是否为原物;物证在收集、移送、保管过程中是否发生修改或者破坏;物证具有实物形态,在收集、移送、保管等环节是否发生物理或者化学上的变化等。这些因素都有可能会影响物证的真实性。物证的真实性可以分为形式真实性和实质真实性。

物证的形式真实性,主要涉及物证鉴真规则和最佳证据规则,它们都是为了从形式上保障物证的真实性。关于物证的最佳证据规则,前文已经分析,此处不再赘述。物证鉴真规则,主要为了防止物证在收集、移送、保管等环节中发生增减或者修改等情形而影响其形式真实性,从而保障调查收集到的物证和庭审中出示的物证具有同一性。鉴真的本质就是通过某些证据或者方法来证明物证的形式真实性和同一性,证明在庭审中提出的物证就是当事人所主张的那个物证。从证明责任角度来看,提供物证的当事人,需要就其提交物证的真实性承担证明责任,他需要提供证据或者方法来证明物证的形式真实性和同一性。在职务违法犯罪中,由于审查人员或者审判人员通常没有亲自收集、移送、保管物证,他们并不清楚审查的物证或者庭审中的物证是否为调查取证中收集的那个物证,中间可能存在物证被增减、破坏、替换等风险,此种风险的存在就会让审查人员或者审判人员对物证的真实性存在疑虑,此时就需要通过物证鉴真来消除此种疑虑,从而保障物证的形式真实性和同一性。物证比较常见的鉴真方式有两种,"保管链条证明"和"独特性确认"。保管链条证明,是通过调查人员在收集、移送、保管等环节制作的取证笔录等材料来证明物证的形式真实性。证据保管链条的形成,要求调查人员在收集物证过程中制作相应取证笔录、物品清单、有相关人员在场见证、制作取证录音录像,在移送过程中需要制作物品交接清单,从而形成物证从收集到移送、保管等各个环节的完整证据链条,这些证据就可以为后期证明物证的形式真实性和同一性提供基础性材料,为物证鉴真提供基础性材料。独特性确认,主要是通过经手或者熟悉物证相关特征的人员以辨认、识别的方式来证明物证的真实性和同一性。有些特定物证可能具有显著区别于其他物品的独特性特征,有些种类物在外人看来可能不具有此种显著性特征,但其持有人或者占有人因长期占有和控制而知道其具有不为他人所知悉的特征,通过这些人来对物证予以识别、辨认,就可以确认当庭所提出物证是否是当事人所主张的那个物证。

物证的实质真实性,主要是物证所蕴含相应的证据信息或者案件信息是否真实。若证据虚假,那就可能影响对案件事实的正确认定。虚假证据,既包括形式上的虚假证据,也包括内容信息上的虚假证据。一般来说,形式真实性主要用来保障内容真实性,欠缺形式真实性的物证,其内容真实性通常也无法保障,但具有形式真实性的物证,并不必然意味着其中蕴含的内容信息也具有真实性。比如物证原物虽然具有形式真实性,但也不排除其中蕴含的事实信息存在虚假。对于实质真实性的审查,需要将物证与其他证据结合起来,审查物证和其他证据间所蕴含的案件信息是否印证或者吻合。若是相互印证、吻合,则物证的实质真实性就比较有保障,其证明力通常比较高。反之,若无法相互印证、吻合,甚至相互矛盾,其真实性可能就是存疑的,其证明力可能就会相对较弱。另外,可以应用经验法则对物证的实质真实性予以审查。若物证中蕴含的案件信息符合经验常识,则其真实性也比较有保障,其证明力通常较高;若与经验常识相悖,则真实性就可能存疑,其证明力就相对较弱。真实性就意味着证据不能是虚假的、伪造的。

第二节　书证的审查

一、书证的概念和特征

书证是以文字、符号、图画等表达的思想或记载的内容来证明案件事实的文件或物品。书证与物证都是客观存在的物质,它们都属于广义物证范畴。但是,书证是以其表达的思想或记载的内容来证明案件事实,物证是以其外部特征、物质属性、存在状况等证明案件事实,这是两者的根本区别。二者的共性决定了书证审查判断规则在很多方面和物证是相同的,比如它们都需要遵守最佳证据规则、实物鉴真规则等。《监察法》《刑事诉讼法》中对书证采取狭义的书证概念,而在域外有些国家或者地区则采取广义的书证概念,将视听资料、电子数据等证据也纳入书证范围。在我国法律体系中,视听资料、电子数据属于独立的证据种类,并不属于书证。书证主要具有以下三方面的特征。

1. 书证是以其记载的内容或者表达的思想来证明案件事实。这是书证的核心特征。也是书证区别于其他实物证据的主要特征。书证可能存在多种表现形态,较为常见的是纸质形式,如记录行贿时间、对象、地点、金额等信息的纸质账本。有些书证可能是木制、石制等形态,如将行贿信息记载于墙上,此时木头、石头等就成为书证内容的载体。在监察实务中,很多言词证据也具有书面形式,如证人证言笔录、讯问笔录、鉴定意见书等,它们是采取书面化形式记载或者保全的言词证据,是证人证言、供述、鉴定意见等言词证据的书面化,它们在外观上和书证具有相同的表现形式,也都是通过记载的内容来证明案件事实,但它们记载的内容是相关人员对案件事实的陈述或者意见,它们在本质上属于书面化的言词证据,而不是书证。

2. 书证具有较强的稳定性。书证属于客观证据,具有较强的客观性和稳定性。只要作为书证载体的文件、物品没有被毁损、灭失,通常情况下书证能够经历较长时间而始终发挥其证明作用。书证即使发生修改、增减等,也会在书证中留下相关痕迹,这就为后期审查认定书证的真实性奠定了基础。证人证言、被害人陈述等言词证据如未能及时收集,由于受到人们的记忆能力的限制,则容易随着时间的推移而致使相关人遗忘、记忆模糊或产生记忆错误,从而影响其证明价值。

3. 书证的内容是主观思想的表达,往往能够直接证明相关的案件事实。若内容不能为人们所认识和理解,也就不能作为书证使用。在特定情况下,相关人所能认知的密码、暗号、标记等,虽不为普通人所理解,但在特定人群中可以通过记载的内容来传递信息,仍应认定为书证。书证在外延上可以包括物品,但它是以其记载的内容或表达的思想而不是以存在的方式来发挥证明作用,此乃书证与物证的重要区别。书证记载的内容或表达的思想,必须与案件具有关联性,即书证所记载的内容或表达的思想,能够证明待证事实的存在更有可能或更无可能。如果某一材料所记载的内容与案件的待证事实没有关联,也就不能被作为书证采纳。该特点决定了书证通常可以直接用于证明相关案件事实,这是与物证的显著差异之处。物证是"哑巴证据",它无法直接证明案件事实,需要将物证和其他证据结合起来才能用于证明相关案件事实。

从书证类型上看,按照不同标准可以将其分为不同类型,较为常见的分类是公文书证和私文书证。公文书证指国家机关和其他单位在法定的权限范围内依职权所制作的文书。比如房屋产权部门按照法定权限和程序制作的房屋所有权证。私文书证是国家机关和其他享有法定职权的单位之外的主体,或国家机关和其他享有法定职权的单位在其职权范围之外所制作的有关文书。比如作为私人主体的单位或者个人之间订立的合同、支付凭证等书证。一般来说,公文书证的制作程序、格式等方面比较规范,其证明力通常要高于私文书证,其真实性、可靠性通常要高于私文书证。从记载内容的性质来看,书证可以分为处分性书证和报道性书证。处分性书证是指具有设立、变更、消灭一定法律关系的意思表示,并能产生相应的法律后果的书证。比如股权转让协议、房屋买卖合同等书证,它们可以直接用于证明相应法律关系的设立、变更和消灭。报道性书证是记录或者报道一定法律关系产生、变更、消灭的事实,而不能产生相应法律后果的书证。比如行贿中对行贿时间、对象、地点、金额等信息予以记录的账本。报道性书证对相关事实的证明具有不确定性。从书证的出处或者表现形式来看,可以将书证分为原始书证和传来书证。原始书证是最初形成的书证,其真实性、可靠性通常较高。传来书证是基于原始书证所制作的,在复制过程中可能会存在信息丢失等问题,其证明力相对较弱,对其审查认定的标准就更为严格,需要通过相应机制或者方法来保障其真实性和可靠性。

二、书证的审查方法

(一)审查书证的合法性

书证需要具有合法性,才能具有证据能力,才有可能成为定案根据。我国《刑事诉讼法》《监察法》中确定的非法证据排除规则适用于书证。在书证收集过程中,也可能会出现取证程序违法而侵犯公民基本权利,从而导致相关书证被认为非法证据予以排除的情形。一般来说,违反法定程序、侵犯公民基本权利收集的书证,可能严重影响司法公正,在无法补正或者无法作出合理解释的情况下,就需要将其作为非法书证予以排除。

书证合法性通常包括两个层面:(1)书证制作程序的合法性。制作程序的合法性在公文书证中体现得较为明显。公文书证具有较高的证明力,它是以国家机关职权的公信力、程序规范性等为保障。若公文书证的制作程序本身存在瑕疵或违法,则会影响其证明力,甚至可能会导致证据效力的丧失。在对公文书证合法性进行审查时,需要重点审查其制作程序的合法性,包括制作主体是否具有相应资质或权限、制作程序是否符合法律法规、公文书证形式要件是否符合法定要求等。(2)书证收集程序的合法性。书证收集程序存在瑕疵或者违法,既可能影响书证的真实性或关联性,也可能减损诉讼程序本身的独立价值,比如程序正义、人权保障等法律价值。我国《刑事诉讼法》规定了非法证据排除规则,收集书证不符合法定程序,可能严重影响司法公正,应当予以补正或者作出合理解释;不能补正或者作出合理解释的,对该书证应当予以排除。

书证作为广义的实物证据,通常适用搜查、扣押、调取、查询等程序予以收集。

由于不同类型书证承载的法益重要程度不同，在取证中给予的程序保障也存在差异。比如在某市水务集团董事长X涉嫌严重违纪违法案件中，专案组成员查询工商登记档案材料，仅需取得所在处室的主要负责人审批即可，涉案人员的银行交易流水则属于重要信息，需要监察委分管负责人批准后才可以查询。[3] 在该案中，办案人虽然通过查询方式来收集相关书证，但由于书证所承载法益的区别，由此调查取证措施对公民权利的干预程度不同，给予的程序保护程度也存在差异。工商登记档案属于企业信息，对其查询的程序控制相对较弱，银行交易流水则属于敏感个人信息，对其查询的程序控制相对较高。对于书证合法性的审查，需要结合书证类型、适用程序等因素予以审查。比如对于书证的调查，需要审查调取是否经过审批、是否有2名监察人员、持有人和见证人是否在场、是否制作书证清单，也需要审查取证笔录、书证清单记录内容是否齐全，是否有相关人员签字。

（二）审查书证的关联性

书证作为证据使用，也要求具有关联性，仅在具有关联性的情况下，才具有证据能力，才可能成为认定案件事实的依据。若某一书面材料或者文件没有关联性，它就不能成为证据。相对于物证而言，书证关联性的审查认定相对容易，因为书证是以其记载的内容或者表达的思想来证明案件事实，其对案件事实的证明性相对较为直接。有些书证，无法直接通过其内容或者思想来判断与案件事实是否有关，那就需要借助经验法则和逻辑推理来进行审查判断。关联性决定了某一书面材料或者文件是否为书证，它可以限定调查人员在职务违法犯罪案件中收集的材料或者文件的范围。《监察法》第28条第3款规定，若文件经查明与案件无关，则应在3日内解除扣押、予以退还。这主要是基于关联性规则对搜查扣押文件范围的限定，调查人员不得收集与案件无关的文件或者材料。对于书证关联性的审查，也需要从逻辑关联性和法律关联性两个层面展开，仅在同时具有逻辑关联性和法律关联性时，才能认定书证具有关联性。

（三）审查书证的来源

书证作为广义实物证据，需要遵循最佳证据规则，即在书证作为定案根据时，原则上应当使用书证原件，仅在法定例外时才能使用书证复印件。这主要源于书

---

〔3〕 丁方旭编写：《纪检监察案例指导：〈中国共产党纪律检查机关监督执纪工作规则〉篇》，中国方正出版社2021年版，第172~176页。

证原件通常直接源于案件事实，是最具有说服力的证据形式。复制件是书证原件经复制、复写、拍照等方法所形成的传来证据，其信息可能存在丢失、修改、增减等风险。《监察法》第 28 条第 3 款规定监察机关在调查过程中，应当收集书证原件。《监察法实施条例》规定调取书证应当调取原件；取得原件确有困难或者因保密工作需要不能调取原件的，可以调取副本或者复制件；调取书证副本、复制件的，应书面记明不能调取原件的原因，原件存放地点，制作过程，是否与原件相符，并由调查人员和书证原持有人签名或者盖章。在监察实务中，监察机关若收集书证原件，则通常是符合最佳证据规则的基本要求，其形式真实性通常比较有保障。但是，在很多职务违法犯罪案件中，监察机关出于各种主客观原因，仅能收集到书证复印件。复印件并非绝对没有证据能力，其在符合法定条件的情况下，仍然具有证据能力，可以作为定案根据。比如在前文 X 涉嫌严重违纪违法案件中，监察机关就仅能调取工商登记档案材料、银行交易流水的复印件，因为书证原件需要相关单位自己保存以便后续开展相关业务，但是这并不意味着此两类书证复印件就必然欠缺证据能力。书证复制件作为证据使用，需要具备前提条件和实质条件。使用复制件的前提条件是存在正当事由，即取得原件确有困难或者因保密工作需要。这里的取得原件“确有困难”相对较为概括、裁量性较大，其主要涉及书证原件在有关单位或者个人控制之下，其有权不提交，书证原件因篇幅或体积过大而不便提交等情形。其实质条件是复制件与原件的一致性，调查人员需要采取相应材料或方法来保障复制件与原件的一致性。《监察法实施条例》要求在调取书证复制件时，需要书面记明不能调取原件的原因、原件存放地点、制作过程、是否与原件相符等信息，主要就是用该书面记录为后期审查书证形式真实性提供基础性材料。审查人员或者审判人员，对书证复印件，需从上述前提条件和实质条件展开，若符合上述条件的要求，则可以将书证复印件作为定案根据。

（四）审查书证的真实性

书证具有真实性，才可能成为定案根据。对于书证真实性的审查，需要在形式真实性和实质真实性两个层面展开。形式真实性主要涉及最佳证据规则和实物鉴真规则。关于书证复印件的审查，前面已经分析，此处不再赘述。对于书证篡改、增减等情况的审查，可以通过审查其收集、移送、保管等环节，也可以通过辨认、鉴定等方式予以审查认定。比如欠条签名是否伪造，可以通过笔迹鉴定予以审查认定。书证某些部分存在破损、污渍等情形，若不影响书证表述的思想或内容，则不会减损其证据效力。书证形式真实性若在某些方面有瑕疵，比如对书证来源、收集程序存在疑问，应该给予补正或解释的机会。若做出的补正或合理解释，能够弥补现有瑕疵，保障书证的真实性与可靠性，则可以将其作为定案根据；若不能补正或无法作出合理解释，则不能作为定案根据。书证的实质真实性主要涉及其表达思想或内容是否真实，它要求书证的内容应当反映案件发生时的客观情况。这既需要从书证本身是否存在修改、增减等方面予以审查判断，也需要从书证与其他证据之间是否相互印证、有无矛盾等方面予以审查判断。

（五）境外书证的审查

在职务违法犯罪案件中，经常会涉及境外证据的收集和使用，特别是境外书证。有些职务违法犯罪人，为了逃避调查和打击，可能在境外实施相应行贿、受贿活动，或者收受贿赂后在境外消费，将资产转移至境外。有些职务违法犯罪人，在面临调查时可能会逃至境外，此时不仅会产生职务违法犯罪案件的追逃追赃问题，还会产生境外证据的收集和使用问题。《监察法》专门规定了“反腐败国际合作”一章。《监察法实施条例》第 273 条规定了监察机关应当依法全面收集外逃人员涉嫌职务违法和职务犯罪证据。

对于境外书证的收集，监察机关原则上不能够直接收集，而应当通过国际司法协助方式予以收集。因为监察调查权在本质上是国家主权的重要组成部分，在域外国家直接调查取证就意味将本国主权延伸至他国境内，此时很容易导致对他国主权的侵犯而引发国际纠纷和抗议。对于境外证据的收集，原则上应当通过国际司法协助方式。在 Y 受贿案中，行贿人姜某出于身体原因在境外治疗，由其朋友从境外带回用以证明姜某行贿的自书材料、信函等转交给办案机关。由于我国司法人员在境外没有执法权，其直接在境外收集的证据，即便是以私人身份或者旅客身份收集的证据材料也不具有证据能力。此类证据应当由境外具有执法司法权的机关或者工作人员依照法定程序予以收集，或者由私人收集相关境外证据，经境外公证机关予以公证，由所在国中央外交主管机关或者其他授权的机关认证，并经过我国驻该国使领馆认证，才能在诉讼中作为证据使用。因此，该案中的境外证据材料不能成为定案根据。[4] 在该案中，境外证据无法成为定案根据

〔4〕 王晓东：《贪污贿赂、渎职犯罪司法实务疑难问题解析》，人民法院出版社 2020 年版，第 261 ~ 264 页。

的主要原因在于其欠缺合法性、真实性。

对于境外证据的审查,《刑事诉讼法解释》第 77 条规定,对来自境外的证据材料,检察院应当随案移送有关材料来源、提供人、提取人、提取时间等情况的说明。经法院审查,相关证据材料能够证明案件事实且符合《刑事诉讼法》规定的,可以作为证据使用,但提供人或者我国与有关国家签订的双边条约对材料的使用范围有明确限制的除外;材料来源不明或者真实性无法确认的,不得作为定案的根据。当事人及其辩护人、诉讼代理人提供来自境外的证据材料的,该证据材料应当经所在国公证机关证明,所在国中央外交主管机关或者其授权机关认证,并经我国驻该国使领馆认证,或者履行我国与该所在国订立的有关条约中规定的证明手续,但我国与该国之间有互免认证协定的除外。上述规定将境外证据,区分为国家专门机关收集的境外证据和个人收集的境外证据。对于国家专门机关收集的境外证据,由于需要通过国际司法协助方式予以收集,其取证程序相对较为规范,真实性、合法性相对有保障,但需要对材料来源等信息提供情况说明,经审查后确定其关联性、真实性和合法性后,就可以将其作为定案的根据。对于私人收集的境外证据,由于私人取证行为并不涉及对他国主权的侵犯,私人可以直接在境外收集相关证据,但私人和案件处理结果之间具有直接或者间接利害关系,无法保障其收集证据的真实性、可靠性,故需要进行三级认证或者公证。对私人收集的境外证据,需要审查上述认证或者公证手续是否齐全,若欠缺相关手续,且无法证明境外书证的真实性,则不能将境外书证作为认定案件事实的根据。

第三节　电子数据的审查

一、电子数据的概念和特征

电子数据已经成为信息网络时代的"证据之王",它在职务违法犯罪案件中也比较常见,如微信聊天记录、转账支付记录、电子邮件等,都属于较为常见的电子数据。我国《刑事诉讼法》《监察法》都已经将电子数据规定为法定证据种类之一,在职务违法犯罪案件处理中需要重视对电子数据的收集提取和审查认定。在某国有企业董事长 L 涉嫌贪污贿赂案件中,按程序报批后,调查部门依法分别联系某网络技术公司和某支付科技公司,向其出具《调取证据通知书》《调取证据清单》,调取L手机中已经删除的支付交易记录等电子数据。[5] 该案中的支付交易记录,就是职务违法犯罪案件中较为常见的电子数据。电子数据主要具有以下特征。

1. 电子数据的虚拟性。电子数据是“0－1”二进制数据信息,它们并不是某种实在物,而是以数字化方式存储的信息;它们无法用手直接感触,也无法用肉眼直接观察,无法被人们所直接感知和识别,而需要借助相应电子设备来读取和演示。电子数据的虚拟性决定了其无法独立存在,其生成、传输、存储需要借助于电子设备和存储介质。在诉讼中提交电子数据,通常要提交该电子数据的存储介质或载体。这与物证、书证等传统实物证据形成鲜明差别。物证、书证作为有形物和实体物,它们所承载的案件信息会体现在其物质特征之中或与其物质特征紧密联系,这就决定了物证、书证等传统实物证据能够被人们直接感知和发现。虚拟性是电子数据的基本特征,它会衍生出电子数据的很多其他特征,比如载体依赖性、可复制性、海量性等。

2. 电子数据的科技性。网络信息技术的发展,催生了电子数据。电子数据作为网络信息技术的产物,具有较强的科技性特征。电子数据是借助于相应信息网络技术而形成的新兴证据,它的生成、传输、存储都需要借助于相应信息网络技术。在电子数据的收集提取和审查认定中,也可能会涉及相应专业知识。电子数据科技性要求取证主体应当具有相应专业技术知识和实践经验。科学性特征,也引发了电子数据鉴真方法的重大变革。电子数据鉴真,除了可以采用传统实物证据的“证据保管链”和“独特性确认”方法,也可以采取完整性校验、区块链存证、可信时间戳、数字签名等方法进行技术性鉴真。[6] 对于电子数据的审查认定,也可以借助相应技术方法,对电子数据的真实性、完整性予以审查。

3. 电子数据的系统性。电子数据在本质上是“0－1”二进位数码,其需要在电子设备或存储介质中借助于特定系统而存在,这既包括相应电子设备,比如手机、电脑等,也包括相应存储介质,比如U盘、硬盘等。电子数据的生成、处理、传输等并不是孤立的,其需要借助由若干元素组成的系统,是由一系列代码或程序遵循相关技术标准形成的综合材料。电子数据通常具有“三位一体”的组成体系,即它

[5] 丁方旭编写:《纪检监察案例指导:〈中国共产党纪律检查机关监督执纪工作规则〉篇》,中国方正出版社2021年版,第57～59页。

[6] 谢登科:《电子数据的技术性鉴真》,载《法学研究》2022年第2期。

是由内容信息数据、附属信息数据、关联痕迹数据所形成的整体。电子数据具有较强的系统性，由此就决定了其具有较强的稳定性。即便对电子数据做细微的修改，其对应的系统数据也会发生相应修改，通过相应技术就可以对其予以修复或者恢复。比如在S职务违法犯罪案件中，由于S对相关短信、微信进行了删除处理。为了收集相关电子数据、形成完整的证据链条，监察机关决定委托公安机关对S的手机进行勘验检查，通过对手机进行勘验恢复了被删除的短信、微信等电子数据，并按照法定程序予以提取。[7] 该案中电子数据的恢复、收集，就体现了电子数据较为明显的科学性、系统性特征。

当今社会已经进入信息网络社会和数字经济时代，电子数据类型庞杂、数量众多。按照不同标准，可以将电子数据分为不同类型。根据数据内容和性质的不同，可以将电子数据分为内容电子数据和附属电子数据。内容电子数据是体现主体内容的电子数据。比如电子邮件正文、微信聊天记录、Word文件等。内容数据通常可以用于证明案件事实，因为它们本身就承载了案件事实的相关信息。内容数据通常记录着人所制作的文件、图画、符号等信息，它通常可以反映人的主观意思或想法，它是人通过操作计算机等电子设备后，经过电子设备内系统程序、代码指令等运行后所产生的数据。附属电子数据是记录主体电子数据生成、存储、传输、系统环境、适用条件等信息的电子数据。附属数据通常并不直接体现人的意志，它是由代码程序运行后自动生成的数据。比如在电子邮件传输中，邮件服务器会在接收电子邮件时，自动生成Received附属信息，其会记录接收电子邮件服务器的IP地址。由于附属电子数据是由计算机系统自动生成，其稳定性和真实性较高。附属电子数据通常不能直接用于证明案件事实，但可以用于对主体电子数据的鉴真，即可以用于证明主体电子数据的真实性和完整性。另外，有些附属电子数据中可能会含有制作人、接收人、传递路径、日志记录等信息，可用于证明特定主体与内容电子数据在身份上的关联性。在电子数据收集中，既要重视对内容数据的收集，也要重视对附属数据的收集，因为它对于证明内容数据的真实性很有帮助，后期在证据审查中可用于证明内容数据的真实性。

---

〔7〕《纪检监察案例指导：〈中华人民共和国监察法〉篇》，中国方正出版社2021年版，第178～180页。

二、电子数据的审查方法

(一)审查电子数据的合法性

我国现行《刑事诉讼法》《监察法》规定了非法证据排除规则,但没有把电子数据纳入非法证据排除规则的适用范围,这并不意味着就可以忽视对电子数据合法性的审查。在电子数据调查取证中,仍然可能会因违法取证侵犯公民的基本权利而使所收集的电子数据被认定为非法证据。在电子数据合法性审查中,需将其与电子数据调查取证程序结合起来。电子数据作为广义实物证据,可以通过搜查、扣押、勘验、检查、调取等程序予以收集。电子数据调查取证程序的有些措施是为了保障电子数据的真实性,比如取证笔录、见证人见证、同步录音录像。在职务犯罪调查中,还可能适用电子数据的技术性调查措施,比如对被调查人进行监听监控、对电子邮件进行监控等。《监察法》第 31 条第 1 款规定了监察机关调查涉嫌重大贪污贿赂等职务犯罪,根据需要,经过严格的批准手续,可以采取技术调查措施,按照规定交有关机关执行。在 A 受贿案中,由于 A 存在出逃境外的风险,为了及时掌握 A 的行踪,经过严格审批程序后,监察机关提请公安机关对 A 采取技术调查措施,对其通讯工具予以监听。[8] 当然,技术调查措施也可适用于电子数据取证,比如数据监控。电子数据合法性审查的具体内容,主要包括以下内容:

1. 取证主体和取证方法。这要求审查收集、提取电子数据是否由 2 名以上调查人员进行,其主要包括两方面内容:(1)取证主体人数。对于取证主体人数限制,既是为了保障调查人员人身安全,也可以防止在调查取证活动中发生违法行为,为后期证据合法性提供证明,还可以在取证活动中取长补短,弥补单人取证在知识、经验上的不足。(2)取证主体身份。职务违法犯罪案件的取证主体,通常要求是具有调查取证权限的调查人员。当然,由于电子数据具有较强的科学性特征,监察机关工作人员可能会欠缺相应专业知识和实践经验而无法收集到相关电子数据,此时就可以要求有关单位或者组织提供协助。《监察法》第 4 条第 3 款规定了监察机关在工作中需要协助的,有关机关和单位应当根据监察机关的要求依法予以协助。在前文在 S 职务违法犯罪案件中,监察机关就是要求公安机关予以

---

〔8〕《纪检监察案例指导:〈中华人民共和国监察法〉篇》,中国方正出版社 2021 年版,第 189 ~ 192 页。

技术协助，因为电子数据恢复具有较高的技术含量。但是，这里的调查取证主体仍然是监察机关，公安机关的功能仅限于技术协助。

2. 取证笔录、见证人、取证录像。这要求审查电子数据的取证笔录、见证人见证、取证录像等材料，这都是固定证据收集保管链条的重要方式，也都是电子数据的鉴真方法。取证笔录是对调查人员取证活动、过程、证据状况等情况的记录，它是取证过程中固定、保全证据的重要方法之一。在证据审查中，若电子数据的真实性、合法性产生争议，取证笔录是证明取证程序合法的重要依据，也是电子数据鉴真的重要方法之一。在电子数据审查认定中，对取证笔录、见证人、取证录像等证据材料予以审查，主要是为了审查电子数据的真实性和合法性。

3. 电子数据备份和写保护设备。写保护是电子数据取证中"不得改变数据原始性"技术原则的基本要求，对于采取写保护措施的设备，其存储的数据就只允许读出以被使用，但不允许写入以防破坏。通过写保护措施，可以让电子数据取证中的相关操作不会影响、改变电子数据，从而保障提取、分析电子数据的完整性和可靠性。电子数据备份主要是为事后审查电子数据的完整性和真实性提供比对依据。因此，对电子数据写保护、备份的审查主要为了保障电子数据的真实性。

4. 技术调查的审批程序。对采用技术调查措施收集、提取的电子数据，需要审查是否经过了严格的批准手续。监察机关采用技术调查措施来收集电子数据，需要经过严格的审批程序，若缺乏严格的审批程序，就可能会侵犯被调查人的通信秘密权、隐私权等基本权利，由此就可能会导致电子数据被作为非法证据予以排除。严格的审批程序，主要是为了防止调查人员随意启动技术调查而侵犯公民基本权利。在对适用技术调查措施收集电子数据的合法性审查中，就需要审查其是否依法经过严格的批准手续，这对于保障公民基本权利具有积极意义。

(二)审查电子数据的关联性

电子数据应当具有关联性，这是其具有证据能力的重要条件。只有与案件事实具有关联性，电子数据才能作为证据使用。但是，电子数据关联性存在特殊性，它既要求电子数据本身与案件事实之间的关联性，也要求电子数据存储介质与案件事实之间的关联性，此即电子数据"双关联性"要求。[9] 这主要源于电子数据具有虚拟性特征，其必须依赖于相应电子设备或存储介质而存在。电子数据无法

---

〔9〕 刘品新：《电子证据法》，中国人民大学出版社 2021 年版，第 34 ~ 39 页。

被人直接感知,人们须通过电脑、手机等电子设备才可以对其进行操作,但是,某一特定电子设备可能被多人使用。比如某电子数据可能在当事人不知情的情况下由病毒、入侵者等利用程序漏洞植入电脑或手机等电子设备之中。这就要求通过某些证据或方法来确定存储介质与当事人之间的关联。在有些情况下,仅依据电子数据无法建立其与具体操作人之间的对应关系,其和特定人之间的关联性需通过存储介质或者电子设备才能建立。比如在被调查人的手机、电脑上提取到电子数据,通常就可以初步建立被调查人与该存储介质之间的关联性,但若被调查人辩称有其他人曾使用过其手机或电脑,此时就需要对存储介质的关联性作进一步审查判断,既可以通过提取存储介质上的指纹、DNA 等痕迹物证予以审查判断,也可以借助证人证言、被调查人供述等予以审查判断。在虚拟网络空间中,经常会出现一个人具有多个虚拟网络身份,或者一个虚拟网络身份由多个人使用,也可能出现多人共享同一上网路线的情况。《关于办理刑事案件收集提取和审查判断电子数据若干问题的规定》(以下简称《电子数据规定》)第 25 条规定:"认定犯罪嫌疑人、被告人的网络身份与现实身份的同一性,可以通过核查相关 IP 地址、网络活动记录、上网终端归属、相关证人证言以及犯罪嫌疑人、被告人供述和辩解等进行综合判断。认定犯罪嫌疑人、被告人与存储介质的关联性,可以通过核查相关证人证言以及犯罪嫌疑人、被告人供述和辩解等进行综合判断。"该条明确了审查认定网络身份与现实身份同一性的主要方法,包括核查 IP 地址、网络活动记录等,也可以借助证人证言、被告人供述等证据。因此,在审查电子数据关联性时,既应关注电子数据与案件事实之间的关联性,也应关注存储介质与当事人之间的关联性。

(三)审查电子数据的真实性

电子数据在生成、存储、传输、处理过程中,若出现系统故障、硬件损害等情况,就可能导致电子数据灭失或破坏,也会出现人为修改、增减、删除等因素,从而导致电子数据变化或灭失。如何保障电子数据的真实性就成为网络信息时代重要的证据问题。在司法实践中,绝大多数被排除的电子数据主要是源于其真实性无法保障。因此,在电子数据审查判断中,对其真实性的审查判断就成为重点内容。《电子数据规定》第 22 条规定了电子数据真实性的审查规则,其要求重点审查以下内容。

1. 审查是否移送原始存储介质。在原始存储介质无法封存、不便移动时,有无说明原因，并注明收集、提取过程及原始存储介质存放地点或电子数据来源等情况。这是基于最佳证据规则的要求。电子数据具有虚拟性，需要依附存储介质而存在，若将电子数据直接从其原始存储介质中提取、复制至其他存储介质之中，可能会损害其原始性、完整性。在电子数据提交或移送中，需要将电子数据连同其原始存储介质一并提交、移送至法院。有些情况下，原始存储介质不便收集或移送，如云服务器中存储电子数据、境外网站中的电子数据等，此时就只能将电子数据提取、复制至其他存储介质上，并向法院提交或移送该存储介质。但此时需要在取证笔录中，对不移送原始存储介质的原因、收集提取过程、原始存储介质存放地点等予以详细记录，从而为审查判断电子数据的形式真实性奠定基础。法院在审查电子数据复制件时，可以通过审查上述笔录来判断其与原始存储介质中的电子数据是否相符。

2. 审查电子数据是否具有数字签名、数字证书等特殊标识。若电子数据附有数字签名、可信时间戳、数字证书等特殊标识，可以通过审查、比对这些特殊标识来认定电子数据的真实性和同一性。以数字签名为例，数字签名是在数据电文中以电子形式所含或所附用于识别签名人身份并表明签名人认可其中内容的数据。数字签名是对交易类电子数据鉴真的重要方式，数字签名可从以下三方面实现电子数据鉴真。(1)对身份关联性的证明。数字签名本身蕴含了签名者的身份信息，有助于确保签名就是文件创始人所签，也有助于防止他人伪装成特定文件创始人，从而为身份关联性提供初步的筛查或证明机制。(2)对数据完整性的证明。通过数字签名所发送的数据信息，需要经过公钥进行加密处理，从而生成该传递信息所对应的Hash值，而Hash值的确定性和唯一性保障了发送数据信息的真实性和完整性。(3)认证机制增强了数字签名的可信性。数字签名解决了数据电文的身份识别和确认问题，而公正、权威的第三方机构对签名人身份信息、相关资料的核实管理，可以增强对电子交易主体和内容的信任程度，增强电子签名的真实性与可靠性。需要注意的是，并非所有电子数据都有数字签名或数字证书，不能因为没有数字签名或数字证书就直接否定电子数据的真实性，它们仅仅是用于审查、鉴别电子数据真实性的方法之一。

3. 审查电子数据的收集、提取过程是否可以重现。有些电子数据通过技术手段会恢复，此时可以利用复现性审查来认定电子数据是否具有真实性。比如有些电子数据被收集提取之后，可以通过数据恢复方式，并将收集电子数据与恢复电子数据进行比对,从而审查判断其真实性。当然,并非所有电子数据收集提取过程都可以重现,也并不能因为无法重现其收集提取过程,就直接否认电子数据的真实性。

4. 电子数据如有增加、删除、修改等情形的,是否附有说明。若电子数据有增减、修改等情形,也会损害其真实性。在电子数据真实性审查中,需要对其是否存在增减、修改等予以审查判断。若电子数据存在增减、修改等情形,则需要审查其修改原因、是否存在恢复可能性、是否影响其内容的真实性。有些增加或删除的内容可能并不会影响电子数据的真实性,比如仅在视频类电子数据增加不影响主体内容的片头。若电子数据增减或删除已经影响其内容信息的真实性,达到无法保障其内容信息真实性的程度,则该电子数据就不能作为定案根据。

5. 电子数据的完整性是否可以保证。电子数据完整性是保障其真实性的重要基础,若电子数据不具有完整性,则意味着电子数据可能被删减或修改,其真实性通常也无法得到保障。

对于电子数据真实性,除需要关注其形式真实性和完整性之外,还需要审查电子数据的实质真实性,即电子数据内容的真实性。对于电子数据内容真实性的审查,需要将其与其他证据结合起来,比如审查电子数据内容与证人证言、被调查人供述等证据是否印证,能否形成闭合的证据链条。

第四节　视听资料的审查

一、视听资料的概念和特征

视听资料是以录音或者录像资料存储的,能够用于证明案件事实的信息。在很多国家或地区,视听资料被纳入广义书证范畴,其审查判断通常适用与书证相同的证据规则。视听资料是《刑事诉讼法》《监察法》中规定的独立的证据种类。视听资料是以模拟信号在介质上进行存储的音像信息,电子数据是以数字信号在介质上进行存储的数据。总体来看,视听资料的使用在信息网络时代呈现出萎缩态势,数字化音视频则大量出现,它们在本质上并不是视听资料,而是电子数据。监察人员在调查取证中,可能需要携带执法记录仪,对取证过程进行同步录音录像,在这些过程中形成的数字化音视频,也都属于电子数据。

视听资料主要具有以下特征:(1)视听资料具有动态直观性。视听资料是以动态声音、图像、动画等方式直观地再现案件事实。通过对视听资料当场播放,就可以生动地呈现案件事实。(2)视听资料具有科技性。视听资料是现代科学技术的产物,其制作、存储、播放等环节都基本离不开相应软硬件设备。(3)视听资料具有较强的客观性。视听资料也属于广义的实物证据,它是不依赖于人的主观意识而独立存在的客观实在物,它的客观性相对较强。视听资料即便经过修改、增减、破坏等,也会留下相应痕迹,从而为审查其真实性奠定基础。(4)视听资料具有载体依赖性。视听资料的存在、展示,都需要依附于特定载体。视听资料作为一种可视化、可听化的信息资料,它本身不能独立存在,需要依附于具有记录、存储能力的物质载体,如录音带、录像带、胶片、X 光片等。视听资料的这种特点,决定了需要借助特定仪器设备才能展示其内容信息。

二、视听资料的审查方法

(一)审查视听资料的合法性

视听资料作为广义的实物证据,主要通过搜查、扣押、勘验、调取等程序予以收集。对于视听资料合法性的审查,就需要结合对其适用的调查取证程序予以审查。视听资料合法性的审查,也需要关注视听资料的形成过程和产生原因。比如在公共场合安装的监控设备所生成的视听资料。从调查取证主体来看,应当有 2 名以上具有调查取证权限和资质的监察机关工作人员。从调查取证程序来看,对视听资料的调查取证,应当经过相应审批程序,取证过程中需要制作取证笔录和清单,并需要相关人员签字或者盖章。从证据形式来看,收集的视听资料原则上应当是原件,仅在法定例外情形下可以使用其复制件。《刑事诉讼法解释》第 108 条第 1 款第 1 项要求审查视听资料的来源是否合法,审查视听资料制作过程中是否存在威胁、引诱当事人等违反法律、有关规定的情形。这些都涉及视听资料合法性审查,比如视听资料系通过盗窃方式取得,会损害公民财产权、隐私权等基本权利;视听资料系以在宾馆、住宅等场所安装监控设备偷拍或偷录等方式制作,会侵犯公民隐私和人格尊严等基本权利。因此,对于视听资料合法性进行审查时,需要审查其来源、制作过程等是否符合法律规定。

(二)审查视听资料的关联性

视听资料作为证据使用,也应当具有关联性,若没有关联性,则不能成为证据,也并不作为认定案件事实的依据。由于视听资料是以动态声音、图像、动画等方式呈现案件事实信息,对其关联性的审查相对容易,仅需依据其直观呈现的信息予以分析。对于视听资料关联性的审查,需要收听或观看视听资料中存储的声音、图像等,进而判断其是否可用以证明案件事实。由于视听资料可能记载了成千上万帧图像,播放时间可能会很长,其有些音像信息可能会与案件事实无关。办案人员一方面可能对视听资料的海量信息感到迷茫,另一方面也容易忽视与案件事实有密切联系的信息。因此,对于视听资料关联性的审查,应当全面细致、科学严谨,从视听资料中找出少量与案件密切关联的信息。对视听资料关联性的审查,也需要关注视听资料内容信息的逻辑关联性和法律关联性。

(三)审查视听资料的真实性

视听资料的真实性,也包括了其形式真实性和内容真实性。对于视听资料形式真实性的审查,主要需要审查视听资料的来源、视听资料是否为原件、视听资料有无剪辑或者增减。在监察实务中,监察机关主要通过以下方式收集、获取视听资料:公安机关专用监控系统记录的视听资料(如天网监控系统)、公共或私人机构安防系统记录的视听资料、现场目击证人拍摄的视听资料、案发现场电子设备拍摄的视听资料。[10] 来源不清的视听资料,其真实性、可靠性会大打折扣。监察机关在收集视听资料时,应当制作详细的取证笔录,详细记载视听资料的来源、收集方法、取证过程等。视听资料在收集、移送、保管等环节,也可能会发生增减、删除、修改等情形,这就涉及视听资料的鉴真问题。视听资料鉴真,既可以适用"证据保管链"的方式予以鉴真,也可以适用相应科学技术方法或者手段予以鉴真,比如通过鉴定方式来判断视听资料是否发生修改。对于视听资料内容真实性的审查,主要需要审查视听资料记载的案件信息是否能够反映案件事实。视听资料的拍摄或者制作距离远近、清晰程度、嘈杂程度等因素,都会影响视听资料的内容真实性和准确性。视听资料内容真实性主要属于对其证明力的审查判断,主要需要审查其内容与其他证据是否相互印证、有无矛盾等。

---

〔10〕 刘静坤:《证据审查规则与分析方法:原理·规范·实例》,法律出版社2018年版,第185页。

第五节 笔录证据的审查

一、笔录证据的概念和特征

我国《刑事诉讼法》《监察法》将勘验、检查、辨认等笔录规定为独立的证据种类,此类证据可以统称为"笔录证据",有学者将其称为"过程证据""描述证据"。这里的"笔录证据"主要是勘验、检查、辨认、调查实验中制作的相关笔录,它们是调查人员将调查活动的过程和结果、收集证据情况予以书面记录所形成的独立证据种类。笔录证据不是在案件发生过程中形成的,通常是在案发之后才形成,它是由职务违法犯罪案件的调查人员在查办案件过程中制作。物证通常是在案件过程中使用或者形成的各种物品或者痕迹。笔录证据也不同于书证,虽然笔录证据是用其记录的内容来证明案件事实,但笔录通常形成于案件发生之后,它和书证的形成时间和证明机理都存在较大区别,笔录证据是由案件最初所形成出的各种信息所衍生出来的新证据,它是对案发现场中位置、物品等进行勘验检查中发现信息进行的实况记录,起到了客观记录现场、物品等情况的作用。从这个角度来看,可以把笔录证据归为实物证据。笔录证据属于广义实物证据,它和狭义物证不同,笔录证据中可能记载了物证的相关情况,但它并不是物证本身,只是反映物证的情况和保全物证的方法。笔录证据不包括证人证言笔录、讯问笔录等,这些笔录在本质上是各种言词证据的固定和保全方式,它们仍然属于证人证言、供述等言词证据,而不是独立的证据种类。笔录证据并不限于勘验、检查、辨认等调查活动中制作的纸质笔录,也包括勘验过程中制作的录像、照片,它们也都属于笔录证据的组成部分。

笔录证据具有以下特征:(1)笔录证据具有客观性。笔录证据是对勘验、检查、辨认等调查活动的客观记载,并不包括调查人员的主观判断,也不包括调查人员的分析、推测和判断。(2)笔录证据具有规范性。勘验、检查等调查活动是按照法律规定开展的,由此也决定了笔录证据具有较强的规范性、客观性。(3)笔录证据具有综合性。笔录证据并不是反映单一证据情况,而是反映取证过程、结果、证据等多方面情况。

笔录证据主要从以下方面发挥着证明作用:(1)对实体事实的证明。勘验、检查等笔录是办案人员在对与案件有关的场所、物品、人身等予以勘验、检查过程中所获取的案件信息的收集和固定，比如案发现场的位置信息、环境信息、温度信息等，这些信息有些处于动态变化之中，需要及时予以固定和记录。这些信息本身就可以对案件事实产生证明作用。(2)对于证据事实的证明。在勘验、搜查等侦查活动中，办案人会对相关物证、书证予以收集固定。笔录证据中记载的勘验、搜查等过程收集的证据名称、数量、特征等内容，可以证明实物证据的来源、真实性。(3)对于程序事实的证明。笔录证据是对勘验、检查、辨认、调查实验、搜查等侦查活动过程的记载和固定，后期若对上述调查行为的合法性发生争议，笔录证据可以用于证明调查行为的合法性。

二、笔录证据的审查方法

(一)审查笔录证据的形式要件

笔录形式要件主要是指办案人员在勘验、检查等笔录中是否完整记载了相关事项与过程，是否具有相关人员签名或盖章。根据《监察法》的相关规定，对于勘验、检查的情况应当制作笔录，在笔录中需要详细记载勘验时间、地点、参加人员等信息，由参加勘验检查的人员和见证人签字或者盖章。

对于笔录证据形式要件的审查，首先，需要审查相关调查人员是否具有调查权限，笔录制作人、见证人、调查人等是否在笔录上签名或者盖章。其次，需要审查笔录证据记载的信息是否全面、准确、规范。比如勘验、检查笔录中，是否详细记载了勘验的时间、地点、在场人员、环境状况等信息，是否记载了勘验中收集到的物品信息。案件现场本身就是个证据的宝库，其中蕴含了证明案件事实的各种材料和信息。审查笔录证据的关联性，由于笔录证据本身是以其记载内容来证明案件事实，所以其关联性相对比较明显。

(二)审查笔录证据的内容信息

笔录证据既是对侦查人员开展勘查、检验等侦查活动过程或程序的记载，也是对犯罪场所、物品、人身等证据信息或案件事实信息的记载。因此，对于笔录证据内容信息的审查判断，亦可以从上述两个层面展开。

首先，需要对笔录中记载的勘查、检验等侦查程序予以审查。这主要包括：勘验主体、对象、步骤、方法等内容。从主体上看，勘验、检查应当由侦查人员进行，在必要时，可以指派或聘请有专门知识的人，在侦查人员主持下进行。对于勘验主体应当重点审查其身份、资质。勘验人员不具有侦查人员身份或权限的，会影响勘验笔录的合法性；勘验人员不具有相应技术资质，会影响勘验中收集的证据材料的真实性与合法性。作为勘验对象的场所、物品、人身、尸体等，应当与案件具有关联性，若与案件事实无关，则不得作为勘验对象，即便勘验也无法获得与案件有关的事实信息。勘验、检查应当持有相关证明文件，否则会影响勘验的合法性。在勘验中应当邀请见证人在场，以便对勘验活动进行监督、见证，也有利于保障勘验中收集证据材料的合法性和真实性。法院在对笔录证据进行审查判断时，应当审查笔录中记载的上述事项，审查判断的标准是《刑事诉讼法》及相关司法解释中关于勘验、检查、搜查、扣押等侦查措施的程序规定。

其次，侦查人员会在勘验、检查过程中发现、收集和固定与案件有关的物品或痕迹，了解案件性质、作案手段和犯罪活动等情况。这些信息需要如实、客观地记载在笔录中。比如犯罪现场的方位、周围环境等信息，物品、人身、尸体等的位置、特征等信息，相关物品、痕迹是否被破坏或伪造等信息，相关人员的人身特征、伤害情况、生理状况等信息。在审查判断笔录证据时，需要对笔录中记载的上述信息展开审查。审查方法主要是将其与被告人供述、被害人陈述、鉴定意见等证据进行对比，审查它们是否相互印证，有无矛盾。

典型案例评析

案例8－1　吴某职务侵占案[11]｜无管辖权情况下收集的书证是否具有证据能力

吴某因涉嫌职务侵占罪，于2019年8月30日被D区公安局刑事拘留，2019年9月6日被该局释放，同日，被D区监察委员会采取立案留置措施。监察委员调查审理完毕后，将案件移送D区检察院提起公诉。检察机关提起公诉认为，被告人吴某身为公司筒仓中控员，利用职务便利，伙同他人，将本单位财物非法占为己有，数额巨大，故请求法院以职务侵占罪追究其刑事责任。在庭审中，吴某的辩护律师认为，本案证据系由两个侦查（调查）机关收集，其中D区公安局调查取得

〔11〕 江苏省盐城市大丰区人民法院（2019）苏0982刑初357号刑事判决书。

的书证及认定本案涉案重量的证据，因不是对本案有侦查权的侦查机关取得，应作为非法证据予以排除。法院经审理后认为鉴于公安机关系根据相应的办案程序进行了称重处理，未有违法的情形，故对辩护人的该辩护意见不予采纳。本案中的证据主要有立案决定书、留置决定书、无犯罪记录证明、在职证明、会议纪要、劳动合同、工资表、工商登记、公司章程，微信转账记录，港口作业合同、卸船委托书、船舶进出港报告表、船货信息表、筒仓入库明细表、讯问笔录、证人证言笔录、辨认笔录、价格认定结论书、情况说明等。

｜评　析｜

我国《刑事诉讼法》《监察法》对公安机关、检察院、法院、监察机关的职能管辖范围作了明确规定，国家专门机关需要在各自职权范围内对相应刑事案件予以管辖。在该案中，吴某作为国有企业的管理人员，根据《监察法》的相关规定，其属于监察机关的监察对象，其所实施的职务违法犯罪应当由监察机关予以立案调查。在该案中，由公安机关对吴某予以立案侦查，并先行收集了相关书证等部分证据。对于此部分证据，是否可以成为定案根据就存在争议。辩护方认为在无管辖权情况下收集的书证，属于非法证据应当予以排除。法院则以取证程序没有违法为由，将相关证据作为了定案的根据。对于取证主体合法性的审查，是书证合法性审查的主要内容，其中就包括取证主体是否具有相关法定权限。管辖制度是划分不同机关关于刑事案件立案受理权限分工的制度，国家专门机关没有管辖权就予以立案，并开展相应侦查（调查）取证工作，就会在客观上产生侦查（调查）取证违法的问题。但是，侦查（调查）违法并不必然导致相关证据就属于非法证据，并不必然产生相关证据排除的法律效果。对于非法证据的认定，需要依据《刑事诉讼法》中对非法证据的界定标准。我国《刑事诉讼法》对非法书证的界定标准较为严格，不仅要求取证违反法定程序，还要求"严重影响司法公正"。在实践中，超越管辖权进行立案侦查（调查）的案件较多，因为立案侦查是追诉程序的启动，案件事实尚需查证，在案件情况不清时就容易出现超范围管辖。若将无管辖权情况下收集的证据都界定为非法证据，可能会阻碍对案件事实的查明。较为合理的处理方法是结合案件情况来考察是否存在"严重影响司法公正"的因素。有观点将无权管辖区分为"善意管辖"和"恶意管辖"，在善意管辖情况下收集的证据可以使用，在恶意管辖情况下收集的证据则应当予以排除。[12] 此种分类处理方法，既可以防止故意规避管辖制度而产生的各种消极后果，也可以防止非法证据扩大化而阻碍对案件事实的正确认定。

案例 8－2 周某受贿案[13] ｜ 电子证据能否适用非法证据排除规则

周某因涉嫌受贿，于 2018 年 1 月 19 日被 C 市监察委员会采取留置措施。公安局物证鉴定所受 C 市监察委员会委托，对周某的电脑、手机、U 盘进行了数据恢复和提取；周某与张某等人之间的微信和短信内容证明了周某接受张某请托，利用职务便利帮助办理相关事宜的过程。检察院提起公诉认为周某利用其担任金融办党组成员、副主任的职务便利，为他人谋取利益，单独或者伙同他人索取、非法收受个人或单位给予的财物共计人民币 876.72 万元和账面价值人民币 750 万元的股权，故请求法院以受贿罪追究其刑事责任。在庭前会议中，周某的辩护人认为微信聊天记录等电子证据的取证程序不合法，应当作为非法证据予以排除。法院经审理后认为，辩护人提出的电子证据的取证合法性问题，不属于非法证据排除的事由，故对该辩护意见不予采纳。

｜评 析｜

从实然层面来看，我国现行《刑事诉讼法》《监察法》规定了非法证据排除规则，但没有把电子数据纳入非法证据排除规则的适用范围，这就意味着在我国现有法律规定之下，电子数据不适用非法证据排除规则。该案裁判观点符合我国现有《刑事诉讼法》《监察法》关于非法证据排除规则的规定。从应然层面来看，在电子数据调查取证中，也可能会存在违法取证严重侵犯公民的基本权利而导致所收集的电子数据被认定为非法证据，因此，有必要将电子数据纳入非法证据排除规则的适用范围。在该案中，C 市监察委员会在扣押涉案电脑、手机、U 盘等物品后，将其委托给公安局物证鉴定所来恢复、提取相关电子数据。由于电子数据调查取证具有较强的技术性，监察机关仅靠自己的力量，可能无法完成对相关电子数据的调查取证工作，比如该案中电子数据的恢复和提取，此时就可以委托有专门知识的人员或者组织协助调查取证。《监察法》明确规定了监察机关在工作中

---

〔12〕 龙宗智：《取证主体合法性若干问题》，载《法学研究》2007 年第 3 期。

〔13〕 湖南省长沙市岳麓区人民法院（2018）湘 0104 刑初 895 号刑事判决书。

需要协助的，有关机关和单位应当根据监察机关的要求依法予以协助，其中就包括了在电子数据调查取证中提供协助。因此，该案中公安机关协助监察机关来恢复和提取电子数据，符合《监察法》的相关规定。

拓展阅读文献

1. 贾宇主编：《刑事客观性证据审查运用指引》，中国检察出版社 2022 年版。
2. 刘品新：《电子证据法》，中国人民大学出版社 2021 年版。
3. 李学军、朱梦妮等：《物证鉴定意见的质证路径和方法研究》，中国人民大学出版社 2015 年版。
4. 宋维彬：《刑事笔录证据研究》，中国法制出版社 2020 年版。
5. 谢登科：《电子数据的技术性鉴真》，载《法学研究》2022 年第 2 期。

第九章　监察案件的证明对象

第一节　证明对象概述

一、证明对象的概念

证明对象，又称待证事实、要证事实、证明客体等，是指需要证明主体提供证据加以证明的，与案件有关的各种事实。[1] 证明对象是诉讼证明制度的基础性、先决性问题，在监察案件中也是如此。只有明确了证明对象（哪些事实需要证明），才能在此基础上构建证明责任（由谁负责证明）、证明标准（证明到何种程度）以及证明程序（如何进行证明）等制度。

关于刑事诉讼的证明对象，《刑事诉讼法解释》第 72 条[2]作了列举式规定。与普通刑事案件相比，监察案件的事实构成具有一定的特殊性，因此，有必要对其证明对象进行专门研究。证明对象既是监察证明制度的基础，也是监察取证工作的指引。

二、监察案件的证明对象

根据《监察法》第 11 条、《监察法实施条例》第 25 条等规定，监察机关依照《监察法》、《公职人员政务处分法》和《刑法》等规定，调查职务违法和职务犯罪案件。

---

〔1〕 易延友：《刑事诉讼法：规则原理应用》（第 5 版），法律出版社 2019 年版，第 247 页。

〔2〕 《刑诉法解释》第 72 条第 1 款规定："应当运用证据证明的案件事实包括：（一）被告人、被害人的身份；（二）被指控的犯罪是否存在；（三）被指控的犯罪是否为被告人所实施；（四）被告人有无刑事责任能力，有无罪过，实施犯罪的动机、目的；（五）实施犯罪的时间、地点、手段、后果以及案件起因等；（六）是否系共同犯罪或者犯罪事实存在关联，以及被告人在犯罪中的地位、作用；（七）被告人有无从重、从轻、减轻、免除处罚情节；（八）有关涉案财物处理的事实；（九）有关附带民事诉讼的事实；（十）有关管辖、回避、延期审理等的程序事实；（十一）与定罪量刑有关的其他事实。"

此外,《监察法实施条例》第 26 条规定,职务违法是指公职人员实施的与其职务相关联,虽不构成犯罪但依法应当承担法律责任的违法行为。《监察法实施条例》第 29 条至第 34 条列举了监察机关调查的职务犯罪案件所涉的罪名体系。结合《监察法》的相关规定和监察案件的内在特点,参照《刑诉法解释》列举的证明对象,可以对监察案件的证明对象进行归纳总结。

需要指出的是,对于监察案件的证明对象,可以做广义和狭义之分。《监察法实施条例》第 67 条第 1 款规定,监察机关应当“全面、客观地收集、固定被调查人有无违法犯罪以及情节轻重的各种证据”。因此,狭义的证明对象主要是指实体性事实,又称“案件事实”。实体性事实通常是案件审判阶段需要重点解决的实质性争议问题。这类事实由《公职人员政务处分法》和《刑法》等规范作出具体规定。在职务犯罪案件中,可以将实体性事实分为定罪事实和量刑事实。对于职务违法情形,也可作出类似区分。根据《监察法实施条例》第 231 条、第 232 条的规定,公职人员职务违法的,视其“情节轻重”,采取不同的处置措施。因此,参照职务犯罪案件的划分,可以将职务违法情形下的实体性事实划分为定性事实(或定案事实)和处置事实(或违法情节事实)。

广义的证明对象还包括程序性事实和证据性事实。前者是指留置的适用等直接影响诉讼程序推进的事实,该类事实需要提供证据加以证明。程序性事实可以被视为与实体性事实并列的证明对象。此外,随着证据规则逐步完善,当证据的证据能力面临争议时,证明主体同样需要提供证据加以证明。此类证据性事实与实体性事实、程序性事实都有关联,可以被视为附随性的证明对象。

有意见认为,职务违法案件与职务犯罪案件在调查主体、程序规范、证明对象、证明标准等方面都有所不同。具体言之,在证明对象方面,两类案件在实体性事实上存在质和量的差异。[3] 职务违法调查的对象是“违法事实”,而职务犯罪调查的对象是“犯罪事实”;虽然二者均具有社会危害性,但是在危害性质和危害程度等方面存在实质差异。实践中,职务违法行为触犯的主要是《公务员法》《公职人员政务处分法》《行政机关公务员处分条例》《事业单位工作人员处分规定》等法律法规。从性质上看,这些法律法规大多属于国家机关关于人事管理制度方面的规定。由此可见,公职人员实施的职务违法行为主要是违反了国家对公职人

[3] 谢小剑:《职务违法与职务犯罪监察调查程序“相对二元化模式”提倡》,载《法商研究》2021 年第 5 期。

员的管理制度,与触犯《刑法》的犯罪行为所表现的社会危害性明显不同。因此,对于职务违法行为的证明,应当从上述法律法规入手,准确认定实体性事实。

需要指出的是,为建立集中统一、权威高效的监察体制,加强党对反腐败工作的领导,监察委员会在具体调查工作中,并不是在程序启动之初就严格区分职务违法与职务犯罪。例如,根据《监察法》第 11 条、第 36 条第 1 款等规定,职务违法与职务犯罪的调查主体和证据运用并未加以区分,在多数情况下职务违法与职务犯罪适用同种取证规则。同时,根据《监察法》第 42 条第 1 款的规定,监察机关在立案时,并不需要区分职务违法与职务犯罪,可以直接以“涉嫌职务违法犯罪”立案,调查程序既适用于职务违法调查,也适用于职务犯罪调查。根据《监察法》第 52 条第 1 款第 4 项的规定,调查之后可以直接移送人民检察院审查起诉,而不需要在移送司法机关后,由人民检察院立案启动刑事侦查程序。[4] 然而,上述规定并不意味着,在任何调查事项上都适用完全一致的规则。实践中,应当根据案件的具体情况,适用相应的程序和规则处理职务违法/犯罪问题。例如,对于现有材料不能确定是否构成犯罪的情形,可以先以职务违法立案,再根据案件调查核实情况,适时采取职务犯罪的立案手续。此外,关于程序性事实所涉的证明对象,特别是留置措施的适用,根据《监察法》第 23 条的规定,严重职务违法与职务犯罪案件在适用留置措施时并无区别。此外,职务违法行为并不涉及后续的诉讼程序,所以无须考虑决定诉讼进程、影响公正审判等程序性事实。类似地,《监察法》与《监察法实施条例》并未对职务违法与职务犯罪所涉的证据性事实加以区分。

基于上述分析,本章主要围绕职务犯罪案件的证明对象展开论述。对于职务违法案件的证明对象,可以参照相关规定,结合案件特点予以确定。

第二节　监察案件的实体性事实

立足以审判为中心的诉讼制度视角,被告人的罪责刑问题(包括被告人是否构成犯罪以及应当被判处何种刑罚),是刑事诉讼旨在解决的核心问题。对于被调查人涉嫌职务犯罪的情形,作为监察案件证明对象的实体性事实,也与被调查

---

〔4〕 谢小剑:《职务违法与职务犯罪监察调查程序“相对二元化模式”提倡》,载《法商研究》2021 年第 5 期。

人的罪责刑问题紧密相关。从法律规范角度看,职务犯罪案件中的实体性事实,又称"案件事实",主要包括定罪事实和量刑事实两类。基于罪刑法定原则,《刑法》分则明确规定了各种职务犯罪的犯罪构成要件。只有证明犯罪构成要件事实成立,才能依法认定被告人有罪,这类事实即为定罪事实。同时,基于罪刑相适应原则,对于被认定有罪的被告人,需要基于其主观恶性和人身危险性等因素判处相应的刑罚,此类量刑事实也需要提供证据证明。不过,需要指出的是,定罪事实和量刑事实之间的区分,在法律规定上和司法实践中并非泾渭分明,两者存在紧密联系。

受"重定罪、轻量刑"的传统观念影响,早期的法律规范和司法实践比较强调犯罪事实的证明,对量刑事实重视不够。伴随着量刑规范化改革,各界普遍认识到,现有的刑事诉讼模式侧重于查明事实真相,刑事案件定罪率较高,在此种背景下,大量案件的被追诉人对指控的犯罪事实没有异议,即便一些案件的被追诉人对犯罪事实有异议,最终也往往被证实有罪。这意味着,量刑问题往往是实践中当事人最为关注的问题,也是案件中的争议焦点。

《联合国反腐败公约》在序言中申明,通过职务犯罪非法获取的利益将对国家、国民和法治造成严重损害,因此,必须严肃地对待涉案财物的处置。〔5〕对于监察机关管辖的职务犯罪案件,有关涉案财物的事实具有一定的独立性,对定罪量刑和追赃挽损等具有重要影响。例如,在贪污贿赂案件中,被追诉人违法所得的财物及其数额一直是查办案件的重点;在滥用职权、徇私舞弊等案件中,被追诉人的犯罪行为也往往与权钱交易紧密相关。因此,针对涉案财物事实依法全面收集证据,构建真实可靠、逻辑严密的资金链条,直接决定着案件的定罪量刑和涉案财物处置结果。

一、定罪事实

基于犯罪构成要件理论,定罪事实又被称为犯罪构成要件事实,即决定被告人刑事责任有无的事实。定罪事实的功能在于,以犯罪构成要件为基准,确认犯罪行为系犯罪嫌疑人、被告人所实施,确定犯罪的性质和罪名,保障定罪的准确性。

---

〔5〕 刘仁海:《职务犯罪"其他违法所得"的认定与处置》,载《法学》2021 年第 5 期。

《刑法》分则对各个犯罪的构成要件所作的规定，为司法实践中定罪事实的认定提供了规范依据和指引。具体到监察领域，《监察法实施条例》第29条至第34条列举了监察机关管辖的职务犯罪的罪名，包括公职人员贪污贿赂、滥用职权、玩忽职守、徇私舞弊犯罪，以及在行使公权力过程中涉及的重大责任事故犯罪和其他犯罪，共计6大类、101个罪名。认定各类职务犯罪的定罪事实，应当重点关注特殊的犯罪主体，以及相应犯罪的客观方面和主观方面。

（一）职务犯罪的主体

监察机关管辖案件的职务犯罪主体，包括所有行使公权力的公职人员和行使公权力的其他有关人员。根据《监察法》第3条、第15条[6]等规定，监察机关对所有行使公权力的公职人员和其他有关人员的职务犯罪行为进行调查。同时，《监察法实施条例》第41条至第46条对《监察法》规定的各类监察对象作了详细阐释，为办案机关准确认定监察对象提供了具体的依据指引。

据此，监察对象可以分为以下两类：(1)行使公权力的公职人员。这些人员具有公职人员身份，日常工作本身就是在行使公权力，例如国家机关的公务人员。由于这些人员的公职身份与行使公权力紧密相关，因此，为认定其为监察对象，通常只需确定其所实施的是日常履行公职的行为。(2)行使公权力的其他有关人员。这些人员自身并不具有公职人员的身份，他们之所以能够成为监察对象，主要是由于其在相关机构从事管理工作，行使公权力。例如，公立学校中从事教学的教师并非公职人员，但当其从事学校的管理工作，参与学校的招生等管理活动时，就属于行使公权力的人员，在开展招生等组织、领导、管理、监督工作过程中发生的腐败行为应属于国家工作人员腐败犯罪。[7] 实践中，对于依法组建的评标委员会、竞争性谈判采购中的谈判小组、询价采购中的询价小组的组成人员，在招标、政府采购等事项的评标或者采购活动中，临时从事与职权相联系的管理事务，

---

〔6〕《监察法》第15条规定："监察机关对下列公职人员和有关人员进行监察：（一）中国共产党机关、人民代表大会及其常务委员会机关、人民政府、监察委员会、人民法院、人民检察院、中国人民政治协商会议各级委员会机关、民主党派机关和工商业联合会机关的公务员，以及参照《中华人民共和国公务员法》管理的人员；（二）法律、法规授权或者受国家机关依法委托管理公共事务的组织中从事公务的人员；（三）国有企业管理人员；（四）公办的教育、科研、文化、医疗卫生、体育等单位中从事管理的人员；（五）基层群众性自治组织中从事管理的人员；（六）其他依法履行公职的人员。"

〔7〕孙国祥：《监察对象的刑法主体身份辨析》，载《法学》2019年第9期。

利用职权实施的职务违法和职务犯罪行为,监察机关也可以依法调查。[8]

从法法衔接的角度看,《监察法》与《监察法实施条例》规定的监察对象,对《刑法》规定的国家工作人员范围进行了延展与补充。也就是说,《监察法》对于"公职人员"范围的规定,与《刑法》对于"国家工作人员"(国家工作人员包含国家机关工作人员)范围的规定并不完全相同。公职人员未必都是国家工作人员,但国家工作人员必然是公职人员。例如,如果招标、政府采购机构中的成员只是单纯地参与评标或者采购,并不具有特定的国有资产监督、管理责任,则不属于从事公务的国家工作人员,但仍属于履行公职。[9] 2003 年最高人民法院印发的《全国法院审理经济犯罪案件工作座谈会纪要》第 1 条第 4 款指出,"从事公务,是指代表国家机关、国有公司、企业、事业单位、人民团体等履行组织、领导、监督、管理等职责"。公务活动的本质与国家公共事务有关,而公职人员履行公职的范围则没有国家事务的限制,因此比公务活动的范围更广一些。一些非国家性的社会性公共事务,如基层群众性自治组织内的管理事务,虽然不能称为从事公务,但依法属于《监察法》中履行公职的范围。

例如,在一起辅警玩忽职守案中,民警安排辅警陈某、褚某将一名身份不明、因伤情严重而多次昏迷的男子送至救助站救治。然而,两名辅警仅将该男子送至救助站附近,让其自行下车前往站点。该男子行走数步后摔倒,后经医院抢救无效,死于失血性休克。陈某回到派出所后向民警报称已将该男子送至救助站。当地法院认定两名辅警构成玩忽职守罪,免予刑事处罚。[10] 虽然辅警无独立执法权,但在该案中,帮助公民接受救助属于公安机关的综合社会管理职能,辅警根据民警安排送被救助人至救助站接受救助属于其他执法性工作,无须民警陪同,应当将其行为认定为公务行为。因此,辅警未将被救助人送至救助站,并与救助站人员办理交接手续,属于怠于履职的玩忽职守行为。综上所述,辅警在特定情况下亦能成为渎职类犯罪的主体。

鉴于此,对职务犯罪主体的判断,不应当局限行为人是否具有相应"身份"。只要是国家机关依法通过录用、聘用、委派甚至借用的途径,给予一定的工作岗位

---

〔8〕 中共中央纪律检查委员会、中华人民共和国国家监察委员会法规室编写:《〈中华人民共和国监察法〉释义》,中国方正出版社 2018 年版,第 106 页。

〔9〕 孙国祥:《监察对象的刑法主体身份辨析》,载《法学》2019 年第 9 期。

〔10〕 毕晓红、徐磊:《无独立执法权的辅警渎职犯罪的司法认定——江苏靖江法院判决陈某、褚某玩忽职守案》,载《人民法院报》2018 年 5 月 10 日,第 6 版。

并赋予一定的公务职责的人员,都可以在渎职犯罪中以国家机关工作人员论。此外,为准确认定监察对象,对于相关人员是否属于行使公权力的公职人员,需要提供证据加以证明。

(二)职务犯罪的客观要件

司法实践中,对于职务犯罪的认定,需要重点关注职务链条(行为)和资金链条(对象)。

一方面,职务犯罪主体的犯罪行为与其职务(职权或职责)存在密切联系。这种联系具体表现为:行为人利用职务之便实施犯罪行为,或者不履行、不正确履行职责而给国家和人民利益造成重大损失。[11] 如果犯罪行为的职务链条缺乏证据证明,就可能影响职务犯罪的认定。例如,对于认定贪污罪还是盗窃罪存在疑问的情形,如果行为人不是利用职务之便(因职务权力和地位而形成的主管、管理、经营、经手公共财物的便利条件),而是利用工作之便(与职权无关的便利条件,包括仅因工作关系熟悉作案环境,或凭工作人员身份便利进出某些单位,或较易接近作案目标等条件),非法占有公共财物的,就应当认定为盗窃罪,而非贪污罪。

不过,“利用职务之便”并非所有谋利型职务犯罪的必要条件。也就是说,并非所有职务犯罪都将之作为需要证明的定罪事实。例如,在认定受贿罪时,只要国家工作人员获得的财物与其职位或职务行为相关即可。进一步讲,受贿罪中“利用职务上的便利”的要件,仅仅表明行为人获取的财物与其职务行为或者衍生的职务行为相关。这一要求虽属客观构成要件的范畴,但只是作为客观的附随要素或者情状要素,即只要求行为人对其明知即可。[12]

另一方面,大部分职务犯罪都以谋利为目的,因此在犯罪构成要件方面,要求犯罪主体通过犯罪行为获取财物。例如,在贪污受贿犯罪的调查中,被调查人所取得的资金等利益,既是其违法所得,也是案件证明体系中的关键证据。与普通犯罪相比,职务犯罪的主体具有特殊身份,掌握着比普通人更多的社会资源,因此犯罪的形式更加隐蔽、多样。除传统上的直接给予、赠与钱财物品、有价证券、回

---

〔11〕 朱孝清:《职务犯罪侦查学》,中国检察出版社 2004 年版,第 15 页。

〔12〕 劳东燕:《论受贿罪的实行行为》,载《政法论坛》2020 年第 3 期。

扣佣金等利益外，还包括“入干股”[13]“高利转贷”等更为隐蔽的方式。随着社会经济的发展，比特币等加密数字货币或将成为新的“交易”形式。[14]

综上所述，关于职务犯罪的客观要件，需要结合职务链条和资金链条及其关系加以认定。关于职务链条的证明，应当包括足以证明行为人利用其职务便利实施犯罪的具体过程的证据。同时，对于滥用职权、玩忽职守等渎职类犯罪，还应当有充分的证据证明职权行使行为与损害结果之间的因果关系。关于资金链条的证明，应当包括证明资金构成、来源、去向等方面的证据。

(三)职务犯罪的主观要件

在职务犯罪领域，特别是贪污贿赂等谋利型犯罪，犯罪的主观要件主要体现为故意。《刑法》第 14 条第 1 款规定，明知自己的行为会发生危害社会的结果，并希望或者放任这种结果发生，因而构成犯罪的，是故意犯罪。对于故意犯罪，办案机关需要收集证据证明被调查人的主观故意；否则，就无法认定指控的犯罪成立，或者难以准确认定案件性质。

对于玩忽职守类犯罪、部分徇私舞弊类犯罪和公职人员在行使公权力过程中发生的重大责任事故类犯罪，犯罪的主观要件体现为过失。根据《刑法》第 15 条的规定，主观上具有过失表现为：应当预见自己的行为可能发生危害社会的结果，因为疏忽大意而没有预见，或者已经预见而轻信能够避免，以致发生这种结果的。与贪污贿赂犯罪类似，对于这几类犯罪，办案机关也需要收集证据证明被调查人具有过失，进而准确认定案件性质。

在实践中，主观要件的证明经常存在一些难题。一方面，主观要件是行为人内在的心理活动，与外在行为表现并不总是具有一一对应的关系，本身难以探寻。另一方面，对于故意和过失，刑法虽有规定，但是相关规定较为原则，缺乏直接的可操作性。传统的证明思路是，收集犯罪嫌疑人、被告人的口供，直接认定主观要件，但这一做法容易使办案人员形成与事实不符的成见。[15]

考虑到主观要件和客观行为之间的内在关联，对主观要件的证明，除依法收

---

〔13〕 2007 年最高人民法院、最高人民检察院《关于办理受贿刑事案件适用法律若干问题的意见》第 2 条规定：“干股是指未出资而获得的股份。国家工作人员利用职务上的便利为请托人谋取利益，收受请托人提供的干股的，以受贿论处……”

〔14〕 程文浩：《新型腐败的识别要点和惩治策略》，载《人民论坛》2021 年第 17 期。

〔15〕 徐歌旋：《主观证明难题的一体化破解——兼论要素分析模式之提倡》，载《浙江工商大学学报》2022 年第 1 期。

集言词证据外,还需注重客观证据的功能。根据《刑事诉讼法》第55条第1款的规定,对一切案件的判处都要重证据,不轻信口供;只有口供的,不能据以认定被告人有罪并判处刑罚。实践中,办案人员倾向于通过证明客观行为,基于推定方法,迂回地证明主观要件。为减轻主观要件的证明负担,针对如何认定贪污贿赂犯罪的主观故意,最高人民法院、最高人民检察院也作出了一系列指引性规定。例如,2007年最高人民法院、最高人民检察院发布的《关于办理受贿刑事案件适用法律若干问题的意见》第9条规定,在收受请托人财物后,国家工作人员及时退还或者上交的,不构成受贿;但是,受贿后,因自身或者与其受贿有关联的人、事被查处,为掩饰犯罪而退还或者上交财物的,不影响认定受贿罪。又如,2016年最高人民法院、最高人民检察院发布的《贪污贿赂案件解释》第16条第2款规定,特定关系人索取、收受他人财物,国家工作人员知道后未退还或者上交的,应当认定国家工作人员具有受贿的故意。

实践中存在运用客观证据认定贪污贿赂犯罪主观故意的案件。例如某地派出所教导员唐某多次收受他人贿赂(主动退还后又收受),帮助请托人谋取从轻处罚等不正当利益。在唐某介绍给行贿人的另一位国家工作人员被监察机关依法留置后,唐某分两次将收受的财物退还给了行贿人。该案中,唐某因与其受贿有关联的人被查处,而退还财物的行为不影响受贿罪主观要件的认定。唐某最终被判处受贿罪。[16]

此外,有意见指出,在同一犯罪中可能存在多种罪过,不同的客观要素的罪过等级都不相同,行为人至少应当具有轻率的罪过程度。这一方法被称为"要素分析法"。[17] 例如,当交通肇事罪作为危险驾驶罪、妨害安全驾驶罪的结果加重犯时,行为人对基本犯行为持故意心理,而对加重结果则持过失心理。[18]

二、量刑事实

量刑事实,是指决定被告人刑事责任大小的事实,可分为对被告人从严处罚的事实(包括从重、加重处罚等事实)和对被告人从宽处罚(包括从轻、减轻、免除处罚等事实)的事实。

---

〔16〕 湖北省恩施土家族苗族自治州中级人民法院刑事裁定书,(2020)鄂28刑终122号。

〔17〕 余倩棠:《犯罪主观心理的要素分析方法》,载《江西社会科学》2017年第2期。

〔18〕 张明楷:《刑法学》(第6版),法律出版社2021年版,第923页。

最高人民法院推行的量刑规范化改革,对规范量刑事实的认定发挥了重要作用。2015 年《刑法修正案(九)》出台以来,职务犯罪特别是贪污贿赂犯罪的量刑规范化工作不断推进。现阶段,职务犯罪的量刑呈现以下特点:贪污贿赂犯罪定罪量刑的数额标准大幅度提高;被判处死缓、无期徒刑以上的人数大大减少,死刑立即执行的案件渐趋消失,但仍然存在;对普通贪污贿赂犯罪的处罚力度大幅度下降等。〔19〕

在规范层面,量刑事实体现为法律、司法解释和相关规范性文件等规定的量刑情节。例如,根据《刑法》第 383 条第 1 款第 3 项、第 386 条规定,贪污数额特别巨大,并使国家和人民利益遭受特别重大损失的,处无期徒刑或者死刑;犯受贿罪的,依照第 383 条的规定处罚。对贪污贿赂犯罪的量刑事实确立了数额和情节两个方面的标准。除《刑法》总则部分规定的自首、立功等一般量刑情节和《刑法》分则部分对个罪规定的法定量刑情节外,《监察法实施条例》和最高人民法院针对有关罪名发布的司法解释对具体量刑情节也作出了规定。例如,根据《监察法实施条例》第 219 条第 2 款的规定,调查组应当形成被调查人到案经过及量刑情节方面的材料,包括自动投案、立功等量刑情节,退赃等情况说明及相关材料等。〔20〕《贪污贿赂案件解释》第 1 条规定了贪污罪、受贿罪的"数额较大""其他较重情节"的认定标准和量刑标准。此外,2021 年最高人民法院、最高人民检察院发布的《关于常见犯罪的量刑指导意见(试行)》和各省高级人民法院发布的实施细则还规定了一些酌定量刑情节。例如,对于坦白情节,要综合考虑如实供述罪行的阶段、程度、罪行轻重以及悔罪程度等情况,确定从宽的幅度:(1)如实供述自己罪行的,可以减少基准刑的 20% 以下;(2)如实供述司法机关尚未掌握的同种较重罪行的,可以减少基准刑的 10% ~30%;(3)因如实供述自己罪行,避免特别严重后果发生的,可以减少基准刑的 30% ~50%。

例如,被告人邱某某在担任"广西湾行"百色工作组常务副组长、组长、"百色湾行"行长期间,利用职务上的便利,非法收受多人的贿赂款共计 155.7 万元,并为他人谋取利益。归案后,邱某某如实供述了办案机关尚未掌握的大部分受贿事

---

〔19〕 张兆松:《贪污贿赂犯罪量刑规范化研究》,中国民主法制出版社 2023 年版,第 53 ~56 页。

〔20〕 《监察法实施条例》第 189 条第 2 款规定,调查组应当形成被调查人到案经过及量刑情节方面的材料,包括案件来源、到案经过,自动投案、如实供述、立功等量刑情节,认罪悔罪态度、退赃、避免和减少损害结果发生等方面的情况说明及相关材料。被检举揭发的问题已被立案、查破,被检举揭发人已被采取调查措施或者刑事强制措施、起诉或者审判的,还应当附有关法律文书。

实,并退出了大部分赃款。最终,邱某某因受贿罪被判处有期徒刑4年6个月,并处罚金30万元。[21] 根据《贪污贿赂案件解释》第2条第1款的规定,受贿数额在20万元以上、300万元以下的,应当认定为"数额巨大",判处3年以上10年以下有期徒刑,并处罚金或没收财产。但被告人如实供述自己罪行,并且积极退赃,因此可以从宽处罚。该案中,贿赂款的数额、如实供述罪行、退赃等事实,均为重要的量刑事实。

需要指出的是,《刑法修正案(十二)》第5条对贿赂犯罪中的从重处罚、从宽处罚的量刑事实作出了具体规定。本次法律修改体现了"行贿受贿一起查"的理念,完善了《刑法》关于贿赂犯罪的规定,加大了对行贿犯罪的惩治力度。首先,《刑法修正案(十二)》第5条调整了行贿罪的起刑点与刑罚档次,使行贿罪与受贿罪的刑罚相互衔接,做到罪责刑相适应。其次,该条规定还增加了行贿罪从重处罚的7种情形,与中央纪委国家监委等联合印发的《关于进一步推进受贿行贿一起查的意见》要求重点查处的范围相衔接。最后,将从宽处罚的条件调整为"对调查突破、侦破重大案件起关键作用的",与国家监察委对职务犯罪案件的调查相衔接。[22]

基于量刑事实在犯罪行为中所处的阶段,可以将量刑事实分为三类:一是罪中量刑事实,包括犯罪的动机、手段、所造成的后果,以及被追诉人在共同犯罪中的地位、作用等。这部分量刑事实与定罪事实关联紧密、互相交织,均为犯罪事实的组成部分。二是罪前量刑事实,包括被告人的前科、日常表现等。三是罪后量刑事实,包括自首、立功、退赃退赔或者毁赃灭迹、继续实施犯罪等。

如前文所述,尽管强调定罪事实与量刑事实的区分,但两者实际上存在紧密关联。例如,根据最高人民检察院有关司法解释的规定,国家机关工作人员利用职权实施的非法拘禁案件,涉嫌规定情形之一的,应予立案。[23] 同时,《关于常见犯罪的量刑指导意见(试行)》第4条第9款第3项规定,国家机关工作人员利用

---

〔21〕 广西壮族自治区百色市中级人民法院刑事判决书,(2015)百中刑初字第81号。

〔22〕 刘仁文:《贿赂犯罪的最新修正及其司法适用》,载《中国刑事法杂志》2024年第1期。

〔23〕 2006年最高人民检察院《关于渎职侵权犯罪案件立案标准的规定》第2条第1款规定:"……国家机关工作人员利用职权实施的侵犯公民人身权利、民主权利犯罪案件:……国家机关工作人员利用职权非法拘禁,涉嫌下列情形之一的,应予立案……"

职权非法扣押、拘禁他人的,可以增加基准刑的10% ~20%。[24] 定罪事实虽然主要解决的是被告人刑事责任有无的问题,但一旦认定被告人有罪,定罪事实随之也要作为评价被告人刑事责任大小的依据。可以说,定罪事实本身也是量刑事实。换言之,在认定被告人有罪的基础上,整个案件事实都是量刑时需要考虑的因素,定罪事实之外的案件事实只是量刑事实体系中的一部分而已。

需要强调的是,定罪是量刑的前提,对于监察机关办理的职务犯罪案件,最重要的证明对象始终是犯罪构成事实。因此,首先要全面查明犯罪事实,围绕犯罪事实(定罪事实和罪中量刑事实)收集证据;在查明犯罪事实的基础上,再系统地收集犯罪事实之外的量刑事实,包括罪前的量刑事实和罪后的量刑事实。

三、涉案财物事实

在法律规定层面,涉案财物的概念和范围仍然存在一定的模糊之处。在司法实践中,办案人员往往使用"赃款赃物"的称谓。具体到监察调查领域,可以将涉案财物界定为:在监察机关调查的职务违法和职务犯罪案件中,可能与案件处理直接或间接相关的、受法律规制的、具有财产价值的物的总称。[25]

在刑事诉讼领域,涉案财物作为证明对象,具有一定的复杂性和多元性。一方面,涉案财物的数额与被告人的量刑轻重密切相关,属于重要的量刑事实(或者是决定法定刑幅度的事实)。例如,《贪污贿赂案件解释》第2条第1款、第3条第1款规定,贪污或受贿数额在20万元以上不满300万元的,应当依法判处3年以上10年以下有期徒刑,并处罚金或没收财产;在300万元以上的,应当依法判处10年以上有期徒刑、无期徒刑或者死刑,并处罚金或没收财产。另一方面,对于数额犯的情形,涉案财物的数额还可能构成定罪事实。例如,《关于办理贪污贿赂刑事案件适用法律若干问题的解释》第5条第1款规定,挪用公款归个人使用,进行非法活动,数额在3万元以上的,应当依照《刑法》第384条的规定以挪用公款罪追究刑事责任。此外,涉案财物也可能涉及查封、扣押、冻结等诉讼程序或与其他证据材料的合法性、真实性问题,但这类问题所涉的主要证明对象是取证行为等

---

〔24〕 2021年《关于常见犯罪的量刑指导意见(试行)》第4条规定:"……有下列情节之一的,增加基准刑的10% -20%:(1)具有殴打、侮辱情节的;(2)国家机关工作人员利用职权非法扣押、拘禁他人的……"

〔25〕 陈卫东:《涉案财产处置程序的完善——以审前程序为视角的分析》,载《法学杂志》2020年第3期。

程序性事实或证据性事实。因此，作为证明对象的涉案财物，从实体性事实的角度看，兼具定罪和量刑两个维度的属性。

在刑事诉讼领域，传统上存在“重定罪量刑，轻财物处置”的观念和做法。对于大部分谋利型犯罪，在巨大的利益面前，监禁刑缺乏足够的威慑力，监禁刑与财产刑必须双管齐下。[26] 同时，忽视对涉案财物的追缴和没收，会严重损害国家和人民利益，影响国家反腐败的公信力。鉴于此，《刑法》第 64 条规定：“犯罪分子违法所得的一切财物，应当予以追缴或者责令退赔；对被害人的合法财产，应当及时返还；违禁品和供犯罪所用的本人财物，应当予以没收……”2012 年《刑事诉讼法》修改增加了“犯罪嫌疑人、被告人逃匿、死亡案件违法所得的没收程序”，作为专门的特别程序。此外，为规范涉案财物处置，最高人民法院还出台了《关于刑事裁判涉财产部分执行的若干规定》《关于适用犯罪嫌疑人、被告人逃匿、死亡案件违法所得没收程序若干问题的规定》等规范性文件。因此，在职务犯罪案件中，涉案财物事实的准确认定具有重大意义，需要纳入证明对象的范畴。

《监察法实施条例》第 240 条规定：追缴涉案财物以追缴原物为原则，原物已经转化为其他财物的，应当追缴转化后的财物。有证据证明依法应当追缴、没收的涉案财物无法找到、被他人善意取得、价值灭失减损或者与其他合法财产混合且不可分割的，可以依法追缴、没收其他等值财产。据此，涉案财物可分为以下三种类型。

1. 原物型涉案财物。根据《监察法实施条例》第 240 条第 1 款的规定，监察机关追缴或者责令退赔的是“违法所得的财物及孳息”。因此，追缴原物原则的直接对象包括违法取得的财物及其孳息。需要指出的是，对于孳息能否计入犯罪数额进而影响定罪量刑的问题，有意见提出，可以在主客观相统一的基础上，审查判断行为人指向的目的财物，确认究竟是财物、孳息还是二者兼有，进而判断孳息的不同定位。具体言之，如果职务犯罪指向的目的财物是财物，孳息可以被认定为犯罪行为的副产品；此时仅将财物作为犯罪数额即可，孳息作为违法所得，不计入犯罪数额。如果职务犯罪指向的目的财物是孳息，就应当将孳息计入犯罪数额。如果职务犯罪指向的目的财物既包括财物又涉及孳息，则应当将财物和孳息一并计入犯罪数额。[27]

---

〔26〕 Barry Rider, *Research Handbook on International Financial Crime*, Edward Elgar Publishing Limited, 2015, p. 448.

〔27〕 王勇：《论〈监察法〉中的违法所得：界分及其类型》，载《当代法学》2022 年第 1 期。

2. 转化型涉案财物。对于普通的转化型涉案财物,认定的难度较小,该类型的财物既包括转化为其他财物的违法所得,也包括来自转化后违法所得的财产收益。[28] 实践中的难题在于对"犯罪所得投资收益"的认定。例如,行为人将贪污的赃款用于购买房产、开办工厂或者投资股票,在获得收益后,利用该收益继续购买新的房产、扩大工厂规模或者投资股票,直至案发。目前,针对"犯罪所得投资收益"的认定标准,理论界和实务界存在不同认识,主要存在"违法所得说"与"合法财产说"两种观点。"违法所得说"将所有与犯罪行为相关的利益均纳入"违法所得"的范围,而不考虑犯罪行为的严重性程度。这种观点显得过于严苛,有违比例原则。[29] 相比之下,"合法财产说"考虑到了投资收益与行为人合法经营活动的事实因果关系,具有一定的合理性,但难以充分发挥刑法的预防、威慑功能,与"任何人不得因自身的不法行为获得利益"的原则并不完全契合。有意见认为,对于纯粹资本主导的收益应予以追缴,原则上不追缴"资本+生产要素"共同主导的组合收益,同时还要考虑犯罪行为与其所侵害的法益、控制预防犯罪和保护人权与产权之间的平衡问题。[30] 基于上述认识分歧,实践中有必要仔细甄别行为人的初始犯罪所得,以及后续的犯罪所得投资收益,结合案件具体情况作出处理。

3. 等值型涉案财物。具体可分为无法找到型、善意取得型、灭失减损型以及混合且不可分割型等类型。对于这些类型的涉案财物,在追缴和没收时应当坚持比例原则,以犯罪造成的损害或获利数额为限,超出这一限度将造成不公正的财产剥夺。[31]

第三节　监察案件的程序性事实

与定罪量刑等实体性事实不同,监察案件中的程序性事实,主要是指在监察调查程序中与重大程序性事项相关的事实。基于诉讼行为理论,程序性事实也可

---

〔28〕 最高人民法院2014年出台的《关于刑事裁判涉财产部分执行的若干规定》第10条。

〔29〕 Stefan D. Cassella, *The Forfeiture Property Involved in Money Laundering Offenses*, Buffalo Criminal Law Review, 2004, 7(2), p.599.

〔30〕 庄绪龙:《"犯罪所得投资收益"追缴的影响因素与判断规则》,载《中国法学》2019年第5期。

〔31〕 王勇:《论〈监察法〉中的违法所得:界分及其类型》,载《当代法学》2022年第1期。

被视为与影响诉讼进程的重要诉讼行为相关的事实。[32] 需要指出的是，与实体性事实的证明不同，程序性事实涉及的证明问题，通常并不是要求办案机关收集证据证明此类事实存在，而主要是为了证明特定的诉讼行为是否符合法定程序（或者是否符合程序法定原则的要求）。

基于现行的监察调查与刑事诉讼的制度安排，可以大致将程序性事实分为三类：一是涉及权利保障的程序性事实，在刑事诉讼中主要是指限制人身自由的强制措施等事实。在监察调查环节，主要是指留置等监察调查措施所涉的事实。二是决定诉讼进程的程序性事实，包括立案、调查终结移送审查起诉和提起公诉等事实。三是影响公正司法的程序性事实，包括管辖、回避、公开审判等事实。

一、涉及权利保障的程序性事实

被追诉人的权利保障始终是刑事诉讼程序的核心问题。广义上的权利保障，涉及的对象包括所有的诉讼参与人。具体到监察调查程序，需要重点关注的是被调查人的权利保障。

在普通的刑事案件中，基于防止犯罪嫌疑人逃避侦查、获取口供等重要证据等考虑，侦查机关在将犯罪嫌疑人抓获归案后，通常会对其采取限制人身自由的强制措施。为避免强制措施滥用，法律规定了各种强制措施的适用条件。同时，为规范审前羁押适用，法律设立了羁押必要性审查制度。办案机关采取强制措施，应当符合法定的适用条件，依法保障被追诉人的诉讼权利。当强制措施的适用面临争议时，办案机关需要证明上述措施适用的合法性和正当性，由此形成的程序性事实，成为程序性裁判的基础。

类似地，在监察调查领域，留置取代传统的"两规"手段，成为法定的强制措施，提高了职务犯罪调查的法治化水平。为规范留置措施适用，《监察法》第24条规定了留置的事实证据条件。[33] 在此基础上，《监察法实施条例》第四章第九节细化了留置措施的适用条件和程序，其中，第121条至第124条对《监察法》第24

---

〔32〕 龙宗智、杨建广主编：《刑事诉讼法》（第6版），高等教育出版社2021年版，第137～138页。

〔33〕 《监察法》第24条规定："被调查人涉嫌贪污贿赂、失职渎职等严重职务违法或者职务犯罪，监察机关已经掌握其部分违法犯罪事实及证据，仍有重要问题需要进一步调查，并有下列情形之一的，经监察机关依法审批，可以将其留置在特定场所：（一）涉及案情重大、复杂的；（二）可能逃跑、自杀的；（三）可能串供或者伪造、隐匿、毁灭证据的；（四）可能有其他妨碍调查行为的。对涉嫌行贿犯罪或者共同职务犯罪的涉案人员，监察机关可以依照前款规定采取留置措施……"

条规定的留置措施适用的积极条件进行了细化。同时，第125条规定了禁止适用的条件，即对于患有严重疾病、生活不能自理的人，怀孕或者正在哺乳自己婴儿的妇女，以及生活不能自理的人的唯一扶养人，不得采取留置措施。

与逮捕措施相比，对于被采取留置措施的被调查人，其权利保障有所不同。例如，法律规定了对逮捕措施的异议权，申请变更强制措施的权利以及羁押必要性审查制度。对于被采取留置措施的被调查人，《监察法》第69条第1款第1项明确规定，被调查人认为监察机关违规采取留置措施，侵害其合法权益的，可以提出申诉。同时，《监察法》第47条规定了采取留置措施的审批备案制度。因此，对被调查人采取留置措施时，监察机关应当提供相关的证据证明被调查人符合采取留置措施的条件，否则，上一级监察机关不应当批准设区的市级以下的监察机关采取留置措施。

在留置期间，因留置适用对象既包括严重职务违法的被调查人，也包括涉嫌职务犯罪的被调查人，且监察调查程序不属于刑事诉讼程序，《监察法》并未赋予律师介入监察执法活动的权利，所以，律师无法介入监察调查程序。这意味着，被采取留置措施的被调查人无法获得律师帮助。鉴于留置措施的特殊性，办案机关既要坚持留置措施适用的法定条件，特别是事实证据条件，避免留置措施滥用，也要规范留置期间的取证程序，避免相关证据的合法性面临争议。随着监察调查程序不断规范，程序性事实在监察案件中的重要性将随之逐步提升。

二、决定诉讼进程的程序性事实

对于监察机关办理的职务犯罪案件，从立案开始，通常需要经历调查、起诉、审判等前后相继的诉讼阶段。尽管强调诉讼以审判为中心，但同时也要求审前程序各个阶段发挥应有的审查把关职责，依法将未达到法定证明标准的案件排除在诉讼程序之外，防止不当追诉，从源头上防范冤假错案。

为明确职务犯罪案件在各个阶段的审查把关标准，法律规定了相应的事实证据条件。例如，《监察法》第42条第1款规定了职务犯罪的立案条件，其中的事实条件要求监察对象涉嫌职务违法犯罪。《监察法》第52条第1款第4项规定了调查终结移送审查起诉的条件，即监察机关经调查认为犯罪事实清楚，证据确实、充分。《监察法》第54条第2款规定了起诉的条件，即人民检察院认为犯罪事实已经查清，证据确实、充分，依法应当追究刑事责任的，应当作出起诉决定。此外，根据《监察法实施条例》第258条第1款的规定，监察机关应当建立信访举报、监督检查、调查、案件监督管理、案件审理等部门相互协调制约的工作机制。

基于调查与审理相分离的原则，监察机关内部坚持分工与制约机制，对于存在不符合移送审理条件，事实不清、证据不足的案件，案件审理部门需要依照《监察法实施条例》的相关规定，作出相应的处理。因此，对于监察案件，应当在诉讼各阶段严格坚持事实证据标准，避免决定诉讼进程的程序性事实存在争议。

办案机关在相应的阶段对案件依法作出处理时，应当符合法律规定的标准，特别是事实证据标准。为从源头上确保办案质量，推进以审判为中心的刑事诉讼制度改革，《监察法》规定的调查终结移送审查起诉和起诉阶段的事实证据标准，与审判阶段适用相同的标准。这意味着，监察机关办理案件，需要遵循审判的标准和要求，确保案件能够经得起法庭的检验。

三、影响公正司法的程序性事实

对于监察机关办理的职务犯罪案件，庭审是确定被调查人（审判阶段的被告人）罪责刑问题最终的、也是最关键的阶段。在审判阶段，为了保障审判程序符合程序公正原则的要求，法律规定了公正审判的程序标准。例如，法院应当对案件拥有管辖权，办案人员应当遵守回避的规定，法院应当遵守公开审判的规定，对符合法定条件的被告人应当提供法律援助，等等。同时，对于审前阶段的管辖、回避等问题，法院也应当进行审查，并对相关程序性争议依法作出处理。

对于管辖、回避等程序性争议，法院应当查明是否存在违反法律规定的情形，并依法作出裁判。如果一审法院违反了法律规定的诉讼程序，可能影响公正审判的，案件将被二审法院撤销原判、发回重审。

典型案例评析

案例9-1　徐某、庄某贪污、诈骗案[34] ｜ 贪污案件的证明对象

2010年至2011年，徐某与连某某（另案处理）经商议，利用徐某负责审核本镇

〔34〕 最高人民检察院发布3起刑事案件涉扶贫领域财物依法快速返还典型案例之二：徐某、庄某贪污、诈骗案。

大病医疗救助申请材料的职务便利，伪造该镇连某某等14人医疗救助申请材料，向县民政局申报，套取医疗救助金17万余元。2011年至2012年，徐某、庄某经商议，分别利用徐某负责审核其本镇大病医疗救助申请材料的职务便利和庄某负责报送本村大病医疗救助申请材料的职务便利，伪造该镇郭某某等16人医疗救助申请材料，向县民政局申报，套取医疗救助金21万余元。

| 评　析 |

该案中，徐某、庄某的职责分别为审核、报送大病医疗救助申请材料，属于履行公职、行使公权力的公职人员，符合贪污犯罪的主体条件。为提供确实、充分的证据证明被告人的贪污行为，本案还可以从职务链条和资金链条两个维度加以分析：其一，关于职务链条，证明对象包括被告人利用其审核及报送医疗救助申请材料的职务便利，伪造材料并申报医疗救助金的事实；证明主体需要证明被告人是利用基于职务权力和地位而形成的主管、管理公共财物的便利条件实施了这些行为。其二，关于资金链条，需要证明资金构成、来源、去向等方面；因此，本案的证明对象包括被告人套取医疗救助金，此后的资金流转过程，以及医疗救助金的套取与违规运用职权的行为之间存在因果联系的相关事实。

案例9-2　张某受贿案[35]　|　受贿案件的证明对象

2004年4月，时任安徽省太和县建设委员会副主任的被告人张某与太和籍开发商张某亮、合肥商人孙某发、刘某忠、胡某传、许某权等人商议在太和县共同投资房地产开发项目。张某通过向有关主管领导“打招呼”的方式，竞拍获得土地，并顺利办理规划许可证。其后，为便于项目运作，张某、张某亮与诚发公司负责人孙某发等人签订合伙投资开发协议书，在太和县注册成立了诚发公司太和分公司，并约定首期投资总额约为1000万元。其中，约定孙某发与刘某忠各出资21%，张某、张某亮二人各出资20%，并按出资比例承担风险、分享利益。张某以其弟张某峰名义入股。协议签订后，几人以分公司的名义投资开发了“太和世家”商住小区。项目实际投资总额为897.442万元，除张某实际缴纳投资款139.186万元后表示再也拿不出钱投资外，其余投资人基本按实际总投资比例

〔35〕 最高人民法院刑事审判第一、二、三、四、五庭主办：《刑事审判参考》（总第113集），法律出版社2019年版，第96页。

足额投入资金。张某亮与刘某忠商议，开发过程中很多事情仍需张某关照解决，就不让张某继续投入资金，将来仍按20%分红。刘某忠等人表示同意。2008年年底，众人分红，张某按照20%比例，实际分得650.9211万元；而按其实际投资比例的15.51%计算，其应得利润为504.7893万元，即张某获得超额利润146.1317万元。

| 评　析 |

该案中，张某身为国家工作人员，利用职务之便，为自己实际出资与他人合作的项目谋取利益，从项目中获取财物。判断张某的行为是否构成受贿罪，以及应当如何量刑的关键在于，被告人张某是否为他人谋取了利益，并收受了他人财物，以及涉案财物的数额。对于前者，张某利用职务之便，为自己投资入股的公司谋取不正当利益，在自己获利的同时，客观上也使其他股东获得了利益；此外，项目中张某的实际投资份额仅占约15%，因此根据常理可以推知，张某在为自己谋取利益的同时，主观上也认识到自己在为他人谋利，具有受贿罪的故意。对于后者，张某实际并未足额出资，但却按照约定比例取得分红；因此，张某获取的约146万元超额利润是其他股东所让渡的利益，属于他人财物。[36] 对其实际出资部分获取的分红，不应当认定为受贿罪中收受的他人财物。

拓展阅读文献

1. 刘静坤等：《监察证据原理与方法精要》，中国方正出版社2024年版。
2. 周洪波：《证明对象的基本法理与中国问题》，载《江海学刊》2022年第1期。
3. 谢小剑：《职务违法与职务犯罪监察调查程序“相对二元化模式”提倡》，载《法商研究》2021年第5期。
4. 孙国祥：《监察对象的刑法主体身份辨析》，载《法学》2019年第9期。
5. 孙远：《证明对象、要件事实与犯罪构成》，载《政治与法律》2011年第8期。

〔36〕 刘树德、任素贤：《贪污贿赂罪类案裁判规则与适用》，北京大学出版社2021年版，第298～302页。

第十章　监察案件的证明责任

第一节　证明责任概述

一、证明责任的概念

（一）证明责任的定义

证明责任是证据制度的核心组成部分。关于证明责任含义存在争论，有行为责任说、结果责任说和双重含义说三种观点。（1）行为责任说。该观点认为，证明责任就是提供证据的责任。（2）结果责任说。该观点认为，证明责任是指在案件事实不清的情况下，由一方当事人所承担的不利后果。（3）双重含义说。该观点认为，证明责任包括行为意义上的证明责任（以下简称行为责任）和结果意义上的证明责任（以下简称结果责任）。行为责任是指当事人对自己提出的主张，有责任提出证据进行证明的责任。结果责任是指在案件审理终结时如果案件事实仍然处于真伪不明的状态，由提出或主张该事实的当事人承担不利诉讼结果的责任。

目前，双重含义说是我国证据法学界的通说。按照双重含义说的观点，证明责任是指当事人对于诉讼中所主张的案件事实，应当提供证据加以证明的责任；同时指在诉讼结束之时，如果案件事实仍处于真伪不明的状态，应当由该当事人承担败诉或不利的诉讼后果的责任。最高人民法院《关于适用〈中华人民共和国民事诉讼法〉的解释》第90条吸收了双重含义说的观点，该条规定："当事人对自己提出的诉讼请求所依据的事实或者反驳对方诉讼请求所依据的事实，应当提供证据加以证明，但法律另有规定的除外。在作出判决前，当事人未能提供证据或者证据不足以证明其事实主张的，由负有举证证明责任的当事人承担不利的后果。"

行为责任和结果责任二者之间既有联系又有区别。二者之间的联系在于：它们之间是形式和内容的关系，行为责任是形式，结果责任是内容，行为责任是为结果责任服务的。在行为责任和结果责任之间，结果责任是根本的和本质的责任。有了结果责任的存在，当事人履行行为责任才有必要，履行行为责任的目的是解除结果责任。在诉讼中，对于当事人来说，先是在观念上有了结果责任的预设，而后在行动上才有了行为责任的运作。当事人大脑中这种结果责任的观念贯穿于诉讼程序的始终，成为行为责任的依据。到案件结束时，如果争议事实处在虚假或者真伪不明状态，法院便以相应的当事人未能解除结果责任为理由，判决该当事人承担败诉或不利的法律后果。

行为责任和结果责任二者之间的区别主要表现在三方面：(1)能否转移有所不同。结果责任来自预定的分配标准和原则，它在整个诉讼过程中一直固定于一方当事人而不会发生转移。与结果责任不同，行为责任在诉讼中往往会发生转移。在诉讼过程中，行为责任首先由承担结果责任的一方当事人履行，在该当事人提出了初步可信的证据(prima facie evidence)后，行为责任便转移到了对方当事人。如果对方当事人提出了一定的证据使裁判者对承担结果责任的当事人主张的事实产生“合理怀疑”，那么行为责任便又转移回了承担结果责任的当事人处。理论上将上述行为责任于当事人之间移动的诉讼现象称为证明责任的转移。(2)承担的时间有所不同。行为责任的承担发生在诉讼进行过程中。结果责任的承担则发生在诉讼结束之际，即在案件事实到诉讼结束之际仍处于真伪不明时，才会发生结果责任的承担。(3)能否由律师和法院协助履行不同。律师可以协助当事人履行行为责任，这也是律师参加诉讼、实施代理行为的重要内容。至于法官能否协助当事人履行行为责任，因诉讼模式的不同而有所不同。奉行当事人主义的英美法系一般对此持否定态度，而奉行职权主义的大陆法系则允许法官在特定的情况下调查收集证据，协助当事人履行行为责任。我国的诉讼模式在吸收当事人主义合理因素的同时，保留了职权主义的因素，因此我国允许法官在特定的情况下调查收集证据，协助当事人履行行为责任。例如，《民事诉讼法》第 67 条规定：“当事人对自己提出的主张，有责任提供证据。当事人及其诉讼代理人因客观原因不能自行收集的证据，或者人民法院认为审理案件需要的证据，人民法院应当调查收集。人民法院应当按照法定程序，全面地、客观地审查核实证据。”

本书认可双重含义说观点，即证明责任是指诉讼主体为支持其主张的事实成立或有利于己方主张而提供证据的责任。若未能提供充分证据，将承担主张不成立的不利后果。

（二）证明责任与举证责任、查证职责

在证明责任的研究中，还经常使用举证责任这一概念。我国法学界在这两个概念的使用上曾产生过很大的争议。第一种观点认为这两者是同一概念，即证明责任就是举证责任，指提出主张者有责任提出证据证明案件事实。第二种观点则认为它们是完全不同的概念，证明责任特指司法机关在刑事诉讼中收集证据证明犯罪嫌疑人是否有罪的法律义务，而举证责任是指当事人向司法机关提供证据的责任。第三种观点认为证明责任包含了举证责任，即司法机关或当事人应收集或提供证据以证明案件事实或支持自己的主张，否则将承担不利后果，而举证责任仅指当事人提供证据的责任。第四种观点认为举证是为了证明，证明是举证的结果，两者互相包容。第五种观点则认为证明责任和举证责任是独立的概念，但存在前后关系，举证责任涉及提出和收集证据，而证明责任涉及判断和适用证据，前者属于感性认识，后者属于理性认识。本书认为，无论是“证明责任”还是“举证责任”，都是源于德语“Beweislast”一词的翻译；二者只存在选词上的差异，没有含义上的区别。虽然《刑事诉讼法》和《行政诉讼法》使用的都是举证责任这一概念，但鉴于在我国法学界较多地使用证明责任这一概念，因此本书也使用证明责任这一称谓。

对于证明责任与查证职责两个概念之间的关系，裁判的基础在于事实的查明。作为裁判者的法官，有审查核实证据甚至收集证据的职责是否意味着法官也在诉讼中承担一定的证明责任？一般认为，法官的查证职责只是法官基于裁判职能而产生的为了查明案件事实的一种诉讼职责，并不意味着法官因此而承担证明责任。证明责任是基于诉讼主张而产生的，法官在诉讼中只是裁判哪一方当事人的诉讼主张应当得到支持，本身并无诉讼主张。更进一步说，即便最终案件事实仍处于真伪不明的状态，法官也不因此承担没有查清事实的不利诉讼后果。在我国诉讼法中，也有涉及法官查证职责的规定。例如，《刑事诉讼法》第 196 条规定：“法庭审理过程中，合议庭对证据有疑问的，可以宣布休庭，对证据进行调查核实。人民法院调查核实证据，可以进行勘验、检查、查封、扣押、鉴定和查询、冻结”；《民事诉讼法》第 132 条规定：“审判人员必须认真审核诉讼材料，调查收集必要的证据。”《行政诉讼法》第 40 条规定：“人民法院有权向有关行政机关以及其他组织、公民调取证据。但是，不得为证明行政行为的合法性调取被告作出行政行为时未收集的证据。”这些规定只能理解为法官在依法履行查证职责，不能理解为法官在承担证明责任，证明责任与查证职责不能混同。

二、证明责任的源流演变

（一）古罗马时代的证明责任制度

证明责任制度起源于古代罗马法时期，其核心原则被学者精炼为五句话，奠定了“谁主张，谁举证”的基础。这些原则包括：主张者有责任提供证据，而否定者则无须证明；事物的性质使得否定者无须承担证明责任；如果原告未能提供证据，被告将自动胜诉；原告必须对其诉讼请求及其所依据的权利提供证据；若提出抗辩，抗辩方也必须提供相应的证据。这些规定构成了古罗马法中关于证明责任的基本框架。

（二）德国普通法时代的证明责任制度

在德国普通法时代，即从罗马法的继受到德国民法典的颁行期间，证明责任制度经历了新的发展，引入了宣誓制度作为解决复杂案件的辅助手段。1847 年《汉诺威王国民事诉讼法》第 170 条确立了“通常必要的宣誓”制度，该制度包含补充宣誓和雪冤宣誓两种形式。补充宣誓适用于承担证明责任的当事人，而雪冤宣誓则适用于不承担证明责任的当事人。当承担证明责任的当事人提供的证据不足以充分证明其主张，但已达到证明程度的一半以上时，他们可以获得补充宣誓的权利，宣誓后法官可认定待证事实为真实。相反，如果证据未达到证明程度的一半，对方当事人则获得雪冤宣誓权，宣誓后法官将认定待证事实为虚假。宣誓制度的引入，为法官提供了一套明确且统一的规则，用以解决疑案，从而突破了罗马法时代法官各自为政的做法。这导致了证明责任制度与宣誓制度的双轨并行，两者在不同领域相互配合，各自发挥其独特的作用。

（三）近代大陆法系的证明责任制度

大陆法系国家（地区）通说将证明责任区分为主观证明责任和客观证明责任，典型代表为德国。[1] 主观证明责任是当事人为避免承担败诉风险，向法院提出证据证明其主张的一种举证活动，又被称为“形式证明责任”。主观证明责任取决

---

〔1〕［德］普维庭：《现代证明责任问题》，吴越译，法律出版社 2006 年版，第 11 页。

于法官对当事人证明结果的评价,并且可以在当事人之间反复转移。[2] 客观证明责任是指在言词辩论结束时,法官基于已经调查的证据对争议的要件事实不能获得内心确信,即在要件事实真伪不明的情况下,由一方当事人承受不利判断的负担,又被称为“实质证明责任”。客观证明责任有两大特点:一是客观证明责任是一种法定的风险分配机制,在诉讼开始以前就已经存在,在诉讼过程中不存在转移的问题。二是客观证明责任与当事人的举证活动没有必要联系,败诉的当事人之所以败诉,并不完全是因为他没有举证或者举证不力,而是因为在言词辩论结束时争议事实真伪不明。[3]

(四)英美法系的证明责任制度

英美法系的典型代表为美国。在美国居于“通说”地位的是塞耶提出的“双层次证明责任概念”。根据该理论,证明责任包括两种责任:一是提供证据的责任(burden of producing evidence),又称为“证据责任”(evidential burden)、用证据推进的责任(burden of going forward with evidence)或“通过法官的义务”(duty of passing the judge),是指当事人提出证据,说服法官将案件递交陪审团的责任,或者提出某项证据使自己的主张成为争议点(issue of argument)的责任。二是说服责任(burden of persuasion),又称法定责任(legal burden)、不能说服的风险(risk of non - persuasion)或证明的责任(probative burden),是指由主张一方提出证据说服陪审团裁判己方主张为真的责任。[4]

大陆法系和英美法系证明责任含义的区别表现在:大陆法系客观证明责任与英美法系说服责任的侧重点不同。虽然大陆法系的客观证明责任和英美法系的说服责任都达到了分配不利后果的目的,但是大陆法系的客观证明责任强调的是事实真伪不明的结果,即法院不能查明真相时的处理;而英美法系的说服责任强调的是主张一方的说服效果,即主张一方不能说服陪审团时的处理。这种侧重点的不同折射的是举证行为与不利后果之间的逻辑关系。在英美法系国家,由于实行当事人主义诉讼模式,法官和陪审团消极中立、不负调查职责,作为裁判依据的证据都需要以双方举证的方式提交法庭,这使得举证不能和败诉结果之间存在确定的因果关系。与此不同,在大陆法系国家,由于实行职权主义诉讼模式,法官享

[2] [德]普维庭:《现代证明责任问题》,吴越译,法律出版社2006年版,第67页。

[3] [德]普维庭:《现代证明责任问题》,吴越译,法律出版社2006年版,第26~27页。

[4] 李学灯:《证据法比较研究》,台北,五南图书出版股份有限公司1998年版,第359页。

有主动调查的职权,可能存在法官实际用于裁判的证据要多于当事人双方提供的证据的情形,这使得当事人的举证与实际裁判结果之间不一定存在因果关系。

三、证明责任的特点

(一)主体特定性

证明责任的承担主体是特定的,即诉讼中的当事人。在普通的证明活动中,证明责任的承担主体可以是任意人,但在诉讼中,证明责任必须由特定主体承担。例如在刑事公诉案件中,证明被告人有罪的责任由公诉机关承担,被告人不承担证明自己无罪的责任。《刑事诉讼法》第51条规定:“公诉案件中被告人有罪的举证责任由人民检察院承担,自诉案件中被告人有罪的举证责任由自诉人承担。”在刑事诉讼中,由控诉方承担证明责任具有两层内涵:(1)控诉方需提供证据证明被告人有罪,被告人无须提供证据证明自己无罪。当然这并不排斥被告人及其辩护人提供证据证明自己无罪,但其提供证据主要目的在于反驳对方的指控,这是其行使辩护权的表现,而不是履行证明责任的要求。(2)在被告人是否实施了犯罪行为的案件事实处于真伪不明状态时,即控诉方不提供证据或者提供的证据不足以排除合理怀疑时,法院应当作出宣告被告人无罪的判决。因此,在审判阶段,公诉机关要向法院提供充分的证据证明其指控的犯罪事实,并且其证明要达到案件事实清楚、证据确实充分的证明标准。如果公诉人不举证,或者举证达不到法律规定的证明标准的要求,法庭就可对被告人作出无罪判决。此外,根据《刑事诉讼法》第59条的规定,在对证据收集的合法性进行法庭调查的过程中,人民检察院应当对证据收集的合法性加以证明。现有证据材料不能证明证据收集的合法性的,人民检察院可以提请人民法院通知有关侦查人员或者其他人员出庭说明情况;人民法院可以通知有关侦查人员或者其他人员出庭说明情况。有关侦查人员或者其他人员也可以要求出庭说明情况。经人民法院通知,有关人员应当出庭。据此,公诉机关不仅要承担证明被告人有罪的责任,同时还要承担证明证据收集合法性的责任。如果公诉机关不能切实履行证明证据收集合法性的责任,那么就要对有关证据予以排除,不能作为定案的根据。

相反,犯罪嫌疑人、被告人既没有义务向法庭证明自己有罪,也没有义务向法庭证明自己无罪。不能因为犯罪嫌疑人、被告人不能证明自己无罪,便据此得出犯罪嫌疑人、被告人有罪的结论。《刑事诉讼法》第120条第1款规定,对于侦查人员的提问,犯罪嫌疑人应当如实回答。如实回答的含义是:有罪的犯罪嫌疑人应当如实交代罪行,提供自己能够提供的证据;无罪的犯罪嫌疑人则应当如实陈述无罪的事实,并提供自己能够提供的证据或线索。犯罪嫌疑人、被告人应当如实回答,不等于他负有证明责任,因为司法工作人员不能据其是否如实回答以确定其是否犯罪,而且《刑事诉讼法》第52条明确规定了"不得强迫任何人证实自己有罪",基于此,也不能强迫被告人承担证明自己有罪或者无罪的责任。

对于法院,我国法院为了正确行使国家的审判权,实现刑事诉讼的任务,负有调查核实证据、运用证据认定案件事实真相的职责,为此,人民法院可以依法进行勘验、检查、查封、扣押、鉴定和查询、冻结。在法庭审理中,法院可以讯问被告人,询问证人、鉴定人等。但是,这种调查核实证据的职责,并不能认为是法院也承担证明责任,法院在刑事诉讼中不应承担证明责任。

(二)分配法定性

证明责任的分配是由法律规定和原则决定的。《刑事诉讼法》第51条明确规定:"公诉案件中被告人有罪的举证责任由人民检察院承担,自诉案件中被告人有罪的举证责任由自诉人承担。"被告人不承担证明自己无罪的证明责任。

但是,作为控诉方承担证明责任的例外,在法律明文规定的情况下,被告人需承担一定的证明责任。如《刑法》第282条第2款规定,非法持有属于国家绝密、机密的文件、资料或者其他物品,拒不说明来源与用途的,构成非法持有国家绝密、机密文件、资料、物品罪。可见,按本条的规定,公安、司法机关只需证明犯罪嫌疑人、被告人持有不该持有的属于国家绝密、机密的文件、资料、物品,在上述事实得到证明的情况下,被告人应承担主张责任和证明责任,主张并证明自己持有该文件、资料、物品是合法的;如果他不能以优势证据证明自己持有该文件、资料、物品是合法的,那么他将承担其所持有的文件、资料、物品被推定为非法而招致被定罪量刑的不利后果。

(三)后果直接相关性

证明责任与败诉后果直接相关。如果当事人未能履行其证明责任,可能会导致其主张不被支持,从而承担不利的裁判结果。例如,在刑事案件中,根据《刑事诉讼法》第200条第3项规定:"证据不足,不能认定被告人有罪的,应当作出证据不足、指控的犯罪不能成立的无罪判决。"在民事案件中,如果原告未能提供足够的证据证明其主张,则可能败诉。在行政案件中,如果行政机关在作出具体行政行为时未能提供充分的证据支持其决定，该行政行为会被法院撤销或部分撤销，并可能被判决重新作出适当的行政行为。

四、证明责任的功能

（一）促进发现事实

证明责任制度对于揭示案件真相至关重要。在现代诉讼中，案件事实的认定依赖于合法获取的证据。然而，诉讼中涉及的证明主体众多，谁应当提供证据以及在何种条件下提供证据，这些问题直接关系到案件事实能否被查明以及查明的速度。证明责任制度的核心在于确立证明责任的分配规则，这些规则基于长期实践中总结的公平原则、便利原则和利益平衡原则等合理标准，确保各证明主体能够在证明过程中尽可能地发挥其作用。通过这种方式，证明责任制度促进了证据的有效收集和案件事实的准确认定。

（二）解决事实真伪不明时的裁判方法

证明责任制度为国家专门机关，尤其是法院，在面对案件事实难以辨明时提供了及时处理案件的机制。在审判过程中，即便经过法庭上的举证、质证和认证等程序后，案件事实仍然不明确，法官也必须作出裁决，而不能放弃其裁判权。证明责任制度为此专门设定了一套裁判规则，以指导法官在事实真伪不明的情况下如何进行裁决。这些规则确保了即使在证据不足的情况下，法官也能依据既定的法律原则和程序作出公正的判决。

（三）诉讼多元价值的有效保障

证明责任的分配不仅关系到案件的胜负，还涉及诉讼的多元价值，如公平、效率、公正等。通过合理分配证明责任，可以确保诉讼过程中各方的权利和义务得到平衡，从而实现诉讼的多元价值。

证明责任的分配体现了诉讼权利平等的原则。在诉讼中，证明责任的承担者通常需要提供证据来支持其主张，而另一方则有权获得公平的辩护机会。这种分配确保了当事人在诉讼中的地位平等，保障了其诉讼权利的实现。同时，证明责任还与诉讼的效率原则紧密相关。通过设定举证时限和要求，证明责任促使当事人及时提供证据，避免了诉讼的拖延，提高了诉讼的效率。这种效率要求也体现了诉讼的经济性，即在合理的时间内以最小的成本解决纠纷。此外，证明责任还有助于实现诉讼的公正性。在事实真伪不明的情况下，证明责任的分配为法官提供了一个公正的裁判依据，确保了裁判的客观性和可预测性。这种机制保障了当事人在诉讼中的合法权益，增强了公众对法律制度的信任和尊重。

第二节　调查机关的证明责任

一、调查机关的证明职责

根据《监察法》相关规定，监察机关具有三项职能：(1)对所有行使公权力的公职人员进行监察；(2)调查职务违法和职务犯罪；(3)开展廉政建设和反腐败工作，维护宪法和法律的尊严。在违纪违法和职务犯罪案件中，监察机关行使的是调查权，亦可称为调查机关，与一般刑事犯罪案件侦查机关的侦查活动不同的是，监察机关在案件调查过程中，既要严格依法收集证据，也要用党章党规党纪、理想信念宗旨对被调查人开展思想政治工作，让他们真心认错悔过，而不仅仅是收集证据，查明犯罪事实。[5] 要注意的是，监察机关对行使公权力的公职人员调查其职务违法和职务犯罪行为时，必须依法收集证据，以确保调查结果的合法性和有效性。在当前反腐败斗争日益深入的背景下，监察机关在调查过程中的证明责任显得尤为重要。如何确保机关在履行职责时既能有效打击违纪违法和职务犯罪行为，又能保护被调查人的合法权益，成为亟须解决的问题。证明责任的合理分配和履行，是实现这一目标的关键。

在违纪案件的调查中，《中国共产党纪律处分条例》规定，监察机关对违反政治纪律、组织纪律、廉洁纪律、群众纪律、工作纪律、生活纪律的党员和党员干部，均有处分的权力。那么对于是否存在违纪行为，《中国共产党纪律处分条例》第 4 条第 3 项明确了实事求是原则，监察机关应以事实为依据，以党章、其他党内法规和国家法律法规为准绳，执纪执法贯通，准确认定行为性质，区别不同情况，恰当予以处理。因此，监察机关自然承担证明党员和党员干部行为违纪的责任。

在职务违法案件的调查中，《监察法实施条例》第 26 条规定："监察机关负责调查的职务违法是指公职人员实施的与其职务相关联，虽不构成犯罪但依法应当

---

〔5〕 中共中央纪律检查委员会、中华人民共和国国家监察委员会法规室编写：《〈中华人民共和国监察法〉释义》，中国方正出版社 2018 年版，第 4 页。

承担法律责任的下列违法行为:(一)利用职权实施的违法行为;(二)利用职务上的影响实施的违法行为;(三)履行职责不力、失职失责的违法行为;(四)其他违反与公职人员职务相关的特定义务的违法行为。”第27条规定:“监察机关发现公职人员存在其他违法行为,具有下列情形之一的,可以依法进行调查、处置:(一)超过行政违法追究时效,或者超过犯罪追诉时效、未追究刑事责任,但需要依法给予政务处分的;(二)被追究行政法律责任,需要依法给予政务处分的;(三)监察机关调查职务违法或者职务犯罪时,对被调查人实施的事实简单、清楚,需要依法给予政务处分的其他违法行为一并查核的。监察机关发现公职人员成为监察对象前有前款规定的违法行为的,依照前款规定办理。”

在职务犯罪案件的调查中,证明责任由监察机关承担,其目标是证明职务犯罪事实。根据《监察法实施条例》第70条的规定,监察机关调查终结的职务犯罪案件,应当事实清楚,证据确实、充分。这意味着监察机关在调查过程中承担着收集和固定证据的责任,以确保案件事实的清晰和证据的充分性,达到一定的证明标准。《监察法》第54条规定,对监察机关移送的案件,人民检察院依照《刑事诉讼法》对被调查人采取强制措施。人民检察院经审查,认为犯罪事实已经查清,证据确实、充分,依法应当追究刑事责任的,应当作出起诉决定。人民检察院经审查,认为需要补充核实的,应当退回监察机关补充调查,必要时可以自行补充侦查。对于补充调查的案件,应当在1个月内补充调查完毕。补充调查以二次为限。人民检察院对于有《刑事诉讼法》规定的不起诉的情形的案件,经上一级人民检察院批准,依法作出不起诉的决定。监察机关认为不起诉的决定有错误的,可以向上一级人民检察院提请复议。

可以看出,调查机关和检察机关在证明责任方面存在显著的不同。检察机关在诉讼中承担完全形态的证明责任,即必须提出控告犯罪成立的积极主张,并通过证据体系论证待证事实存在并排除合理怀疑,并承担结果意义上的证明不能的后果。相比之下,监察机关作为调查机关,若认为违纪违法行为构成犯罪,应移送检察院审查起诉,这本身就要体现出证明有罪的义务。其体现出的证明责任更多是行为意义上的证明责任,搜集调取证据,并与检察机关合作,以达到移送起诉或免予起诉的目的。虽然监察机关在调查阶段也须达到一定的证明标准,但这种证明标准并非实体上的定罪标准。正如《监察法实施条例》第8条中指出的:“监察机关办理职务犯罪案件,应当与人民法院、人民检察院互相配合、互相制约,在案件管辖、证据审查、案件移送、涉案财物处置等方面加强沟通协调,对于人民法院、人民检察院提出的退回补充调查、排除非法证据、调取同步录音录像、要求调查人员出庭等意见依法办理。”

二、调查机关的证明责任

《监督执纪工作规则》第 53 条第 1 款规定:“纪检监察机关应当对涉嫌违纪或者违法、犯罪案件严格依规依纪依法审核把关,提出纪律处理或者处分的意见,做到事实清楚、证据确凿、定性准确、处理恰当、手续完备、程序合规”。纪检监察机关一直以来遵循的“二十四字”方针上升到党内法规层面,适用范围包括违纪或者违法、犯罪案件,也即违纪案件的证明标准与违法和犯罪案件证明标准在表述上基本是一致的,都是事实清楚、证据确凿。但对于违纪案件、职务违法、职务犯罪,调查机关达到事实清楚、证据确凿证的要求,即证明责任对象及程度是不同的。

(一)违纪案件的证明责任

调查机关证明存在违纪行为、确定何种违纪行为是关键,其中包括违反政治纪律行为,如:是否存在在重大原则问题上不同党中央保持一致且有实际言论、行为或者造成不良后果;违反组织纪律行为如在干部选拔任用工作中,有任人唯亲、排斥异己、封官许愿、说情干预、跑官要官、突击提拔或者调整干部等违反干部选拔任用规定行为;违反廉洁纪律行为如纵容、默许配偶、子女及其配偶等亲属、身边工作人员和其他特定关系人利用党员干部本人职权或者职务上的影响谋取私利,违反群众纪律行为如干涉生产经营自主权,致使群众财产遭受较大损失;违反工作纪律行为如工作中不敢斗争、不愿担当,面对重大矛盾冲突、危机困难临阵退缩,造成不良影响或者严重后果;违反生活纪律行为如生活奢靡、铺张浪费、贪图享乐、追求低级趣味,造成不良影响的。

在违纪案件的调查中,证据的收集和评估主要关注两个核心问题:首先,需要确定哪些具体事实必须通过证据来加以证明;其次,这些证据需要达到怎样的证明标准。与职务违法犯罪相比,违纪行为的构成要件标准相对较低,这意味着某些行为虽然不足以构成职务违法犯罪,但仍然可能违反纪律规定。例如,A 向局长 B 赠送了价值约 2 万元的茅台酒,由于案发时 B 已经消费了所有茅台酒,因此无法准确评估酒的真伪及其价值。根据受贿犯罪的构成要件,收受财物的数量价值是决定罪行轻重的关键因素,因此,在此案例中,认定 B 构成受贿犯罪的证据并不充分。然而,根据违反廉洁纪律的构成要件,只要收受可能影响公正执行公务的财物,无论其价值大小,即构成违纪。因此,根据现有的证据,可以认定B的行为违反了纪律规定。

违纪案件中的证据类型与刑事诉讼中所使用的证据类型大体相同。然而,由于违纪案件的特殊性质,其对证据的数量要求通常低于刑事案件。因此,在处理违纪案件时,既不能简单地采用刑事审判中对职务犯罪案件的证据标准,导致不必要的资源浪费和过度取证,也不能因为违纪案件中证据不会经过庭审质证,就无原则地降低证据标准,随意处理。调查机关在违纪案件中收集证据时,应保持适度,确保证据的相关性和充分性,同时避免资源的浪费和对证据标准的不当放宽。

(二)职务违法案件的证明责任

职务违法的证明责任,根据《监察法实施条例》第69条的规定,监察机关调查终结的职务违法案件,应当事实清楚、证据确凿。符合下列条件:(1)定性处置的事实都有证据证实;(2)定案证据真实、合法;(3)据以定案的证据之间不存在无法排除的矛盾;(4)综合全案证据,所认定事实清晰且令人信服。

在职务违法行为的调查取证过程中,要与证明要件紧密结合。如明确违法犯罪行为(作为和不作为两种形式)的具体内容,包括行为的时间、地点、方法或手段等,包括《国有企业管理人员处分条例》《公职人员政务处分法》涵盖的行为;明确危害对象,即危害行为所作用的物、人、组织、制度等,如违规占用的公物、被超标准筹资筹劳的群众、国家工作人员的廉洁性等;确定危害结果,即行为所造成的侵害事实或可能造成的现实危害。危害结果的表现形式是多种多样的,有的是有形的,如经济损失等客观的危害,有的是无形的,如损害国家荣誉等。因果关系。违法行为与危害结果之间应存在引起与被引起的关系。违法行为是危害结果发生的原因或原因之一;强调因果关系,即违法违纪行为与危害结果之间应存在引起与被引起的关系。

(三)职务犯罪案件的证明责任

《监察法》第36条第1款、第2款规定:"监察机关依照本法规定收集的物证、书证、证人证言、被调查人供述和辩解、视听资料、电子数据等证据材料,在刑事诉讼中可以作为证据使用。监察机关在收集、固定、审查、运用证据时,应当与刑事审判关于证据的要求和标准相一致。"该规定涉及的证据材料范围是物证、书证、证人证言、被调查人供述和辩解、视听资料、电子数据等。“可以作为证据使用”，是指这些证据具有进入刑事诉讼的资格，不需要检察机关再次履行取证手续。需要指出的是，这些证据能否作为定案的根据，还需要根据《刑事诉讼法》的其他规定进行审查判断。如果经审查属于应当排除的或者不真实的证据，不能作为定案的根据。并且，刑事审判关于证据的要求和标准有严格、细致的规定，监察机关收集的证据材料在刑事诉讼中作为证据使用，必须要与其相衔接、相一致。刑事审判关于证据的要求和标准，《刑事诉讼法》总则第五章和《刑事诉讼法解释》第四章，作了详细的规定，比如证据的种类、收集证据的程序、各类证据审查与认定的具体要求等。

《监察法》第 43 条第 1 款、第 2 款指出：“监察机关对职务违法和职务犯罪案件，应当进行调查，收集被调查人有无违法犯罪以及情节轻重的证据，查明违法犯罪事实，形成相互印证、完整稳定的证据链。调查人员应当依法文明规范开展调查工作。严禁以暴力、威胁、引诱、欺骗及其他非法方式收集证据，严禁侮辱、打骂、虐待、体罚或者变相体罚被调查人和涉案人员。”同样，《监察法实施条例》第 67 条规定：“监察机关认定案件事实应当以证据为根据，全面、客观地收集、固定被调查人有无违法犯罪以及情节轻重的各种证据，形成相互印证、完整稳定的证据链。只有被调查人陈述或者供述，没有其他证据的，不能认定案件事实；没有被调查人陈述或者供述，证据符合法定标准的，可以认定案件事实。”这两条共同强调了证据在案件处理中的核心地位，要求调查机关在调查过程中必须严格遵守法定程序，确保所收集的证据真实、合法，并能够经得起法律的检验。这不仅保障了案件处理的公正性，也防止了非法取证导致的冤假错案的发生。

第三节　特殊情形下被调查人的举证责任

随着监察体制改革的不断深化，调查机关的职能和权限得到了进一步明确和加强。在此过程中，如何确保调查机关在履行职责时既能有效打击职务违法和犯罪行为，又能保护被调查人的合法权益，成为亟须解决的问题。证明责任的合理分配和履行，是实现这一目标的关键。监察案件中被调查人一般不承担证明责任，只有在法律明确规定的特定情况下，被调查人才承担举证责任。

一、非法证据排除的举证责任

《监察法》第43条第2款规定："……严禁以暴力、威胁、引诱、欺骗及其他非法方式收集证据，严禁侮辱、打骂、虐待、体罚或者变相体罚被调查人和涉案人员。"第36条第3款规定："以非法方法收集的证据应当依法予以排除，不得作为案件处置的依据。"上述条文明确规定了在监察机关调查职务违法和职务犯罪案件时，必须严格遵守合法的取证程序。

以非法的方法收集证据，主要是指以刑讯逼供，或者以威胁、引诱、欺骗等非法方法来获取证据。《监察法实施条例》第72条规定，"对于调查人员采用暴力、威胁以及非法限制人身自由等非法方法收集的被调查人供述、证人证言、被害人陈述，应当依法予以排除。前款所称暴力的方法，是指采用殴打、违法使用戒具等方法或者变相肉刑的恶劣手段，使人遭受难以忍受的痛苦而违背意愿作出供述、证言、陈述；威胁的方法，是指采用以暴力或者严重损害本人及其近亲属合法权益等进行威胁的方法，使人遭受难以忍受的痛苦而违背意愿作出供述、证言、陈述。收集物证、书证不符合法定程序，可能严重影响案件公正处理的，应当予以补正或者作出合理解释；不能补正或者作出合理解释的，对该证据应当予以排除"。该条对暴力和威胁的定义、物证和书证的处理、证据排除的程序进行了规定。

对于非法证据排除的启动，《监察法实施条例》第73条规定，"监察机关监督检查、调查、案件审理、案件监督管理等部门发现监察人员在办理案件中，可能存在以非法方法收集证据情形的，应当依据职责进行调查核实。对于被调查人控告、举报调查人员采用非法方法收集证据，并提供涉嫌非法取证的人员、时间、地点、方式和内容等材料或者线索的，应当受理并进行审核。根据现有材料无法证明证据收集合法性的，应当进行调查核实。经调查核实，确认或者不能排除以非法方法收集证据的，对有关证据依法予以排除，不得作为案件定性处置、移送审查起诉的依据。认定调查人员非法取证的，应当依法处理，另行指派调查人员重新调查取证"。该条指出了两种启动方式，若监察机关发现可能存在以非法方法收集证据情形的，应当主动进行调查核实；若被调查人提供材料或者线索，进行控告、举报的，相关办案机关应当依照法定程序处理。对于被调查人提供材料或者线索启动非法证据排除的方式，被调查人应提出初步线索，但不要求被调查人查证核实。

这些规定背后的原因是,被调查人的取证能力十分有限,只要提供“相关线索”或者“材料”就完成了证明义务,这种证明责任理论上一般视为辩护方要承担“初步证明责任”,[6]而证据合法性的最终证明责任由调查机关承担。

二、巨额财产来源不明案件的举证责任

《刑法》第395条规定:“国家工作人员的财产、支出明显超过合法收入,差额巨大的,可以责令该国家工作人员说明来源,不能说明来源的,差额部分以非法所得论……”具体来说,当司法机关已经收集到足够的证据,能够证明国家工作人员的财产或支出与其合法收入之间存在巨大差额时,责任便转移到了该国家工作人员身上,他需要提供证据来证明这部分差额的合法来源。如果该人员无法提供合理的解释,那么这部分差额将被认定为非法所得。

这一法律规定的核心目的在于加强对国家工作人员贪污贿赂等经济犯罪的打击力度,同时也是为了推动廉政建设和反腐败斗争。通过将证明责任在特定情况下转移给被告人,提高司法效率,确保公共资金的安全,以及维护社会的公平正义。

三、减轻量刑证据的举证责任

对于量刑的证明责任,《刑事诉讼法》中没有作出明确规定。但2016年最高人民法院、最高人民检察院、公安部、国家安全部、司法部联合发布的《关于推进以审判为中心的刑事诉讼制度改革的意见》第2条第3款对量刑的证明责任分配作出了规定,“……对于量刑证据存疑的,应当作出有利于被告人的认定”。第11条明确“规范法庭调查程序,确保诉讼证据出示在法庭、案件事实查明在法庭。证明被告人有罪或者无罪、罪轻或者罪重的证据,都应当在法庭上出示,依法保障控辩双方的质证权利。对定罪量刑的证据,控辩双方存在争议的,应当单独质证;对庭前会议中控辩双方没有异议的证据,可以简化举证、质证”。

《刑事诉讼法》第51条规定,公诉案件中被告人有罪的举证责任由人民检察院承担,这包括与定罪和量刑相关的证据。量刑证据包括对被告人不利的加重处

---

[6] 陈瑞华:《非法证据排除规则的中国模式》,载《中国法学》2010年第6期。

罚的证据,也包括对被告人有利的从轻或减轻处罚的证据。根据《人民检察院公诉人出庭举证质证工作指引》第17条的规定,辩护方申请公诉人宣读出示案卷中对被告人有利但未被公诉人采信的证据时,公诉人应当出示。检察机关必须依照法定程序收集能够证实被告人犯罪轻重的各种证据,这意味着检察机关对量刑证据负有核实、收集责任。

辩方(被告人及其辩护人)对其提出的量刑意见有提供量刑证据的责任。如果辩方提出被告人具有从轻、减轻或者免除处罚的量刑情节,那么辩方需要对这些量刑情节提出证据予以证明。

量刑程序中,控辩审等诉讼各方都会协同致力于量刑证据的调取。这意味着不仅检察机关,被告人及其辩护人、被害人、自诉人也是量刑程序的参与主体,对量刑证据的收集负有一定的责任。但当量刑事实存疑时,应当作出不利于控方的认定。

四、程序性事实的举证责任

程序法事实是指由程序法特别是诉讼法规定的有关程序进展状况的事实。这些事实对于解决案件的诉讼程序问题具有法律意义,如不加以证明,就会影响诉讼活动的顺利进行,影响案件得到正确、合法、及时的处理。需要证明的程序法事实通常包括:有关回避的事实、决定对当事人应否采取强制措施的事实、有关诉讼期限的事实,以及违反法定程序的事实等。

在监察案件中,如果被调查人提出有关人员,如办理监察事项的监察人员、鉴定人应当回避的请求,他应当就回避的事实依据提出证据进行证明。例如,如果被调查人提出监察人员与案件有利害关系,可能影响案件公正处理,被调查人需要提供证据来证明这种利害关系的存在。除了回避的事实,程序法事实还包括其他可能影响案件程序公正进行的情况。例如,如果被调查人对监察机关的某些程序性行为提出异议,如认为监察机关在调查过程中违反了法定程序,被调查人同样需要承担初步的证明责任,提供证据来支持其主张。这些程序法事实的证明责任,相对于实体法事实的证明责任较轻。

典型案例评析

案例10－1 贵某贵金属有限公司、李某某单位行贿案[7] ｜ 监察机关承担证明责任的方式

被告单位浙江贵某贵金属有限公司（以下简称贵某公司），民营企业，单位所在地为浙江省仙居县某某街道某某工业园区。被告人李某某，贵某公司法定代表人。2015年至2018年，时任浙江省台州市环保局工作人员林某某（另案处理）、仙居县环保局工作人员王某某（已判决）等有关国家工作人员接受贵某公司法定代表人李某某的请托，为贵某公司在办理《危险废物经营许可证》、生产经营、逃避环保执法检查等方面提供帮助。2015年年底，李某某送给林某某一件黄金制品，价值人民币37,940元，林某某收受。2018年，李某某以人民币40万元的价格购买一辆二手大众辉腾牌汽车送给王某某，王某某收受；贵某公司将非法提炼金属铑所得的一半利润送给王某某，王某某先后收受人民币635万元，后将其中545万元出借给李某某用于资金周转。

（污染环境犯罪事实略）

2020年10月30日，浙江省仙居县人民检察院以被告单位贵某公司、被告人李某某等人犯污染环境罪向仙居县人民法院提起公诉。2021年3月26日，仙居县监察委员会以李某某涉嫌行贿犯罪展开立案调查，同年9月8日以贵某公司涉嫌单位行贿犯罪立案调查。2021年9月14日，仙居县监察委员会以贵某公司、李某某涉嫌单位行贿罪向检察机关移送审查起诉，检察机关于同年10月19日补充起诉。2021年10月30日，仙居县人民法院作出一审判决，以被告单位贵某公司犯污染环境罪，判处罚金人民币15万元，犯单位行贿罪，判处罚金人民币80万元，数罪并罚决定执行罚金人民币95万元；以被告人李某某犯污染环境罪，判处有期徒刑1年2个月，并处罚金人民币10万元，犯单位行贿罪，判处有期徒刑2年，并处罚金人民币30万元，数罪并罚决定执行有期徒刑2年10个月，并处罚金人民币40万元；对被告单位贵某公司的违法所得人民币1850万元，向被告单位贵某公司、被告人李某某予以追缴，上缴国库。一审判决后，贵某公司、李某某未

〔7〕 国家监察委员会、最高人民检察院首次联合发布5起行贿犯罪典型案例之二。

上诉,判决已生效。

| 评 析 |

在该案中,监察机关承担证明责任的方式主要体现在以下两个方面:

1. 监察机关在办理案件过程中,遵循《监察法》相关规定,在发现李某某行贿线索后,依法对其开展立案调查,并采取留置措施。同时,监察机关同步冻结、扣押涉案财物250万元,并协调公安、环保部门查封扣押贵某公司库存产品,确保后续追赃挽损工作顺利进行。

2. 全面调查审查案件事实,充分收集运用证据,甄别判断涉案公司企业与行贿犯罪的联系,准确认定是单位行贿犯罪还是个人行贿犯罪,就行贿行为是否体现了单位意志、是否为单位谋取不正当利益,以及行贿的违法所得是否归单位所有进行重点论证。监察机关、检察机关共同认定本案构成单位行贿罪,因为李某某作为公司法定代表人,行贿出发点是为单位谋取不正当利益,且行贿资金绝大多数来源于公司经营所得。

案例 10-2 王某某行贿案〔8〕 | “零口供”案件监察机关证明责任的承担

被告人王某某,河北丰宁金某钼业有限公司(以下简称金某钼业)法定代表人、股东。2007 年 8 月,为金某钼业能被江西稀有金属某某集团公司(以下简称江某公司)高价收购,王某某向江某公司总经理钟某某(已判决)请托,并承诺给予好处费。后钟某某违规决定江某公司以人民币 2.6 亿元的高价收购金某钼业 50% 的股份。王某某为感谢钟某某,9 月 6 日,王某某安排妻子闫某某向钟某某指定的妻弟罗某的银行账户转账 500 万元。经鉴定,王某某通过行贿非法获利共计 2.15 亿元。2021 年 2 月 4 日,江西省金溪县监察委员会将案件移送金溪县人民检察院起诉。3 月 19 日,金溪县人民检察院以王某某涉嫌行贿罪向金溪县人民法院提起公诉。11 月 16 日,金溪县人民法院以王某某犯行贿罪,判处有期徒刑 10 年 6 个月,追缴王某某违法所得 2.15 亿元,返还被害单位江某公司。王某某不服,提出上诉,同年 12 月 14 日,抚州市中级人民法院裁定驳回上诉,维持原判。

---

〔8〕 国家监察委员会、最高人民检察院首次联合发布 5 起行贿犯罪典型案例之三。

| 评 析 |

监察机关面对王某某“零口供”的情况,采取了以下措施来构建严密的证据体系。(1)收集证人证言。监察机关收集了王某某的妻子闫某某的证言,证明了行贿款的来源以及根据王某某指使通过银行汇款转账的过程。同时,钟某某妻弟罗某的证言证明了他按照钟某某指使通过自己银行账户接受闫某某汇款的事实。(2)调取书证。监察机关调取了企业账目、银行流水等书证,这些书证能够佐证闫某某的证言,证明了行贿款的流向和操作过程。此外,还涉及股票投资过程的相关书证,进一步印证了罗某的证言。(3)利用生效判决书。钟某某受贿案的一审生效判决书等证据与钟某某的有罪供述,与上述两方面证据均相互印证,形成了完整的证据链条。对于“零口供”行贿犯罪嫌疑人王某某,监察机关注重收集证人证言、书证、物证、视听资料和电子证据等,夯实证据基础。构建了严密的证据体系。

本案监察机关准确认定了行贿罪的违法所得。违法所得包括通过实施犯罪直接或者间接产生、获得的任何财产,以及这些财产转变、转化后的财产和收益。在王某某案中,监察机关通过司法鉴定,根据江某公司收购金某钼业价格与收购时金某钼业总资产价值、涉案钼矿采矿权评估价值的差额,计算认定王某某通过行贿违法所得2.15亿元,并依法追缴,最大限度挽回国有资产的损失。

拓展阅读文献

1. 霍海红:《证明责任的法理与技术》,北京大学出版社2018年版。
2. 孙长永、黄维智、赖早兴:《刑事证明责任制度研究》,中国法制出版社2009年版。
3. 黄永:《刑事证明责任分配研究》,中国人民公安大学出版社2006年版。
4. 黄维智:《刑事证明责任研究——穿梭于实体与程序之间》,北京大学出版社2007年版。
5. [德]莱奥·罗森贝克:《证明责任论》(第5版),庄敬华译,中国法制出版社2018年版。

第十一章 监察案件的证明标准

第一节 证明标准概述

一、证明标准的概念

（一）诉讼案件中的证明标准的概念

证明标准，是指举证方提供的用以证实案件事实的证据需要达到的充分性程度。一旦举证方提供的证据满足此标准，即视为其已履行举证职责，其主张随之成立，且无须因待证事实的不确定而承受不利后果。目前，我国的《民事诉讼法》《刑事诉讼法》以及《行政诉讼法》中关于诉讼案件的证明标准问题已经得到了学界广泛而充分的讨论，为监察案件证明标准的确定提供了有价值的参考。

我国刑事诉讼案件的证明标准最为严格，这要求检察机关提起公诉或侦查机关移送审查起诉时，案件中的事实细节，包括犯罪情节、过程、手段、时间、地点、涉及人物及后果等，均须清晰明确，无遗漏和矛盾，足以排除合理怀疑，达到确实充分的程度。但这并不意味着所有细节均需详尽无遗地查清，司法实践中，对于不影响定罪量刑的次要细节可适当放宽，对于定罪量刑至关重要的核心事实和情节，则必须彻底查清。所有证据需经核实确认其真实性和证明力，且每个用于定案的证据都需证实无误，并与案件事实存在直接关联。同时，案件的各个证明点均应有相应证据支持，以确保其真实性并排除其他合理性怀疑。

我国民事诉讼案件的证明标准主要包含三类：较大可能性、高度盖然性、排除合理怀疑。民事诉讼案件中的程序性事实适用较大可能性的证明标准；民事诉讼案件的一般性待证事实，即关系到案件当事人权利义务或影响案件判决结果的待证事实，适用高度可能性的证明标准；排除合理怀疑的证明标准是刑事诉讼案件的定罪标准，但民事诉讼案件在特殊情况下也适用，如针对欺诈、胁迫、恶意串通等具有主观故意性且可能会损害第三方利益的情况。

我国行政诉讼案件的证明标准具有综合性，灵活性。相较于民事诉讼，行政诉讼中的证明主体并非处于平等的地位。举证责任的分配在行政诉讼中具有独特性，被告与原告的举证责任存在显著差异且不可互换。对于行政机关的具体行政行为，其证明标准的适用需根据对行政相对人权益的影响程度及公权力与自治程度的平衡来决定。若行政行为对行政相对人的权利和权益产生重大影响，则应采用较高的证明标准；反之，若影响较小，则可适用较低的证明标准。同时，行政行为中若公权力色彩较重、当事人自治程度较低，则证明标准应相应提高；若公权力色彩较轻、当事人自治程度较高，则证明标准可适当降低。

监察案件是在监察体制改革背景下产生的特有案件，具有独特的历史背景和专有属性。刑事诉讼案件的证明标准最为严格，民事诉讼案件的证明标准较为灵活，行政诉讼案件与刑事诉讼案件的证明标准相似，但行政诉讼案件更注重对行政行为的合法性进行审查。三大诉讼案件的证明标准为监察案件证明标准的构建提供了有益的借鉴。鉴于纪检监察案件的复杂性和多样性，可以构建多元化的证明标准体系。对于不同类型的案件，可以根据其特点和实际需求，适用不同的证明标准。这有助于实现监察案件的公正、高效和准确处理。

（二）监察案件证明标准的概念

监察案件包括国家监察机关对公职人员廉洁从政、依法履职的监督案件，对涉嫌职务违法和职务犯罪进行调查的案件以及在调查结束后对公职人员进行处置的案件。监察机关对涉嫌违纪、职务违法和职务犯罪的公职人员，可以依法进行调查，收集、调取有关证据材料，并根据调查结果作出相应处置决定，如政务处分、移送检察机关依法提起公诉等。监察证据则是指监察机关在履行监督、调查、处置职能过程中，依法收集的用以证明被调查对象有无违纪、违法犯罪行为以及情节轻重的材料。[1] 监察证据在构建反腐败体系中发挥着重要作用。通过收集、分析和运用监察证据，监察机关可以及时发现违纪行为，处理职务违法和职务犯罪案件，有效遏制腐败现象的滋生和蔓延。

明确了监察案件和监察证据的定义后，进一步探讨何为监察案件中监察证据的证明标准。证明标准问题不仅存在于民事、刑事、行政等案件的事实认定之中，

---

〔1〕 褚宸舸主编：《监察法学》，中国政法大学出版社2020年版，第192页。

也存在于纪检监察案件的事实认定中。证明标准是“对于承担证明责任的主体而言，实为判断其是否履行了应尽的责任，因而得以卸除其证明责任的尺度和标杆”[2]。证明标准也是“裁判者”形成内心确信的程度，[3]案件的客观事实发生于过去，对已发生的客观事实的真伪性进行辨认离不开监察人员的主观判断。由此可知，证明标准是主观性和客观性相统一的产物，证明标准的作用就在于树立一个客观标准来约束和指导事实认定这一主观活动。[4] 监察案件的证明标准是指监察机关在对国家公职人员涉及职务违法和职务犯罪案件的监督、调查及处置的过程中，收集证据和进行事实认定时应遵循的具体指导原则和判断依据。

（三）监察案件证明标准和证据标准的区分

证明标准和证据标准，从语言外观上看具有高度相似性，仅一字之差，但二者的内涵却存在本质差异。在我国监察实践中，证明标准和证据标准在相当长的一段时间内是相互混用的，后者指审查认定证据材料所依据的准则，[5]相较于监察证明标准，监察证据标准的概念被更频繁地运用。随着证据法学研究的深入发展，证据标准的概念已逐渐明晰，主要聚焦于证据本身的评估准则，并视为证明标准的细分范畴。这一概念正朝着更加明确与稳固的方向发展，而不同学者基于各自视角，为其赋予了多元内涵。无论是对其功能的界定、性质的评估，还是与其他相关概念的对比分析，均为证据标准的内在发展提供了持续动力。从总体趋势来看，我国证据标准的概念经历了显著演变：起初，它被视作“评估证据证明力的基准或原则”；随后，转变为“评估或确认某事物能否作为定案依据的实质或形式条件”；最终，进化为“证据作为定案基础时必须满足的最低要求或标准”。实质上，对证据标准的理解与运用，是对证明标准的实体要素进行更为详尽的阐释，并对待证事项实施量化评估。监察证据标准既是监察证明标准客观化的具体体现，也是监察机关开展调查取证时必须遵守的操作规范，还是监察证据审查活动的重要依据。

为了准确区分监察证据标准与监察证明标准，需要进一步分析监察法律规

---

〔2〕 陈光中主编：《证据法学》，法律出版社2011年版，第288页。

〔3〕 陈瑞华：《对证明标准问题的一点思考》，载《人民检察》2003年第5期。

〔4〕 吴泽勇：《“正义标尺”还是“乌托邦”？——比较视野中的民事诉讼证明标准》，载《法学家》2014年第3期。

〔5〕 王牧：《也谈刑事证据审查判断标准》，载《当代法学》1988年第2期。

范。针对监察案件中的证据标准,《监察法》第 36 条第 2 款设定了原则性框架,即"监察机关在收集、固定、审查、运用证据时,应当与刑事审判关于证据的要求和标准相一致"。可知,监察证据标准可概括为监察机关在证据收集、固定、审查、运用方面需达到的要求与准则,而对于监察证明标准,立法上并未给出明确定义,但《监察法实施条例》对监察证明标准的具体要求作出了规定。《监察法实施条例》第 69 条第 4 项规定职务违法案件调查终结的证明标准为"综合全案证据,所认定事实清晰且令人信服";第 67 条第 1 款第 3 项规定职务犯罪案件调查终结的证明标准为"综合全案证据,对所认定事实已排除合理怀疑"。因此,监察证明标准是监察机关"运用证据对待证事实加以证明所要求达到的法定要求或程度";[6] 监察证据标准是用以定案的证据需要具备证据能力且满足各项要件事实对要件证据及必要附属证据的最低要求。[7] 监察案件证明标准是一种程序性标准,案件性质的不同以及案件在不同阶段都存在不同程度的证明标准;监察案件的证据标准是一种事实性标准,用于具体指导监察证据收集、固定、审查、运用的全阶段。

二、监察案件证明标准的特征

随着我国监察体制改革的不断深化,学界开始对监察案件的证明标准进行深入研究。通过对相关法律法规的条文的梳理,可以发现监察案件中的证明标准已显现出三大鲜明特征。深入理解这些特征,对未来监察程序中证明标准体系的持续优化与完善具有深远意义。

(一)不同案件中证明标准的差异性

《监察法》第 3 条规定,各级监察委员会肩负着调查职务违法与职务犯罪的双重职责。由此,监察程序中的证明标准的设计需充分考量这两种案件类型的特性,展现出独特的双轨并行和差异化的特征。这一特征的存在,对监察法中证明标准条款的精准表述构成了立法技术层面的严峻挑战。

职务违法案件和职务犯罪案件在立案阶段和处置阶段的证明标准均应该存在差异。职务违法与职务犯罪行为的区别在于社会危害程度不同,凡犯罪行为均

---

〔6〕 陈光中主编:《证据法学》(第 4 版),法律出版社 2019 年版,第 356 页。
〔7〕 张红哲:《监察证据标准的理论阐释与优化路径》,载《中外法学》2023 年第 3 期。

具有严重的社会危害性，职务犯罪也不例外，而职务违法行为虽也具有社会危害性，但相对较轻，尚未达到需要承担刑事责任的程度。[8] 在监察立案阶段的证明标准里，针对违法性要素，其核心在于办案人员需进行初步评估，判断监察对象是否可能触犯了与职务行为相关的实体法律规范，并进一步考量其是否可能构成刑法所规定的职务犯罪。针对两类案件的立案证明标准，关键在于形式上辨别职务行为涉嫌的违法行为所对应的具体实体法律规范。

监察机关作为党和国家自我监督的专门机构，承载着监督、调查与处置的三大核心职能，扮演着至关重要的角色。在履行这些职能的过程中，监察机关必须严格遵循既定的程序规范，确保每一项监察工作都在法律和公正的框架内推进，从而维护监察工作的合法性和公正性。

我国刑事诉讼秉持以审判为中心的理念，这一理念深刻揭示了审判在刑事诉讼中的核心与决定性地位。它要求侦查、起诉等诉讼活动必须紧密围绕审判的需求来展开，确保所收集的证据能够充分满足审判的严格标准。这一理念不仅深刻影响着刑事诉讼的整体格局，也对监察机关的工作产生了深远的影响。

监察机关在履行职责时，必须时刻铭记审判的中心地位，确保调查取证、案件处理等各个环节都经得起审判的检验。这意味着监察机关在监督、调查和处置过程中，不仅要追求事实真相，更要确保程序的合法性和证据的充分性，以支撑起审判的公正与权威。

对于职务违法案件，监察机关拥有处置权，但对于职务犯罪案件，监察机关不具有最终处置权。鉴于两种案件所依据的实体法律规范不同且两种案件所需证明的对象范围、证据要求、法律后果都存在明显区别，有必要设置差异化的证明标准。

（二）不同程序中证明标准的阶梯性

从监察程序的角度观察，立案程序中的证明标准和处置程序中的证明标准具有高低之分，呈现出阶梯化的特征。就职务犯罪案件而言，在立案阶段的证明标准是“涉嫌违法犯罪”和“需要追究法律责任”，在移送审查起诉阶段的证明标准是“认为犯罪事实清楚，证据确实、充分”。一方面，就案件事实的认知而言，监察

---

〔8〕 姚建龙、尹娜娜：《监察法视野下职务违法与职务犯罪的界分——以监察程序的完善为重点》，载《上海政法学院学报（法治论丛）》2018 年第 6 期。

调查人员的认知活动是循序渐进的,难以瞬间完成。监察调查的过程通常涵盖线索处理、立案、调查及处置等多个环节,通过这一系列程序帮助监察调查人员逐步明晰案情。这些程序植根于长期的制度探索和实践经验中,应当得到认可。另一方面,监察办案各阶段的任务各异,直接体现了立法者对各阶段目标与功能的预期,而阶梯性的证明标准恰与各阶段的办案任务相匹配。

(三)不同权限中证明标准的特定性

监察机关在履行职责时,享有一系列法定的调查措施。其中,询问、查询、勘验、检查、鉴定、调取证据材料等措施的启动无须特别的程序和证据要求,属于任意性措施,通常并不设置证明标准。讯问、留置、通缉、搜查、限制出境等属于强制性措施,其证明标准的设置比任意性措施严格,但并不是所有强制性措施都有法条明文规定,目前,现行法仅针对留置措施设置了严格的证明标准,核心原因在于留置措施会约束被调查人或相关人员的人身自由,进而对关键法律利益产生影响。证明标准的一个关键作用是通过设定事实与证据的要求,为监察调查措施的启动和适用提供必要的审核机制。鉴于此,未来可考虑适度将证明标准的应用范围扩展至包括限制出境在内的其他涉及人身自由强制性或限制性的措施。

三、监察案件证明标准的现行立法

监察证明标准,作为监察证据制度的核心组成部分,对监察机关的监督、调查及处置活动起到了强制性的规范作用,并为判定公职人员职务违法犯罪的情况提供了实践导向。通过系统回顾监察证明标准的制度框架及其发展历程,我们可以观察到,自国家监察体制改革推行以来,监察案件的证明标准已迈入了一个综合发展的新阶段。这一标准从"事实清楚"到"证据确凿",再到"确实、充分",展现出了分层次构建的初步特征。然而,这种分层仅初步区分了违法与犯罪的界限,尚不能完全契合监察实践中对"四种形态"精准运用的迫切要求。

(一)立法上关于违纪案件的证明标准

通过分析《监督执纪工作规则》第53条规定可知,纪检监察机关在处理违纪、职务违法和职务犯罪案件时,适用的标准相同。但实践中存在不同的理解和看法,主要形成了以下三种观点。

第一种观点主张,违纪案件的证明标准应当低于职务犯罪案件的证明标准。这是因为刑罚是对犯罪行为最严厉的制裁,直接关乎罪犯的人身自由、财产权益乃至生命权，其适用过程必须遵循极为严格的刑事诉讼程序。持此观点者指出，刑罚作为对犯罪行为的严厉制裁，直接关乎罪犯的人身自由、财产权益乃至生命权，其适用过程必须遵循极为严格的刑事诉讼程序。在这一过程中，指控的犯罪事实需历经法庭的细致调查与激烈辩论，且证据材料需接受控方、辩方及审判方的全面审核，以确保达到"证据确实充分"的高标准。相比之下，违纪案件则呈现出显著的不同。它主要依据党内法规对违反党纪的党员或党组织进行处分，这些党纪处分相较于刑罚，对个体的人身自由与财产权益的影响相对有限。此外，违纪处分被视为党内的一种"内部管理事务"，党员基于忠诚原则，有义务配合党组织的审查调查工作。因此，在违纪案件的审理中，对证明标准的要求无须过于严苛。

第二种观点主张，违纪案件的证明标准应与职务犯罪案件保持一致。党纪是党的各级组织和全体党员必须遵守的行为规则，是维护党的团结统一、巩固党与群众关系、保持党的先进性和纯洁性的重要保证。党纪严于国法，体现了党对党员的高标准、严要求。这意味着，对于违纪案件，也应秉持严谨的态度，确保其达到"证据确实充分"的严格标准。从外部监督机制来看，对一审刑事判决结果不服，可以通过上诉途径进行纠正，且判决文书需公开接受社会监督。然而，违纪人员对于处分结果，通常仅限于提出申诉，且处分决定书往往无须对外公开。鉴于这种外部监督相对薄弱的特征，对违纪案件的审核更应严谨细致，严格把控事实与证据，以保障当事人的合法权益，防止冤假错案的发生。此外，党纪处分对违纪人员的影响同样深远。例如，对于违反政治纪律的案件，2019 年实施的《党政领导干部选拔任用工作条例》第 24 条第 1 项规定，违反政治纪律和政治规矩的人员将被排除在考察对象之外。因此，从确保案件质量、维护党纪国法的严肃性和公正性的角度出发，坚持违纪案件的证明标准不放松，显得尤为重要。

第三种观点主张，应当坚定违纪案件与职务违法、职务犯罪案件在证明标准上的统一性，但在实际操作层面，对于违纪案件的取证要求可适当灵活处理，以避免不必要的过度取证。从党内法规的视角出发，违纪案件的证明标准是"证据确凿"，而违法、犯罪案件的证明标准则是"证据确实充分"。尽管两者在表述上略有差异，但其核心要求是高度一致的，都是要求证据必须达到足以支撑结论的充分性和确定性。这体现了党纪国法在证明标准上的内在统一性和严谨性。另外，在确保违纪案件"证据确凿"的前提下，我们应秉持务实和高效的原则，避免过度取证。过度取证不仅会增加取证工作的复杂性和成本，浪费宝贵的国家资源，还可能对涉案人员造成不必要的困扰和伤害。因此，在坚持证明标准统一性的同时，适度放宽对违纪案件的取证要求，是实现公正与效率兼顾的有效途径。

（二）立法上关于职务违法案件的证明标准

根据职务违法的严重程度，职务违法案件的证明标准可以分为轻微职务违法案件的证明标准、严重职务违法案件的证明标准两类。轻微职务违法行为是指《监察法》第 52 条、《公职人员政务处分法》第 12 条和《监察法实施条例》第 231 条所规定的公职人员情节轻微的职务违法行为。轻微职务违法案件的证明标准，是指对于存在轻微职务违法行为的公职人员采取的谈话提醒、批评教育、责令检查或诫勉处置时的证明标准，与“四种形态”中的第一种形态相对应。轻微职务违法案件的证据一方面源于监督调查过程中的获取，更多是来自举报。监察机关需依据举报线索，与被举报的公职人员进行谈话，要求其阐述情况，这不仅是对举报者的及时反馈，对腐败行为防微杜渐，同时也赋予了被举报者澄清事实的机会，有利于及时纠正不实指控。尽管现行法律未直接明确轻微职务违法的证明标准，但确立此类标准至关重要，既能保障公职人员免受恶意诬陷，也能防止在免除政务处分上的自由裁量权滥用。

严重职务违法行为，是指那些需对监察对象施以政务处分的情形，与轻微职务违法仅通过谈话批评等方式处理的情况截然不同。此类违法行为的处理遵循严格的调查及证据收集流程，其后果也更为严厉，包括从警告到开除的六个政务处分等级，这些等级对应于“四种形态”理论中的“第二种形态”与“第三种形态”。与严重职务违法案件证明标准密切相关的法律法规有《监察法》第 36 条第 2 款及《监察法实施条例》第 69 条。其中，《监察法实施条例》第 69 条通过解释“证据确凿”这一概念，间接引入了“清晰且令人信服”作为衡量职务违法案件“事实清楚、证据确凿”的重要标准。“事实清楚、证据确凿”是监察机关调查职务违法案件时应达到的标准，其实质是运用证据认定职务违法事实所应达到的程度，即职务违法的证明标准。而“清晰且令人信服”则是对职务违法证据的具体要求。“清晰”主要关注证明对象及其范围，确保调查确认的主要职务违法事实（包括定性及情节事实）有充分证据支持，如时间、地点、手段、具体情节及后果等需明确无误，但不必追求细节的全面印证。“令人信服”则反映了证明责任达成的心理状态，意味着高度的确信，这种确信基于证据的客观性、关联性和合法性，通过主观推理与判断在调查人员心中建立。因此,“清晰且令人信服”的标准是指,在全面评估案件证据后,调查人员依据逻辑和经验,认为证据足以认定案件事实。这种确信虽不必达到“排除一切合理怀疑”的严苛程度,但却已具备高度可能性。在具体认定时,可采用正向与反向两种判断方式:正向判断依据经验法则确认证据的说服力;反向判断则通过矛盾法则检验证据间是否存在无法合理解释的主要矛盾。

(三)立法上关于职务犯罪案件的证明标准

职务犯罪案件的证明标准,从立案阶段到调查终结阶段都比普通犯罪案件更为严格。从立案阶段来看,普通犯罪案件的立案要求有三个:一是有犯罪事实;二是需要追究刑事责任;三是属于立案地区的管辖范围。根据《监察法实施条例》第210条和《监察法》第42条所述,职务犯罪案件的立案要求有四个:一是存在职务犯罪的事实;二是需要掌握一定证据;三是需要追究法律责任;四是依照法定程序办理立案手续。也就是说,职务犯罪案件对证据的掌握比普通刑事案件更早,要求也更高。从调查终结阶段来看,根据《监察法实施条例》第70条的规定,职务犯罪案件调查终结时必须达到“事实清楚,证据确实、充分”的标准,且需要综合全案证据排除合理怀疑。这具体包括三个方面的要求:一是定罪量刑的事实都必须有充分的证据证明;二是这些证据必须经过法定程序查证属实;三是综合全案证据,对所认定的事实必须已经排除合理怀疑。普通刑事案件在侦查终结时,只需要满足犯罪事实已经查清,定罪的证据确实充分,法律手续完备,没有特别强调量刑证据的要求。

违纪案件、职务违法案件和职务犯罪案件的证明标准应当从不同维度来考量和设置。实践中,监察案件具有多样性、复杂性、多阶段性等特点。根据监察案件的性质差异,从横向上看,监察案件的证明标准可以分为违纪案件的证明标准、职务违法案件的证明标准和职务犯罪案件的证明标准。根据监察程序的时间推进顺序,从纵向上看,监察案件的证明标准范围大于诉讼案件的证明标准范围。除了立案阶段、调查阶段和处置阶段的证明标准以外,在监察监督中“第一种形态”就不需要以监察立案为处置的前提条件。

监察证据的证明标准必须双向考量,一方面,要根据三类案件在实体规范中的差异,以及采取由轻至重原则,设置多元证明标准,以确保这三类案件的具体证明要求与案件的实际危害后果及其所受惩罚的严厉程度相匹配,保证案件处理的公正性和合理性;另一方面,纪检监察案件的处理流程是一个多环节的体系结构,每个阶段的证明活动都带有一定的主观特性。鉴于各阶段的认识深度与待解问题的差异，各环节的证明标准也需相应调整，整体上应当表现出从宽松到严格的递进层次。

第二节　职务违法案件调查终结的证明标准

监察证明标准在监察监督和处置活动中扮演着至关重要的角色，其严格性约束效果不可小觑。这一标准不仅是对公职人员职务违法犯罪定性处置工作的制度性要求，更是确保程序正义和处理过程公正的重要规范机制。随着国家监察体制改革的深入推进，监察证明标准的制度建设进入了一个系统集成的新阶段，构建了职务违法案件调查终结证明标准和职务犯罪案件调查终结证明标准的双重框架，为监察工作提供了更加有力的法律依据和执行路径。

一、职务违法案件调查终结证明标准的概述

（一）职务违法案件调查终结证明标准的概念

职务违法案件调查终结证明标准，顾名思义，即调查机关在职务违法调查程序中，提供证据证明被调查人应受被调查人任免机关、单位政务处分或者有关机关内部处分的事实为真时应当到达的程度。

证明标准受众多因素的影响，其中最主要的是证明目的的需要，也包括其他方面，如适用对象权利让渡的程度、适用对象职务和义务要求的差异、证明模式的差异、效率的高低、实现公正的程度、权利保护的强弱等都会或多或少对证明标准产生影响。[9]

基于上述因素的考量，《监察法实施条例》第 69 条规定，“监察机关调查终结的职务违法案件，应当事实清楚、证据确凿”，从而确定了职务违法“确凿”的证据标准。

（二）职务违法案件调查终结证明标准的特征

《监察法》第一次正式将职务违法纳入法定范畴，标志着对其违法行为的明确

〔9〕　曹鎏：《论职务违法调查的理论逻辑、规制路径及证据规则》，载《法学评论》2020 年第 5 期。

界定。在职务违法责任方面,常采用政务处分形式进行追究。政务处分不仅考虑了公职人员个人品德和职业道德的要求,还包括其政治立场的坚定性以及履职行为的规范性。

政务处分和职务犯罪产生的刑事制裁之间存在显著差异。无论是在处分形式、惩罚力度,还是对被调查人未来职业发展和权利救济途径的影响方面,这两者都具有显著的区别。政务处分主要针对管理领域内的违法行为,而职务犯罪更多地侧重于法律界限内的犯罪行为,因此两者在性质和处理方式上有本质的不同。

1. 行政性

明确职务违法调查所依据的证据标准,其核心目的在于为政务处分的作出提供支持。[10] 针对公职人员的政务处分,可划分为两大类别:其一,公职人员因实施违法行为,依据法律应当受到政务处分的惩戒;其二,公职人员已因违法违纪行为受到刑事处罚或党纪处分,根据法律规定,仍需给予其政务处分。[11] 证明目的的需要赋予了职务违法案件调查终结证据标准鲜明的行政性特点。

职务违法案件调查终结证明标准内含行政性基因还与职务违法案件本身的性质有关。[12] 从本质上看,职务违法案件属于行政案件的范畴。在实践中,职务违法行为所违背的主要是《公务员法》、《公职人员政务处分法》、《行政机关公务员处分条例》、《事业单位工作人员处分规定》以及《法官法》、《检察官法》等一系列法律法规。这些法律法规的特性在于,它们均构成国家机关内部管理制度的重要组成部分。由此可见,公职人员所实施的职务违法行为,其主要侵害的法益乃是国家机关的管理秩序,这与触犯《刑法》所彰显的社会危害性存在显著的差异。

2. 灵活性

职务违法案件调查终结的证明标准的并非一成不变,而是随着案件性质、情节以及社会背景的变化而动态调整的。监察机关在调查过程中,需要根据案件的实际情况,灵活掌握证明标准的尺度,确保既能有效打击职务违法行为,又能保护被调查人的合法权益。这种动态调整的特性,体现了证明标准的适应性和灵活性,利于实现调查活动的公正与效率。

---

〔10〕 张红哲:《监察证据标准的理论阐释与优化路径》,载《中外法学》2023 年第 3 期。

〔11〕 朱福惠:《论监察法上政务处分之适用及其法理》,载《法学杂志》2019 年第 9 期。

〔12〕 张红哲:《行政执法证据规则:理论重释与体系展开》,载《求索》2021 年第 4 期。

职务违法案件调查终结证明标准的灵活性与职务违法案件调查取证程序规范性程度密切相关。当前,职务违法案件的调查取证程序存在规范性不足的问题,客观上难以达到与刑事审判相匹配的证明标准与效果。[13] 这是因为,职务违法案件调查实质上是日常监督机制的重要体现,其根本宗旨在于通过批评教育、谈话提醒等方式,推动公职人员提高政治觉悟,尤其是增强“不想腐”的自觉意识。

同时,作为行使国家监察职能的专责机关,监察机关在职务违法调查过程中可以合法使用12种措施展开调查活动。“谈话”是其中应用较为广泛的一项调查措施,其初衷并非仅仅在于收集证据,而是基于人文关怀和实事求是的原则,以谈话这种灵活的方式,使调查人员可以更加深入地了解案件事实,在还原真相的同时,也能够对被调查人给予足够的尊重和关怀,实现法律效果、政治效果和社会效果三者的有机统一。

(三)职务违法案件调查终结证明标准的功能

1. 查清事实

证明标准的设定具有主观性,不恰当的设置可能会妨碍案件事实的查明。[14] 过高的标准会使得案情难以确认;而较低的标准则可能导致案件客观真相被掩盖。只有确立合理的证明标准才能有助于查明案情真相。在监察程序中,高效率的优势代表着更高水平的反腐败效果。法律目标的权威性和法律秩序的整体性来自更为有效率的法律制度设计。职务违法案件调查结束时所设定的证明标准功能在于在追求真相的同时兼顾效率要求。

2. 程序推进

合理的职务违法案件调查终结证明标准对于规范监察案件事实认定、确保监察监督、调查和处置程序的顺畅进行至关重要。一旦在案件事实认定方面发现问题,监察程序将无法有效展开,会给监察机关和被监察对象带来巨大损失。在监察监督过程中,如果监察证明责任主体能够严格遵守职务违法案件调查终结证明标准进行监督工作,将有助于加强日常监督,并更有效地进行专项检查。负责执行职务违法案件调查终结证明标准的人员在监察调查程序中必须受到监察程序的约束,不得随意篡改或编辑监察证据,应当坚持法定程序标准。只有这样,才能

---

〔13〕 张鸿绪:《我国监察案件证明标准二元构造论——基于〈宪法〉有关内容的分析》,载《湖北大学学报(哲学社会科学版)》2021 年第 4 期。

〔14〕 霍海红:《提高民事诉讼证明标准的理论反思》,载《中国法学》2016 年第 2 期。

最大限度降低程序违法的可能性，避免潜在的不利后果，推动职务违法调查程序向前发展。

二、职务违法案件调查终结证明标准的理论基础

《监察法实施条例》第 69 条通过对“证据确凿”加以解释的方式，间接引入“清晰且令人信服”作为综合衡量职务违法证明标准的重要条件，构建了职务违法和职务犯罪差异化的证据标准体系。该证明标准是在审视历史与现实，国内与域外等众多条件的基础上确立的。

（一）职务违法呈现中间化样态的特点

职务违法是监察法首次正式使用并法定化的违法样态，责任后果的主要形式是政务处分。在处分形式、严厉程度、对被调查人的影响以及权利救济等方面，政务处分与因违纪行为引起的党纪处分和职务犯罪行为引发的刑事制裁不同，因而在证据标准上也应体现出差异性。具体而言，职务违法介于违纪和职务犯罪二者之间，这使得理论界一些学者将职务违法证据标准置于违纪证明标准和职务犯罪证据标准二者之间，即“中间标准”。按照该标准，一方面，职务违法证据标准不宜过低，因为调查职务违法与职务犯罪在程序和措施方面具有同质性，适当提高证据标准，有利于加强对调查行为的规制，避免证据标准过低导致职务违法认定的泛化；另一方面，职务违法证据标准不宜过高，避免部分原本应当作为职务违法处理的行为因证据不足而逃避政务处分，放纵违法。同时因为监察实务中职务违法案件的数量庞大，适当降低证据标准，有利于合理配置监察资源，实现监察调查的功能。

（二）域外证明标准概念的借鉴

在英美法系国家和地区，“clear and convincing”作为一种独特的证明标准，其地位介于刑事领域的“排除合理怀疑”与民事领域的“盖然性优势”两大传统证明标准之间，被誉为“中间标准”或“第三种证明标准”[15]。这一标准的设立，旨在应对那些涉及特殊争议、重大利益或高度敏感性的案件，要求当事人在提出特定范围的请求或争议焦点时，必须提供比普通民事案件更为严格、更具说服力的证据。

---

〔15〕 宋冀峰：《“清晰且令人信服”的法义与功能——基于域外起源与本土语境的双向考察》，载《政法学刊》2022 年第 6 期。

这种提升的证明要求，不仅体现了法律对特定案件类型中证据质量的更高期待，也反映了司法实践对公正与效率的双重追求。

值得注意的是，尽管在美国各州法院的实际操作中，对于"clear and convincing"这一证明标准的表述可能有所差异，如有的采用"明确且有说服力""清楚且有说服力"等表述，[16]但其核心内涵却保持高度一致，即要求所提供的证据必须达到一种高于普通民事案件中"盖然性优势"的标准，但又不至于严苛到刑事案件的"排除合理怀疑"的程度。这种介于两者之间的"中间地带"，为法官在特定案件中的自由裁量提供了依据，也为当事人提供了更为明确的举证方向。

我国《监察法实施条例》中"清晰且令人信服"这一表述便是源自我国学术界对英美证据法中"clear and convincing"概念的本土化诠释。

(三)遵循内部惩戒标准的一致性

从立法设计上看，职务违法行为引发的政务处分后果，在处理程度和实质影响方面，更接近《公务员法》和《行政机关公务员处分条例》对公务员的惩戒。《公职人员政务处分法》第5条、《公务员法》第63条第1款、《行政机关公务员处分条例》第4条第3款和《事业单位工作人员处分规定》第3条第3款等规定，均将"事实清楚、证据确凿"作为处分条件之一，这与《监察法》所规定的职务违法案件"事实清楚、证据确实充分"的证明标准是一致的。故《监察法实施条例》第69条在对"证据确凿标准"进行解释时，需充分考虑《公务员法》《公职人员政务处分法》等公职人员内部惩戒的法律规定，以实现内部惩戒标准的一致性。《〈中华人民共和国公职人员政务处分法〉释义》[17]将"证据确凿"细化为四个层次的内容，与《监察法实施条例》第69条的规定基本一致，并将"所认定事实清晰且令人信服"作为综合衡量标准，这体现出相关法律规范之间的体系协调，即对公职人员进行内部惩戒遵循的证明标准大体一致。

三、职务违法案件调查终结证明标准的具体认定

实践中，判断所认定事实是否"清晰且令人信服"，应以前三项要件为基础梯

---

〔16〕 宋冀峰：《"清晰且令人信服"的法义与功能——基于域外起源与本土语境的双向考察》，载《政法学刊》2022年第6期。

〔17〕 中共中央纪律检查委员会、中华人民共和国国家监察委员会法规室编写：《〈中华人民共和国公职人员政务处分法〉释义》，中国方正出版社2020年版。

次展开:(1)"清晰"是针对证明对象和范围问题,即调查认定的与定性处置有关的主要职务违法事实,包括定性事实和情节事实有充分、足够的证据证实,如违法行为发生的时间、地点、手段、情节、后果等应清楚明确,但并不强求对细枝末节的印证;(2)"令人信服"是针对证明责任已经完成的心理状态,代表一种很高的确信程度,必须通过具有客观性、关联性、合法性的证据进行主观推理、判断,从而在调查人员内心形成这种确信。因此,"清晰且令人信服"是指调查人员在对全案证据进行综合考量后,通过逻辑和经验规则的判断,认为已有足够的证据认定案件事实,这种主观确信程度虽然不必达到"排除合理怀疑"的标准,但已然达到了一种很高程度的可能性。在具体认定方法上,主要包括正反两个方向的判断,正向判断是调查人员依据经验法则内心认为定案证据和认定事实"具有说服力",反向判断是依据矛盾法则认为证据间不存在主要矛盾或者可以对矛盾作出合理解释。

(一)定性处置的事实都有证据证实

职务违法案件处理标准中引入了"定性处置"作为办案程序的关键要素之一,展现了监察机关在执行监督执纪"四种形态"时对职务违法案件证据的明智判断。与牵涉刑事法律评估的职务犯罪调查程序相比,职务违法调查程序的效果主要体现在谈话提醒、批评教育、责令检查,或发出警告等措施,同时针对被审查对象的违法行为做出政府管理处分决定,追究相关领导人员的责任,并向不配合调查的单位提出监察建议。

"定性处置"必须基于职务违法证据,而非职务犯罪证据。当职务违法调查程序中出现与被调查人有关的职务犯罪或其他犯罪证据时,应将这些证据转交司职犯罪调查的监察机关部门,或移送具备刑事侦查权限的相关部门处理。因此,"定性处置"明确界定了监察职务违法调查的证据范围和属性边界,确保了程序的公正性和高效性。

(二)定案证据真实、合法

定案证据真实、合法性的要求包括了证据的真实性和合法性两个方面。《监察法》第43条第2款规定,明确禁止以暴力、威胁、引诱、欺骗等非法手段收集证据,并严令禁止对被调查人员和涉案人员实施侮辱、打骂、虐待、体罚或变相体罚。《监察法实施条例》第72条第1款规定,调查人员若采用暴力、威胁或非法限制人身自由等方法收集的被调查人供述、证人证言或被害人陈述应当被排除。这意味着,在职务违法案件中,定案证据的产生必须合法有效,非法证据不得作为定案的依据,这是审查证据的基本要求。

对于合法证据,除了必须具备合法性外,还必须具备客观真实性。缺乏真实性的证据不应作为确定案件事实的依据。这一原则被视为证据能力层面的要求,也是证据审查中至关重要的先决条件。在验证单个证据的真实性时,需要根据特定证据类型的特点评估其可靠性,并结合案情和其他相关证据进行综合分析和判断。这种审查方式有助于确保定案过程的准确性和公正性,促使对职务违法案件的处理更加合理和有效。

(三)据以定案的证据之间不存在无法排除的矛盾

在监察实务中,关于"不存在无法排除的矛盾"的原则明确指出了职务违法调查获得的证据在印证证明过程中与职务犯罪调查证据有所区别。[18] 为了准确确认案件事实,除了审查单个证据的合法性和真实性外,还需要对在案证据进行印证分析,以识别潜在的证据矛盾。根据《监察法》第43条第1款规定,监察机关在处理职务违法和职务犯罪案件时,应当收集相关证据,检验被调查人是否涉嫌违法犯罪行为及其情节轻重,以确定违法犯罪的事实,并形成相互印证、完整稳定的证据链。[19]

"形成相互印证、完整稳定的证据链"意味着发现并解释定案证据之间的矛盾,或者有效排除这些矛盾。若发现证据之间存在无法消除的矛盾,就表明证据链可能不完整,需要进一步的调查核实。

(四)综合全案证据,所认定事实清晰且令人信服

在职务违法案件中,评判所认定事实是否"清晰且令人信服"可以从"清晰"和"令人信服"两个角度来考量。[20] (1)"清晰"标准。确保证明对象和范围明晰,包括与定性处置相关的职务违法事实,必须有充分、足够的证据支持。举例来说,必须查清违法行为的时间、地点、手段、情节以及可能带来的后果,而并非要求对不影响案件定性处置的细枝末节一一核实无误。(2)"令人信服"标准。在全面审视所有证据的基础上,调查机关应形成高度确信的态度,使人相信案件事实的真实性。虽然这种确信程度无须完全排除合理怀疑,但应达到较高的可能性。

---

〔18〕 张红哲:《监察证据标准的理论阐释与优化路径》,载《中外法学》2023年第3期。

〔19〕 孙戈:《监察调查双轨制视域下证据规则的界分与衔接》,载《福建农林大学学报(哲学社会科学版)》2022年第4期。

〔20〕 谢小剑:《刑事诉讼撤案与监察撤案"二元化":比较与反思》,载《法学》2022年第11期。

相对于纷繁复杂的案件事实，证据标准是高度抽象的，无论是职务违法案件的"清晰且令人信服"，还是职务犯罪案件的"排除合理怀疑"，实际上都是经验标准，虽然难以进行客观化的解释或量化，但又并非无章可循。一方面，监察机关要考虑适时将对证据标准差异化的认识细化为实践操作层面的类案证据指引，通过释法说理及类案指导加强对证据标准的解释与适用；另一方面，调查人员要高度重视事实认定的说理，充分阐明认定事实的依据，全面展示自己认为达到"清晰且令人信服"程度的"心路历程"，尤其要突出对疑点的分析论证，增强结论的可信性。

第三节　职务犯罪案件调查终结的证明标准

一、职务违法案件和职务犯罪案件调查终结证明标准的差异

（一）历史沿革

在监察体制改革实施前后，调查对象的范畴经历了一定变化，但这种变化主要体现在"涵盖范围"的广度上，而非调查对象本质属性的根本性转变。监察体制改革之前，依据《行政监察法》第 18 条的明确规定，监察工作主要聚焦于行政机关及其工作人员，具体涵盖了公务员以及由行政机关任命的其他相关人员；而改革之后，根据《监察法》第 1 条及第 15 条的新规定，监察对象扩展至所有行使公共权力的公职人员，这一范畴不仅包括了公务员，还广泛涵盖了经法定授权或委托执行管理职能的公务人员，以及其他依照法律规定履行公职的人员。尽管改革前后监察机构的正式名称及所依据的法律条款有所差异，但所针对的调整对象均需满足两个核心条件：首先是身份条件，即个体需归属于国家公职人员的范畴；其次是行为条件，即个体需依法履行其公职职责。当某个体同时具备上述两个条件并实施了违法行为时，监察机关即有权依法对其启动调查程序，这一流程与改革前基于行政纪律的调查在本质上并无二致。

职务违法案件调查在身份、行为两大要素上承继了改革前的行政纪律调查，其制度设计天生带有行政纪律调查的属性烙印。

监察体制改革实施后，贪污贿赂与渎职案件的调查职责转移至监察机关，检察机关据此撤销了原有的职务犯罪侦查部门，并新设了第三检察部门，亦称"职务

犯罪检察部门”。相较于先前的职务犯罪侦查部门，第三检察部门的主要职责有两方面调整：首先，它负责审查监察机关移送起诉的职务犯罪案件，并据此提起公诉；其次，它还需对检察机关直接立案侦查的案件进行审查与公诉。就职能变迁而言，尽管检察机关增加了对监察机关移送案件的审查权限，但伴随职务犯罪案件及其侦查人员的“转隶”，其原有的侦查权力确实已有所缩减，这一现实情况不容忽视。这种变化为职务犯罪检察工作带来了新的挑战和机遇，也促使检察机关与监察机关在工作中更加注重协作配合，共同推进反腐败工作的深入开展。由此看来，监察机关的职务犯罪调查实际上就是“检察机关职务犯罪侦查的延续和替代”。〔21〕

（二）程序规范定位

在监察实践当中，对被监察对象违法程度的认知往往会经历一个逐步深入的历程。监察案件通常以涉嫌违纪违法启动调查程序，经过一定的调查分析与集体讨论后，方可确定案件性质。由此便致使在案件调查终结前的多数环节里，职务违法调查的证据标准与职务犯罪调查的证据标准呈现重合状态。然而，职务违法案件由监察机关自行立案并作出政务处分，不存在后续的刑事诉讼程序，其证明过程是办案机关自向证明；而职务犯罪的证明过程是他向证明，审查起诉阶段由监察机关向检察机关证明，审判阶段由检察机关向审判机关证明，二者证明的程度必然不同。

监察体制改革在引起侦查权力转隶的同时，并未动摇其在职务犯罪案件审前程序中的核心地位。监察机关针对职务犯罪案件所开展的调查活动，与公安机关进行的刑事侦查活动在性质上相类似，均隶属于刑事审前程序的范畴。基于此，职务犯罪调查所遵循的证据标准，在本质上构成刑事证据标准体系中的一个组成部分，其具体规定可见于《监察法》《监察法实施条例》以及其他相关的刑事法律规范之中。在监察证据标准的内部比较中，职务犯罪调查的证据标准被普遍认为是高于执纪审查证据标准以及职务违法案件调查证据标准的，这一观点得到了普遍认可。这是因为职务犯罪案件涉及刑事诉讼，对证据的要求更为严格，需要达到排除合理怀疑的程度。而执纪审查主要侧重于对违纪行为的认定，职务违法案件虽然也需要一定的证据支持，但相对职务犯罪案件来说，其证据标准相对较低。

---

〔21〕 陈瑞华：《论监察委员会的调查权》，载《中国人民大学学报》2018 年第 4 期。

(三)实体惩戒严厉程度

对公职人员的职务违法追究,从根本属性上看,属于内部惩戒机制的范畴。[22] 这种追究机制的核心意义在于充分体现对公职人员行使公权力的有效监督。通过采取抓早抓小、标本兼治等多元化的手段,切实保障并积极促进公职人员能够依法依规履行职责,始终保持廉洁从业的良好状态。在职务违法案件的处理过程中,证据的收集、审查以及适用等各个环节,都必须紧紧围绕这一特定的政治目标来展开服务。在职务违法的情形下,最为严重的后果通常表现为开除公职,然而,在此过程中并不会涉及对人身自由的剥夺。

与之形成鲜明对比的是职务犯罪。职务犯罪的后果可能极为严重,甚至会导致人身自由乃至生命被依法剥夺。鉴于此,政务处分在严厉程度、对被调查人所产生的影响程度以及惩戒后果的救济方式等诸多方面,与职务犯罪存在着极为显著的差别。在职务犯罪案件中,终局性裁决的权力归属司法机关。为了能够同时实现惩治犯罪与保障人权这两个至关重要的目标,必须严格按照刑事审判关于证据的要求和标准来加以落实。需要明确的是,职务违法与职务犯罪二者之间绝非简单机械的递进关系,不能将其放置于同一评价体系当中来试图区分孰轻孰重。

(四)价值取向

任何法律制度都不可能脱离价值而存在,没有价值基础的法律制度并不是完整和有效的法律制度。不同制度的价值追求是多元的而非单一的,虽然查明案件事实是办案活动的首要和基础的价值目标,但在查明案件事实之路上需要平衡人权保障、办案效率、社会秩序等诸多价值。

正义既是对制度的要求,也是对行为的要求,尽管"集中统一,权威高效"是国家监察体制改革的基本精神,监察工作坚持效率优位,追求案件质量与效率的统一,但是其基石必须建立在程序法治之上。对于职务违法案件调查而言,无论是从收集证据到认定证据,还是从案件审理到最终作出监察处置的决定,各个环节启动运行的权力都集中于监察机关,其行为类似管理性行为,其效率的重要性不言而喻;而对于职务犯罪案件调查而言,其衔接的诉讼活动更加强调公平正义,甚至在某些情况下会牺牲效率而维护公平正义,而职务犯罪案件调查程序与诉讼程

〔22〕 郭文涛:《论政务处分的不可诉性——基于特别权力关系理论的视角》,载《西部法学评论》2020年第4期。

序的这种衔接关系也会在价值取向上促使公平正义得到更高程度的重视。

实现公平正义需要提高证据标准，但效率目标则需要降低证据标准，不同价值追求导致证据标准间存在矛盾，在内在本质不同的各类案件中确立同一的证据标准无法满足办案价值最大化的需求。

二、职务犯罪案件调查终结证明标准

（一）职务犯罪案件调查终结证明标准的概念

职务犯罪案件调查终结证明标准，即调查机关在职务犯罪调查程序中，提供证据证明被调查人应受人民检察院依法审查、提起公诉的事实为真时应当到达的程度。

《监察法》第52条第1款第4项规定，对涉嫌职务犯罪的，监察机关经调查认为犯罪事实清楚，证据确实、充分的，制作起诉意见书，连同案卷材料、证据一并移送人民检察院依法审查、提起公诉。《监察法实施条例》对这一证明标准作出进一步解释，其第70条规定，监察机关调查终结的职务犯罪案件，应当事实清楚，证据确实、充分。证据确实、充分，应当符合下列条件：（1）定罪量刑的事实都有证据证明；（2）据以定案的证据均经法定程序查证属实；（3）综合全案证据，对所认定事实已排除合理怀疑。证据不足的，不得移送人民检察院审查起诉。

（二）职务犯罪案件调查终结证明标准的特征

职务犯罪调查权的本质属性突显出强烈的"刑事侦查性"，这一特征在当前的司法实践中显得尤为重要。职务犯罪调查所产生的结果不仅是检察机关进行审查起诉的关键依据，也是法院裁判的重要基础。刑事责任作为法律责任中最为严苛的一种，其后果往往是不可逆转的。案件事实若出现错误，可能导致无辜者受到严厉的刑罚，乃至失去人身自由、生命，而被剥夺的人身自由和生命是无法挽回的。[23]

职务犯罪调查权亦体现国家对人权的尊重。国家对人权的尊重和保障义务兼具内在性与外在性，其不仅具有政治道德的内在约束，同时也外在约束规范了一切国家权力，包括监察权。自2004年《宪法》将"尊重和保障人权"明确写入条款以来，人权作为规范国家公权力的工具价值愈加显现，更加有力地发挥了保障

---

〔23〕 毕玉谦：《证据制度的核心基础理论》，北京大学出版社2013年版，第254页。

公民基本权利的宪法地位作用。“宪法是以人权为核心的”，在职务犯罪的调查过程中亦要坚持和贯彻这一原则。在公正与效率之间的平衡中，职务犯罪调查不仅需要高效，更需要追求公正。为了最大化发挥监察调查的程序矫正作用，尽可能减少监察体系整体性的制度疏漏风险，建立高质量的证明标准显得十分必要。

1. 刑事性

从危害结果角度来看，职务犯罪行为同一般的刑事案件别无二致，都是对于刑法所要保障的社会秩序、法益的破坏与侵犯，不仅是对于个案中行政秩序的扰乱，还降低了“国民对国家机关公务的客观、公正、有效执行的信赖”[24]。

鉴于职务犯罪行为所造成的法益侵害具有相当的严重性，其破坏的范围和深度都超出了一般的违法范畴。这种危害已经远远跨越了国家机关内部管理所能涵盖的界限，不再是单纯依靠内部纪律处分或行政手段就可以解决的问题。因此，必须动用具有严厉制裁性的刑罚手段来应对。刑罚手段作为法律制裁的最后一道防线，其强制性能够对职务犯罪行为形成有效的威慑，也能在一定程度上弥补法益所遭受的损害。对于被调查人而言，一旦被法院判定有罪，不仅要承受政务处分，这是基于其违反职务规定和损害国家机关形象所应承担的行政责任；同时还需接受刑罚的不利后果。因此，《监察法》针对职务犯罪调查措施规定了高标准的程序性要求，在某些方面，其要求甚至严于《刑事诉讼法》的有关规定，突出了国家对于职务犯罪调查的高要求与其刑事性的重视。例如，与刑事侦查措施相比，职务犯罪调查中关于录音录像的规定体现出了更高的规范性和全面性：《监察法》第44条第2款规定，“调查人员进行讯问以及搜查、查封、扣押等重要取证工作，应当对全过程进行录音录像，留存备查”。在职务犯罪调查中，录音和录像必须同步进行，而且，这种要求不仅局限于讯问环节，在搜查、查封、扣押等关键的取证活动中也必须严格执行。而刑事诉讼中，一般仅对可能犯重罪的犯罪嫌疑人录音录像，例如，“讯问犯罪嫌疑人，在文字记录的同时，可以对讯问过程进行录音录像。对于可能判处无期徒刑、死刑的案件或者其他重大犯罪案件，应当对讯问过程进行录音录像”。尽管职务犯罪调查活动是依据《监察法》而非《刑事诉讼法》开展的，但由于职务犯罪案件在本质上与普通刑事案件具有同质性，它们都是对社会法益的侵害，都需要通过法律程序来确定责任和进行制裁。因此，职务犯罪

---

〔24〕 张明楷：《刑法学（下）》（第5版），法律出版社2016年版，第1238页。

案件本质上刻有刑事属性的烙印。

2. 衔接性

职务犯罪调查与刑事司法活动之间存在着一种极为关键且内涵丰富的“衔接性”。《宪法》第127条第2款后段之规定明确指出监察机关“应当与审判机关、检察机关、执法部门互相配合，互相制约”。[25] 该条规定“确立了监察机关在横向国家权力结构之间的配合制约原则，重构了国家权力配置的宪制结构”[26]，引导着监察机关在履行其重要职责的过程中，与其他司法机关形成一种既协同共进又相互监督制衡的关系。

将视角转到监察机关同公诉机关的衔接机制上，《监察法》第52条第1款第4项明确规定：“对涉嫌职务犯罪的，监察机关经调查认为犯罪事实清楚，证据确实、充分的，制作起诉意见书，连同案卷材料、证据一并移送人民检察院依法审查、提起公诉。”

这一规定至少可以从以下角度来认识：其一，对于监察机关经调查认为犯罪事实清楚，证据确实、充分的职务犯罪案件，监察机关负有法定的程序职责，将其移送至检察机关进行审查起诉，这种法定职责的履行确保了案件能够从监察机关转入检察机关；其二，监察机关在对被调查人进行调查的过程中所作出的有罪认定，并非最终的、具有绝对权威性的结论。相反，这一认定必须接受公诉机关起诉审查，并最终接受法院的审判。检察机关和法院在后续的司法程序中对监察机关的调查结果进行审查，从而有效防止监察机关可能出现的各种错误认定情况。而依据《刑事诉讼法》第171条、第200条的规定，在刑事诉讼活动当中，无论是检察机关还是法院，均遵循“犯罪事实清楚，证据确实、充分”这一最高的刑事证明标准。因此，只有在符合该标准的情况下，公诉机关以及审判机关才会依法作出相应的决定与判决。监察机关若要实现其诉讼目的，即确保其调查的职务犯罪案件能够顺利通过后续的司法程序，达到惩治职务违法嫌疑人的目的，在证明标准问题上需要尊重公诉机关、审判机关的法律规定。由此观之，在权力制约机制的有力推动下，这种嗣后审查机制实际上促使监察机关在职务违法调查过程中搜集证据以及判断入罪时充分论证证明标准的衔接性，从而保障职务犯罪调查与刑事司

---

〔25〕 周新：《中国刑事诉讼法法典编纂的路径》，载《法律科学（西北政法大学学报）》2024年第6期。

〔26〕 周佑勇、周维栋：《宪法文本中的“执法部门”及其与监察机关之配合制约关系》，载《华东政法大学学报》2019年第6期。

法活动之间的合理的衔接，保障每一个职务犯罪案件都能在公正、合法的轨道上得到妥善的处理，维护国家法治的尊严和社会的公平正义。

（三）职务犯罪案件调查终结证明标准的功能

1. 查清事实

职务犯罪案件调查终结证明标准的核心功能之一在于查清事实，确保案件处理的准确性和公正性。这一功能不仅体现了监察机关依法履行职责的严谨态度，也是维护司法公正、保障人权的重要基石。

证明标准作为正确认定事实的工具，其首要作用在于确保事实认定的准确性。在职务犯罪案件的调查过程中，监察机关需要依据法定程序，通过收集、固定和审查证据，来揭示案件的真实情况。证明标准为此提供了明确的指引，它要求监察机关从立案、案情的具体审查认定到最终处置决定的作出，用证明标准对事实真相进行窥探，达到相应事实认定的程度。同时，职务犯罪案件调查终结严格的证明标准也有效避免了证据不足或事实不清导致的误判，确保案件处理的准确性和公正性。

2. 推进程序

监察证据证明标准与监察调查程序之间是相互促进的，只有达到了相应的事实认定标准，才能启动并推进监察调查程序。[27] 随着调查程序的推进，监察人员掌握更多证据，才能满足更高的证明标准。根据《监察法》第 52 条第 1 款第 4 项规定，人民检察院经依法审查对达到证明标准的案件应当提起公诉，体现了监察调查证据证明标准具有程序推进的功能。科学合理的证明标准明确举证的强度，为承担证明责任的一方在寻找证据材料的过程中提供了较清晰的目标和方向，有效地调动举证主体的积极性，保障了监察活动的顺利进行。

此外，职务犯罪案件调查终结的证明标准符合刑事审判证明标准的要求，从而确保监察机关移送的案件能够顺利进入司法程序，得到公正、高效的审理，增强监察机关与司法机关之间的互信和协作，提高案件处理的效率和质量，维护法律的统一性和权威性，促进司法公正的实现。

---

〔27〕 李作：《监察证据刑事司法化问题研究——以〈监察法〉第 33 条为切入点》，载《江西警察学院学报》2019 年第 5 期。

3. 保障人权

刑事诉讼是刑事犯罪惩治领域的诉讼类型，具备“打击犯罪、保障人权”的功能，通过直接对被追诉人科处刑事处罚实现维护社会秩序的价值功能。与刑事诉讼不同的是，就监察机关职权而言，调查处置职务犯罪仅仅是其职权的一部分。从作用范围上看，监察证明标准既包括职务违法的证明标准，也包括职务犯罪的证明标准，而刑事诉讼证明标准仅仅局限于惩治犯罪的证明标准。就职务犯罪案件而言，监察证明标准与刑事诉讼证明标准有着共同的价值功能，那就是打击职务犯罪、保障被调查人的人权。监察机关在调查过程中，必须严格遵守相关法律法规，确保调查手段的合法性和调查结果的客观性；司法机关在审判过程中，则需依法保障被告人的辩护权、质证权等诉讼权利，确保审判的公正性和透明度。这一过程中，监察证明标准与刑事诉讼证明标准的共同遵循，成为了保障人权、防止权力滥用的重要屏障。

4. 强化监督

当前，要保持反对腐败的强大力量常在，就必须坚持“靶向治疗”、精确惩治，深化标本兼治。证明标准能为反腐败标本兼治提供惩治的威慑，[28]也能够防止监察机关自由裁量过大而导致的“重责轻罚”和“有责无罚”问题的出现。严格的证明标准不仅是对已发生的腐败行为的惩处，更是对潜在腐败行为的预防。通过公开透明的调查过程和明确的证明标准，可以形成对公职人员的有效监督和制约，增强他们的法律意识和纪律观念，从而起到预防腐败、净化政治生态的作用。

三、职务犯罪案件调查终结证明标准的具体认定

职务犯罪案件调查终结证明标准主要由《监察法》《监察法实施条例》规定。

（一）定罪量刑的事实都有证据证明

根据《监察法》第 52 条第 1 款第 4 项规定，监察机关在经调查后，制作起诉意见书，连同案卷材料、证据一并移送人民检察院依法审查、提起公诉时，需满足“事实清楚，证据确实、充分”之要求。相较于职务违法案件证据的“事实清楚，证据确凿”标准，《监察法实施条例》将待证事实明确限定于定罪和量刑的事实范畴，二者的证据认定范围覆盖程度产生差异，职务犯罪案件证据认定范围更为限缩。

---

〔28〕 冯俊伟：《网络暴力治理中的法律程序衔接》，载《法学论坛》2024 年第 5 期。

依此标准，监察机关应当全面收集证据，用以证明与定罪量刑有关的各项事实。就调查人的定罪事实而言，需以证据证明：被调查人在客观上实施了犯罪行为及其具体细节；被调查人的身份与刑事责任能力；主观状态；在共同犯罪中的地位和作用。对于被调查人的量刑事实，需提供证据证明：各种法定情节和酌定情节在内的量刑情节，既包括对被调查人不利的量刑情节，也包括对其有利的量刑情节。

需明确的是，从法律视角案件事实的界定来看，其重点关注影响定罪量刑的事实，并不要求查明所有事实细节。[29] 其一，法律视角下的案件事实与真正的案件事实存在差异，证据事实是基于法官对证据的解读和运用而形成的，具有一定的主观性；其二，对于实体性事实，法律已经规定了构成要件，构成要件以外的事实并不影响构成要件的认定。基于实体性事实的法律界定，可将案件事实分为关键事实和非关键事实。关键事实即影响定罪量刑的事实，非关键事实则为不影响定罪量刑的事实细节。据此，只要案件中关键事实的证明达到法定证明标准，即可依法认定被告人有罪并判处刑罚。对于非关键事实，若能查清可依法认定，若无法查清则可不予认定，且此类事实能否认定并不影响被告人有罪的认定及相应处罚结果。此外，当特定事实属于同一构成要件内的选择关系中的事实时，若从整体上能够排除合理怀疑地证明指控事实，亦可作出笼统、不特定的认定。

（二）据以定案的证据均经法定程序查证属实

“经法定程序查证属实”这一要求在监察职务犯罪调查中具有重大意义。它明确指出在调查程序终结之时，必须由审查部门启动法定的证据审查程序。[30] 需要强调的是，这里的法定证据审查并非指向人民检察院的审查起诉程序，而是特指监察机关内部由专门部门承担的对职务犯罪案件证据的审查工作，确切而言，它是监察机关内部体系中的一项专门化的工作安排，由专门部门负责对职务犯罪案件证据进行审查。

此要求充分体现了监察证据所具有的严格程序属性。它是相关证据能够成为定案根据的基础条件。具体而言，“经法定程序查证属实”意味着证据必须经过监察程序的全面检验，只有当证据同时具备证据能力，即符合法律规定的证据形

---

〔29〕 张庆立：《刑事印证证明方法的实践运用探析》，载《中国检察官》2024 年第 8 期。

〔30〕 谢佑平、申育冰：《论监察调查三类案件的证据（明）标准及其程序衔接》，载《河北法学》2021 年第 11 期。

式和来源要求,以及充分的证明力,能够有力地支撑案件事实的认定时,才具备转化为定案依据的资格。监察职务犯罪调查中的"经法定程序查证属实"要求与刑事诉讼中的证据审查标准相互呼应,诉讼证据同样需要历经严格的庭审调查程序,并且只有在查证属实的情况下,才能够作为定案的根据,体现了我国司法体系在打击犯罪过程中对证据审查标准的高度重视,确保了监察工作与刑事司法程序的有效衔接,共同维护了法律的尊严和司法的公信力。

(三)综合全案证据对所认定事实已排除合理怀疑

"排除合理怀疑"作为判断证据确实、充分的核心标准之一,在刑事诉讼领域具有至关重要的意义,是保障司法公正、准确认定犯罪事实的重要保障机制,也是刑事诉讼证明标准在监察职务犯罪调查程序中的关键体现,深刻反映了监察职务犯罪调查与刑事司法程序紧密衔接的证据规则要求。"排除合理怀疑"标准意味着在对事实进行认定时,必须达到一种高度确信的状态,即以一位理性的自然人视角,不存在任何合理以及有相应依据证明的怀疑。这种状态并非凭空产生,而是源于对全案证据的综合审查和判断。

监察机关在职务犯罪调查终结时,审查认定职务犯罪证据采用的是"排除合理怀疑"的标准,这与刑事审查起诉和刑事审判的证据调查标准保持了高度的一致性,反映了监察职务犯罪调查与刑事司法程序紧密衔接的证据规则要求。另外,在涉及监察证据不足的情况下,退回补充调查或者作出不起诉决定的程序裁量权限应由检察机关牢牢掌握。相应地,检察机关完善职务犯罪案件办理工作机制。加强与监察机关的协调配合,不断完善证据审查、退回补充调查等方面的衔接机制,积极有效解决办案衔接中遇到的问题。因此,在职务犯罪案件调查终结前,监察机关应当严格把握证据"确实、充分"的实质内涵。监察机关要进一步强化证据审查的标准要求,建立、健全严格的证据审查制度和流程。对每一个证据都要进行细致的分析和评估,对于存在疑问或瑕疵的证据要及时核实和补充。同时,要加强与检察机关的沟通协调,及时对接司法实践中对证据的要求和标准,不断提高证据质量。通过这些措施,避免移送审查起诉后被退回,从而减少对办案效率的负面影响,确保监察职务犯罪调查工作的高质量完成,为打击职务犯罪、维护社会公平正义提供有力保障。

典型案例评析

案例 11－1 夏某违规操办其子婚庆事宜案[31] ｜ 职务违纪案件认定的证明标准

夏某，中共党员，某乡副乡长。2020年9月，夏某在其子结婚时，邀请该乡政府5名下属的参加婚宴，收受该5名下属所送礼金2.5万元。经查，夏某与上述5名下属没有礼尚往来。同时，夏某还邀请25名亲属参加婚宴，收取礼金3万元。夏某受到党内严重警告、政务记大过处分，违规收受的礼金2.5万元被收缴。该案有关证据包括礼金收受单，记载了涉案5名下属以及25名亲属姓名及收取礼金数额、夏某与5名下属的职务关系证明、夏某陈述、有关证人证言、涉案现金及涉案人员向夏某转账的微信转账记录等。

｜评 析｜

受长期以来形成的历史文化和社会现实等因素影响，在婚丧喜庆之际宴请宾朋，已成为司空见惯的“习惯”和“风气”。实践中，《中国共产党纪律处分条例》和《公职人员政务处分法》并没有“一刀切”地禁止党员干部操办婚丧喜庆事宜，但一些党员干部却利用职权或者职务上的影响违规操办婚丧喜庆事宜。这类行为容易损害党员干部形象，败坏社会风气，必须保持严的主基调，对同时存在借机敛财行为的官员要从重或者加重处分。在认定和处理此类问题时，既要依据相关规定认定是否存在“利用职权或者职务上的影响”和“在社会上造成不良影响”；又要注意把握执纪执法尺度，明确释放“越往后越严”的强烈信号，严格遵守违纪、职务违法、职务犯罪三者的证明标准。

该案的争议焦点在于夏某操办其子婚庆事宜是否属于“利用职权或者职务上的影响”，若属于“利用职权或者职务上的影响”，可否在认定违纪的同时认定其构成职务违法进而给予相应政务处分。《中国共产党纪律处分条例》第94条所规定的“利用职权或者职务上的影响”，既包括利用本人职务上主管、负责、承办某项公共事务的职权，也包括利用职务上有隶属、制约关系的其他人员的职权，以及行为人与被其利用的人员之间在职务上虽然没有隶属、制约关系，但是行为人利用了

[31] 夏某违规操办其子婚庆事宜案，中共中央纪律检查委员会、国家监察委员会指导性案例2号。

本人职权或者地位产生的影响和一定的工作联系。判断是否属于“利用职权或者职务上的影响”，一般来说，应审查核实党员干部是否使用本单位或者下属单位、管理服务对象、业务联系单位的财物、场地、交通工具等物资，是否邀请本单位或者下属单位、管理服务对象、业务联系单位的人员参加，等等。在本案中，夏某作为副乡长，邀请与其没有礼尚往来的5名下属参加其子婚宴并收受礼金2.5万元，可以认定为“利用职权或者职务上的影响”操办婚庆事宜。需要指出的是，夏某还邀请了部分亲属参加婚宴，经审查核实，这些人和夏某之间不存在职务上的隶属、制约关系，不是其管理服务对象，所送礼金数额也没有明显超出正常的礼尚往来水平，对于这部分情节不宜认定为违纪违法。显然，这3万元礼金没有达到违纪案件证据确凿的要求，更没有达到职务违法“所认定事实清晰且令人信服”的标准。

《公职人员政务处分法》第33条明确规定，对于此类违法行为，情节较重的，予以降级或者撤职；情节严重的，予以开除。据此可知，针对国家工作人员违规收受礼金的行为，情节严重的可以予以政务处分。本案中，关于夏某违规收受礼金行为有夏某陈述、涉案人员证言、礼金收受单以及微信转款记录等证据予以证明，各证据经过审查均真实合法，且相互印证、完整稳定的证据链，不存在无法排除的矛盾，认定夏某违规收受礼金情节严重清晰且令人信服。最终，纪检监察机关依纪依法对夏某作出了党内严重警告、政务记大过处分，并收缴了夏某违规收受5名乡干部所送礼金2.5万元，对另外3万元礼金未作处理。

违规操办婚丧喜庆事宜是违反中央八项规定精神的突出表现之一，党的十八大以来各级纪检监察机关严肃查处此类违纪行为，取得了显著成效。但受传统习俗等各种因素的影响，个别党员干部依然心存侥幸、知错犯错、知纪违纪，导致此类问题仍然较为突出，而且出现了化整为零多次操办，“退居幕后”遥控办或者表面循规蹈矩、私下广发通知，“暗度陈仓”违规办等各种隐形变异现象。据此，各级纪检监察机关要始终坚持严的主基调，对顶风违纪、屡教不改、情节恶劣的依纪依法作为“情节严重”的情形给予党纪政务处分或者从重、加重处理。在处理过程中，要严格遵守违纪审查和职务违法调查终结证明标准的要求，把握执纪违法尺度。

详言之，职务违纪的证明标准低于职务违法的证明标准，在实践中，不能因为案件满足违纪的证据标准，就排除适用职务违法、职务犯罪的可能性。事实上，三者的认定均要求证据确凿充分，只是在具体的认定上，存在程度上的区别。在案件已经达到违纪的证明标准后，要严格恪守职务违法“确凿”的证明标准，进一步审查是否构成职务违法。在有关事实的认定上，无论是违纪还是违法，均应本着疑错从无、疑罪从无的原则进行处理。本案中，认定夏某违规收受礼金的行为构成违纪不存在质疑，因为夏某的陈述、涉案人员的证言以及微信转账记录等证据在收受礼金的对象、地点、金额等方面均能互相印证，且违纪行为构成并无金额要求，金额只是认定违纪时考量的情节之一。但是否需认定其“情节严重”，从而认定职务违法，则需考虑涉案金额的数目，对数额的认定需要严格遵守职务违法的证明标准，做到“定性处置的事实都有证据证实”，“定案证据真实、合法”，“据以定案的证据之间不存在无法排除的矛盾”与“综合全案证据，所认定事实清晰且令人信服”。

案例 11-2　鲁某某国有公司人员滥用职权案[32] ｜ 职务犯罪案件认定的证明标准

被告人鲁某某，2014 年 3 月至 2018 年 5 月任宁夏储备粮银川某储备库法定代表人、主任，2018 年 5 月宁夏储备粮银川某储备库（全民所有制）改制为宁夏储备粮银川某储备库（有限公司）（国有独资公司），鲁某某任该公司执行董事、总经理。

2016 年 2 月，经宁夏某储备粮管理有限公司批复同意，宁夏储备粮银川某储备库（有限公司）（以下简称银川粮库）与宁夏福某生物油脂有限公司（以下简称福某公司）签订油脂定向收储销售合同。合同约定银川粮库出资采购的豆油、棉籽油等油脂原油，存储在福某公司厂区的油罐内，福某公司有权以到库价格 +100 元/吨的价格，以“先款后货”的方式向银川粮库购买油脂原油。2016 年 2 月至 2020 年 8 月，时任银川粮库负责人的鲁某某滥用管理职权，允许福某公司突破合同约定的“出库时先款后货”原则，任由福某公司自行使用油脂并拖欠货款，通过指使工作人员出具虚假的出库单并作假账、不使用宁夏某储备粮管理有限公司统一配备的动态监管应用系统、安排福某公司通过移库油脂来填补短缺库存等方

〔32〕 最高人民检察院发布 10 起粮食购销领域职务犯罪典型案例之十。

式，掩盖库存账实不符的事实，以应付上级检查，骗取宁夏某储备粮管理有限公司批复，使得银川粮库与福某公司续签合作协议。后福某公司拖欠油脂款数量逐年增大，库存账实严重不符。至 2020 年 8 月，福某公司处于停产状态，无法向银川粮库支付油脂款。鲁某某身为该粮库负责人，在履行与福某公司油脂合作经营业务管理职责时滥用职权，造成国有公司财产损失 3273 万余元。

2021 年 8 月 30 日，银川市监察委员会将鲁某某国有公司人员滥用职权案移送审查起诉。同年 9 月 30 日，银川市西夏区人民检察院对鲁某某以国有公司人员滥用职权罪向银川市西夏区人民法院提起公诉。2022 年 1 月 29 日，银川市西夏区人民法院以鲁某某犯国有公司人员滥用职权罪判处有期徒刑 6 年。鲁某某上诉后，银川市中级人民法院于 2022 年 5 月 25 日裁定驳回上诉，维持原判。

｜评　析｜

粮食安全关系国计民生，是"国之大者"。中央纪委国家监委印发《关于深化粮食购销领域腐败问题专项整治工作的意见》，要求各级纪检监察机关认真贯彻落实党的二十大精神和中央纪委二次全会工作部署，锚定彻底惩治系统性腐败目标任务，保持清醒和坚定，加强组织领导，对专项整治工作进行再动员、再部署，确保机制不变、力度不减、标准不降，切实服务保障国家粮食安全。要持续加大粮食购销领域腐败问题惩治力度，对涉粮问题线索开展清底式"回头看"，应查尽查、一查到底，从严从重惩处，保持零容忍震慑不变、高压惩治力量常在，要持续开展常态化监督，将粮食购销作为监督执纪问责重点领域，统筹运用多种方式强化监督。

本案在证据方面存在的问题有：(1) 该案时间跨度长达 4 年之久，部分证据灭失或难以收集，如当时的交易记录、通信记录等，另外长时间间隔可能导致证人记忆模糊或无法联系，增加了证据收集的难度；(2) 粮食购销领域涉及多个环节，且犯罪手段隐蔽，证据难以直接发现，犯罪嫌疑人可能采取虚构交易、伪造文件等手段导致调查人员在初步阶段难以锁定犯罪嫌疑人的具体行为；(3) 刑事犯罪行为与民事纠纷交织，使证据的区分和认定变得复杂，民事纠纷的存在可能会混淆刑事犯罪的证据，增加了证据审查的难度；(4) 损失金额难以认定，由于滥用职权行为造成的损失涉及多个方面，包括经济损失、抵押物价值、股权权益价值等，这些损失的认定需要进行专业的鉴定和评估，损失金额的难以认定可能导致对犯罪嫌疑人的定罪量刑产生争议。

《监察法实施条例》第 70 条规定，监察机关调查终结的职务犯罪案件的证明标准是“事实清楚,证据确实、充分”。为了深入掌握本案的证据情况,确保用以定罪量刑的事实都有证据证明,据以定案的证据均经法定程序查证属实,综合全案证据,对所认定事实已排除合理怀疑。在初步调查阶段,银川市监察委员会发现银川粮库与福某公司之间的油脂交易存在异常,特别是福某公司长期拖欠货款和库存账实不符的情况。通过对银川粮库的财务管理、合同履行情况、库存记录等进行初步审查,发现鲁某某作为负责人的可疑行为。在深入调查阶段,银川市监察委员通过收集银川粮库与福某公司签订的油脂定向收储销售合同、出库单、财务报表、会计账簿等书面材料,以证明合同约定的交易方式、货款支付情况和库存变化情况。随后,还对银川粮库的工作人员、财务人员、上级管理部门的人员进行了询问,了解鲁某某在合同履行、货款催收、库存监管等方面的具体行为,同时对福某公司的相关人员进行询问,了解其与银川粮库之间的交易过程、货款支付情况和库存使用情况。另外,通过调取宁夏某储备粮管理有限公司统一配备的动态监管应用系统的使用记录,以证明鲁某某是否按规定使用该系统进行库存监管,通过收集银川粮库和福某公司的电子邮件、聊天记录等电子数据,以证明双方之间的沟通和交易细节。通过对银川粮库的存储设施、福某公司的生产厂区进行现场勘查,了解油脂存储和使用的实际情况,最后,聘请专业机构对银川粮库的库存进行盘点和鉴定,以确认库存账实不符的程度和造成的国有财产损失数额。

银川市监察委员会将收集到的书证、证人证言、电子数据、鉴定意见等证据进行整理和分析,排除非法证据,确保各项证据之间能够相互印证,形成完整的证据链条,完成调查后,对案件进行内部审查,确保事实清楚、证据确实充分,随后将本案移送银川市西夏区人民检察院审查起诉。

粮食购销领域的职务违法和职务犯罪案件是近年来反腐败斗争的重要战场之一,该类案件通常涉案金额巨大,许多案件中的涉案金额高达数百万甚至数千万元,严重损害了国家利益,且涉案人员通常级别较高,不少案件中的涉案人员为粮食购销领域的高级管理人员,如粮库主任、粮食局局长等。需要注意的是,粮食购销领域的职务违法和职务犯罪案件往往涉及多个部门、多个环节,如粮食收储、销售、轮换、监管等,案件复杂程度较高且犯罪手段隐蔽,一些涉案人员利用职权之便,通过虚假购销合同、虚增交易环节、违规审批等手段,将公款挪作私用或收受贿赂,对国家的粮食安全和财政资金造成了严重威胁。

办理粮食购销领域职务犯罪案件,监察机关需要同检察机关加强配合,严肃切实扛起维护粮食安全的政治责任。查找粮食购销领域职务犯罪深层次原因，推动粮食系统长效治理。首先，各级纪检监察机关应加强监督，会同发改、财政、国资、市场监管、粮食等部门开展粮食购销领域腐败问题专项整治，通过加强监督检查，及时发现和查处职务违法和职务犯罪案件。其次，针对粮食购销领域存在的问题，相关部门应不断完善监管制度，加强对粮食购销环节的监管力度，提高监管效能。最后，通过开展法治教育、警示教育等活动，提高粮食购销领域从业人员的法律意识和廉洁自律意识，为预防和减少职务违法和职务犯罪案件的发生奠定基础。

拓展阅读文献

1. 杨远波编著：《贪污贿赂犯罪证明结构与证据标准》，中国检察出版社 2012 年版。
2. 张红哲：《监察证据标准的理论阐释与优化路径》，载《中外法学》2023 年第 3 期。
3. 梁坤：《论监察案件证明标准的三大特征》，载《地方立法研究》2020 年第 1 期。
4. 姬亚平、王艾捷：《论纪检监察案件的证明标准》，载《西南政法大学学报》2023 年第 2 期。
5. 郭运帷：《统一监察证据标准的学理阐释与制度建构》，载《华北电力大学学报（社会科学版）》2024 年第 3 期。